Hans-J. Engelke

Autodesk
AutoCAD 2018

AF188672

2D-Konstruktionen

1. Auflage 2017

Ein Buch zum Selbststudium und Verwendung im Unterricht
für den leichten Einstieg in die 2D-Konstruktion
mit AutoCAD 2018

© 2017 Hans- J. Engelke

© 2017 Books on Demand GmbH

Herstellung und Verlag: BoD - Books on Demand, Norderstedt

ISBN 9783744814973

Bibliografische Information der Deutschen Nationalbibliothek

Die Deutsche Nationalbibliothek verzeichnet diese Publikation in der Deutschen Nationalbibliografie; detaillierte bibliografische Daten sind im Internet über dnb.d-nb.de abrufbar.

Der Autor:

Hans- J. Engelke ist als Lehrkraft für die Ausbildung Technischer Produktdesigner und Technischer Zeichner zuständig, außerdem ist er als CAD-Dozent in der Erwachsenenbildung- und Weiterbildung tätig.

Autodesk
AutoCAD 2018
2D-Konstruktionen

Inhalt

Inhalt der Buchausgabe

Inhalt

Inhalt Support-Kapitel auf der Buch-DVD

Inhalt

Inhalt

Begriffen hast du, doch damit ist's nicht gethan;
Nun lern' es auch,
dann erst gehört es ganz dir an.
Es ist ein Unterschied, begriffen und gelernt;
Beim ersten Schritt ist man noch weit vom Ziel
entfernt.
Doch, ist auf rechter Bahn der erste Schritt
gethan,
So kommt das Ziel von selbst,
halt nur du Schritt nicht an!
Das recht Begriffene ist leicht zu lernen nun;
Doch lernen mußt du es,
sonst kannst du nicht thun.

(Rückert, Friedrich, "Die Weisheit des Brahmanen, Vierte Stufe, Schule"

Vorwort

Dieses erste Buch, einer von mir, bei BOD herausgegebenen, mehrteiligen Buchreihe zu AutoCAD 2018, hat ein zweidimensionales Schwerpunktthema zu autodidaktischem Erlernen, mit mehr als 300 Seiten in 8 Supportkapiteln zusätzlichen Trainingsmaterials auf einer Gratis-DVD.

Dieses erste Buch, wendet sich an Einsteiger die ihre ersten Schritte mit AutoCAD 2018 gehen wollen oder müssen. Programmschritte, Anpassungen und Befehlsfunktionen werden ausführlich Schritt für Schritt dargestellt und mit erläuternden Bildfolgen unterstützt, die Inhalte beziehen sich auf AutoCAD 2018 als Basis, sind aber im engen Maße versionsneutral.

Im Besonderen soll hier auf die Verwendung des Buches im Unterricht, in den Jahrgangsstufen 8 bis 10, zur Berufs- und Studienorientierung in diesen Jahrgangsstufen hingewiesen werden.

Im ersten Kapitel wird die geschichtliche Entwicklung der Technik von mir beleuchtet, denn es war schon immer mein Ansatz, dass ohne das Wissen um die Geschichte, keine Entwicklung in die Zukunft geben kann, außerdem nimmt dieser Einstieg die starre Struktur eines reinen Lernbuches.

Das zusammengefaste Kapitel 2 bildet den Anfang für die Programmtechnik, außerdem wendet sich das Kapitel an die Anwender der neuen Version AutoCAD **2018**, als Einblick in die neuen Funktionen.

Im Support-Kapitel 7, auf der Buch-DVD, wird das Kapitel 2 noch einmal aufgegriffen und erweitert.

Ein Wort noch in persönlicher Sache, dies Buch erscheint wieder über BOD, da es für Fachbuchverlage nicht gewinnbringend ist, CAD Bücher in hoher Druckqualität und mit großer Seitenzahl, für einen kleineren Anwenderbereich zu verlegen.

Um dieses Buch auch kostenüberschaubar einem kleineren Anwenderkreis zur Verfügung zu stellen habe ich auf ein Druckformat in Farbe verzichtet.

Für interessierte Käufer dieses Buches biete ich die Möglichkeit an, eine DVD mit der farbigen PDF-Ausgabe dieses Buches, den Supportkapitel 7 bis 14 und allen erstellten Bauteildaten, gegen Vorlage der Kaufbestätigung, zu bestellen, hierzu sehen Sie bitte das Kapitel 6 an.

Ein besonderer Dank gilt meiner Frau Birgit, die sich wieder als Lektorin ausgezeichnet hat.

Hans- J. Engelke, im Januar Mai 2017

1

Autodesk
AutoCAD 2018
2D-Konstruktionen

Geschichte der
Technischen Zeichnung

1 Die dritte Dimension

1.1 Älter als Papier

Die Weltkarte des Hekataios

Unser Wort »Karte« stammt vom griechischen Wort **CHÁRTES**, was so viel wie »Papierblatt« bedeutet. Die ersten erhaltenen grafischen Umgebungsdarstellungen, die an unsere heutigen Karten erinnern, stammen aus der Zeit 2300 v. Chr. Die Babylonier kratzten zu dieser Zeit Weglinien in Lehmtafeln und brannten diese.

Das so gesammelte Wissen lief in der Stadt Milet zusammen, das bis 600 v. Chr. zu einem Zentrum der Geografie wurde, aus dieser Zeit stammt auch der Begriff Geometrie (Erdaufzeichnung).

In dieser Zeit kam man zu durchaus zu unterschiedlichen Hypothesen: Hekataios von Milet (etwa 550–480 v. Chr.), Autor des ersten Geografiebuches um 500 v. Chr., vertrat die Meinung, die Erde sei tatsächlich eine Scheibe.

Herodot

Ein paar Jahrzehnte später sah das Herodot schon deutlich anders, da er mehr Daten aus einer phönizischen Afrika-Umsegelung hatte.

Es bildete sich jedoch aus immer genaueren Beobachtungen der Konsens heraus, dass die Erde eine sphärische Form haben müsse, eine ausführliche Begründung lieferte etwa Aristoteles um 350 v. Chr. Die Griechen, als letzter und wichtigster ist Ptolemaios/Ptolemäus (90–168 v. Chr.) zu nennen, waren allerdings in ihrem Fach so gut, dass sich auch ihre Fehler sehr lange hielten. So haben wir es etwa teilweise der Tatsache, dass Ptolemäus den Radius der Erde kräftig unterschätzte, zu verdanken, dass Kolumbus mit allgemein bekannten Ergebnissen den Weg nach Westen einschlug, um Indien zu finden.

Aristoteles

China hatte ein hoch entwickeltes Vermessungswesen, und im Osmanischen Reich war die griechische Tradition weiter gepflegt worden. Parallel zu dieser neuen Genauigkeit trat bis weit in die Neuzeit zum Ausgleich eine neue Lust an der Ausschmückung und Ausmalung der Karte. Viele Gegenden waren ganz buchstäblich weiße Flecken, die mit Fantasie gefüllt werden wollte – bald tummelten sich dort Seeungeheuer, Drachen und dergleichen, oft auf Kupferstichen oder Holzschnitten wiedergegeben.

Ptolemaios

1.2 Die Geschichte der Geometrie

Geometrie (zu deutsch "Vermessung der Erde") ist sicher eine der ältesten Wissenschaften. Überall dort, wo Ausgrabungen Geschichten prähistorischer Kulturen in unsere Zeit sprechen lassen, erzählen sie auch eine Geschichte der Geometrie: regelmäßig oder symmetrisch geformte, bemalte oder angeordnete Alltags-, Gebrauchs-, oder Ritualgegenstände zeugen von dem Erkennen und Übertragen geometrischer Strukturen, die sich vielfältig in der Natur finden lassen. Kugelähnliche Tongefäße lassen sich bei gleichem Fassungsvermögen materialsparender und stabiler herstellen wie quaderförmige, die sich dafür besser schlichten lassen.

Anhand von Gestirnen kann man sich orientieren und bei Malereien in Höhlen und auf Ton erkennt man Menschen, Tiere und Landschaften wieder, wenn man sie so verkleinert darstellt, dass die Proportionen erhalten bleiben. Auch die mit den ersten Hochkulturen entstehenden Schriftsprachen überliefern geometrisches Wissen aus Baukunst, Handwerk, Landwirtschaft und Astronomie.

So konnte man in Ägypten nicht nur geradlinig begrenzte Flächen in rechtwinklige Dreiecke und diese wiederum in Rechtecke flächengleich umwandeln, auch die Formel für das Volumen allgemeiner Pyramidenstümpfe war bekannt. Die Umsetzung dieser Kenntnisse in Bauwerken wie den Pyramiden von Gizeh (ca. 2900 v. Chr.) beeindrucken noch heute.

Den Ursprung der Geometrie findet man auch bei den Chaldäern. Der Phönizier Tales ging nach Ägypten, um sich dort auszubilden und ließ sich darauf zu Milet nieder, wo er die ionische Schule stiftete, aus welcher die griechischen Philosophen hervorgingen, denen man die ersten Fortschritte der Geometrie zu verdanken hat.

Tales

Pythagoras von Samos, ein Schüler des Thales ging wie dieser zuerst nach Ägypten und Indien, zog sich dann nach Italien zurück und gründete hier seine Schule, die weit berühmter geworden ist, als die, aus welcher sie hervorging. Diesem Philosophen und seinen Schülern gebührt der Ruhm der ersten Entdeckungen in der Geometrie, zu deren ausgezeichnetsten die Theorie der Incommensurabilität (nicht gemeinsam messbar) gewisser Linien, wie der Diagonale eines Quadrats im Vergleich mit der Seite desselben und die Theorie der regulären Körpern gehören.

Diese ersten Schritte in der Wissenschaft von den ausgedehnten Größen bieten nur einige elementare Sätze dar, die sich auf die gerade Linie und den Kreis beziehen, worunter die merkwürdigsten von Pythagoras sind.

Pythagoras

Die Unmöglichkeit des Messens der Diagonalen eines Quadrats oder eines regelmäßigen Fünfecks mit Hilfe von Zahlenverhältnissen sowie die Paradoxien des Zenon von Elea mit bewegten Objekten (um 450 v. Chr.) haben dazu beigetragen, dass sich die griechische Mathematik stärker auf die Geometrie konzentrierte.

Im Mittelalter gab es den von Wentzel Jamnitzer entworfenen Ausdruck „Perspectiva corporum regularium", damit wurden geometrische Argumentationsketten bezeichnet, die streng logisch abgeleitet und von dem Radierer Jost Amman in geschnittene Bilder umgesetzt wurden. Diese Regeln sind das Ergebnis seiner intensiven Beschäftigung mit den Problemen der perspektivischen Darstellung. Jedoch drücken seine Bilder nicht nur den gekonnten Umgang mit Zirkel und Lineal nach den Regeln Euklids aus, sondern die fünf regulären Körper und deren "Metamorphosen" werden in einem metaphysischen Zusammenhang gesehen.

Titelblatt von 5 Serien von je 5 Kupferstichen zu den *REGULÄREN KÖRPERN* der „Perspectiva corporum regularium

1.3 Die perspektivische Darstellung

Die Suche nach den korrekten Regeln für die zeichnerische Ausführung der Zentralprojektion hat seit dem ausgehenden Mittelalter zahlreiche Künstler und Mathematiker beschäftigt, von denen in der folgenden Beschreibung einige wichtige Arbeiten genannt sind:

Leon Battista Alberti, 1435 **De pictura**, Piero della Francesca ca. 1450 **De prospetiva pingendi**, Luca Pacioli 1494 **Summa de arithmetica**, 1509 **De divina proportione** mit Zeichnungen von L. da Vinci, Albrecht Dürer ab 1495 vier Bücher über die Geometrie, Leonardo da Vinci 1514 **De ludo geometrico**, Sebastiano Serlio 1545 **Libro di geometria e di prospettiva**, Wentzel Jamnitzer 1568 **Perspectiva corporum regularium**, Daniele Barbaro 1568 / 69: **La practica della perspettiva**, Guidobaldo del Monte 1600: **Perspectivae libri sex**, Johannes Kepler 1604 **Ad Vitellionem paralipomena quibus astronomiae pars optica traditur**, René Descartes 1637 **Geometrie**.

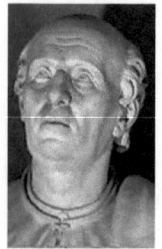

Filippo Brunelleschi

Michelangelo Buona-
rotti

Leonardo Da Vinci

Albrecht Dürer

Eine Reihe weiterer Mathematiker, Philosophen und Künstler setzten sich in der Vergangenheit mit Geometrie, Volumen und Perspektiven auseinander. Dazu gehören:

Michelangelo, Kant, Hilbert, William Hogarth, Oscar Reutersvärd, B. Kruse und T. Olsson, János Bolyai, Nikolai Iwanowitsch Lobatschewski, Carl Friedrich Gauß, Bernhard Riemann, Roger Penrose, George Polya, F. Haag.

Das Wissen um den Raum, die Geometrie und die Perspektive gilt heute als abgeschlossen, dennoch gibt es auch heute noch immer wieder darstellende Künstler, die dem Thema der perspektivischen Darstellung in ihren Werken neue, oft überraschende und faszinierende Aspekte abgewinnen.

1.4   Die Geschichte der Technischen Zeichnung

Die geometrische Beschreibung der Perspektive (Zentralprojektion) beginnt am Ende des 13. Jahrhunderts. Vor allem italienische Maler begannen sich in dieser Zeit mit der perspektiven Abbildung zu beschäftigen.

Das eigentliche "perspektive Zeitalter" beginnt aber mit dem Künstler und Baumeister Filippo Brunelleschi. (1377 - 1446). Sein berühmtestes Bauwerk ist der Dom von Florenz – Santa Maria del Fiore.

Brunelleschi verwendete in seinen Zeichnungen und Skizzen bereits das Prinzip von 2 Fluchtpunkten; in der italienischen Hochrenaissance beschäftigten sich viele namhafte Künstler mit der Perspektive (Michelangelo Buonarotti 1475 - 1564 und Leonardo Da Vinci 1452 - 1519). So entwarf Michelangelo die Kuppel der Peterskirche in Rom.

Durch die Planung von solchen gigantischen Projekten wurden viele naturwissenschaftliche Bereiche neu belebt. Mathematik, Physik, Statik und eben und vor allem die Geometrie, hier wurde die perspektive Abbildung zum Zentrum der Geometrie der Renaissancezeit. Eines der berühmtesten Beispiele stellt das Bild "Das letzte Abendmahl" von Leonardo Da Vinci dar.

In ganz besonderer Weise hat sich aber der deutsche Maler Albrecht Dürer (1471 - 1528) mit der Perspektive auseinander gesetzt. Die folgenden Bilder zeigen, wie Dürer seine Perspektive praktisch erzeugt. Albrecht Dürer hat sich aber mit vielen anderen Bereichen der Naturwissenschaft auseinander gesetzt. So beschäftigte sich Dürer mit der Erzeugung magischer Quadrate und ebenso mit der Theorie von Platonischen und Archimedischen Körpern. In einigen seiner Holzstiche treten solche Objekte auf. Albrecht Dürer beschrieb die „**Perspektive**" in einem Buch derart exakt, dass dieser Text bis in das frühe 20. Jahrhundert als Standardwerk für die Geometrie der Perspektive galt. Die von Albrecht Dürer verwendete Methode wird heute in der „Darstellenden Geometrie" als „**Durchstossverfahren**" bezeichnet.

1.5 Der Meister der unmöglichen Perspektive

Escher ist für die Kunstgeschichte immer ein Problem geblieben. Seine Auseinandersetzung mit perspektivischen Unmöglichkeiten und optischen Täuschungen unterscheidet sich stark von den klassischen Themen bildender Kunst und lässt sich in keine der klassischen Schubladen einordnen. So wurde Escher von der Kunstwelt lange Zeit nicht als Künstler im klassischen Sinne akzeptiert.

M. C. Escher

Im Gegensatz dazu wurde Escher schon früh von Wissenschaftlern und Mathematikern sehr geschätzt, da seine sauberen, exakten Arbeiten sich auf eine intuitive und sinnliche Weise mathematischen Themen annähern und Problemstellungen der Wissenschaft illustrieren. Escher wurde nicht selten zu Mathematik-Vorlesungen eingeladen, obwohl er von sich selbst sagte, er verstünde nichts von Mathematik. Er hielt auch selbst stark frequentierte Vorlesungen über seine Arbeit in ganz Europa.

M. C. Escher
„Relativity"

Das Paradoxe und nicht selten Mystische seiner geheimnisvollen Bilder fand auch Anklang bei Esoterikern und der Popkultur des 20. Jahrhunderts. Seine Bilder wurden als Poster gedruckt und als Plattencover verwendet. 2002 wurde im ehemaligen Palais der Königin Emma ein eigenes Escher-Museum eingerichtet, das neben seinem grafischen Werk auch Privatfotos und Arbeitsskizzen zeigt.

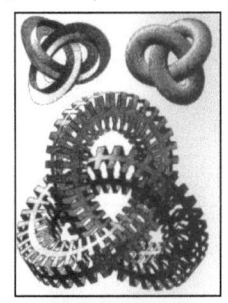

Nach eigenen Aussagen, also ohne große mathematische Begabung, gelang es, Escher dennoch in seinem künstlerischen Werk, einige abstrakte geometrische Ideen grafisch sehr ansprechend umzusetzen, so dass seine Bilder vor allen Dingen bei Mathematikern – jedoch keinesfalls nur bei diesen – überaus bekannt und beliebt sind.

In einer ganzen Reihe von Werken hat Escher auch einzelne mathematische Objekte dargestellt, wie Spiralen, Knoten, Möbiusbänder und regelmäßige Körper.

1.6 Die AutoCAD- Geschichte

Sketchpad
Ivan E. Sutherland

1.6.1 Der CAD-Entwicklungsverlauf

Als Beginn der CAD-Anwendungen wird meist das Projekt der Doktorarbeit von Ivan Sutherland von 1963 bezeichnet: Mit dem „**Sketchpad**" konnten Zeichnungen auf einem Bildschirm direkt mittels eines Lichtgriffels erzeugt werden. Kommerzielle Software, die solche Funktionalität bot, war erst 25 Jahre später verfügbar.

1982 wurde in Kalifornien Autodesk gegründet, eine Firma, die in wenigen Jahren den Markt für Computer-Aided-Design-Software (CAD) völlig beherrschte und mit AutoCAD das erste CAD-Programmauf den Markt brachte, das auf einem PC lief und auch schon damals um 1.000 Dollar zu haben war. Bis dahin war CAD Konzernen und Universitäten vorbehalten, die oft mit selbst geschriebener Software auf riesigen Computern einsetzten. Ab den 1980ern wurde dieser Markt von Workstations und kommerzieller Software übernommen, die aber immer noch viel zu teuer für das normale Konstruktionsbüro waren.

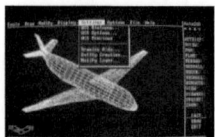

AutoCAD wurde als grafischer Zeichnungseditor von der Firma AutoDesk entwickelt. Hauptsächlich wurde AutoCAD als einfaches CAD-Programm mit Programmierschnittstellen zum Erstellen von technischen Zeichnungen verwendet.

AutoCAD ist grundsätzlich ein vektororientiertes Zeichenprogramm, das auf einfachen Objekten wie Linien, Polylinien, Kreisen, Bögen und Texten aufgebaut ist, die wiederum die Grundlage für kompliziertere 3D-Objekte darstellen.

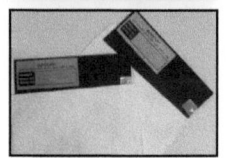

Die zu AutoCAD entwickelten Dateiformate „**.dwg**" sowie „**.dxf**" bilden einen seit Mitte der 1990er Industriestandard zum Austausch von CAD-Daten.

AutoCAD lief als Version 1 mit Englisch als Grundsprache unter MS-DOS und Unix. Seit Release 14 in den 1990er Jahren wurde nur noch Microsoft Windows als Betriebssystem unterstützt, außerdem ist AutoCAD seit 2010 für Mac OS erhältlich.

Schon Mitte der 1980er Jahre war AutoCAD bereits Marktführer und CAD wurde nicht nur in der Großindustrie, sondern auch in Konstruktionsbüros der mittelständigen Industrie eingesetzt.

1.6.2 Die AutoCAD-Historie, ein Auszug

AutoCAD, Version 1, 1982:
> Englisch als Grundsprache, unter MS-DOS.

AutoCAD, Version 13, 1994:
> Windows-Bildschirmoberfläche, verschiebbare Werkzeugkästen mit Flyouts, Befehlszeilenfenster, TrueType Schriften, Netzwerkversion als Schullizenz.

AutoCAD, Version 14, 1997:
> HEIDI-basiertes Treibersystem, MText-Editor, Plotvorschau.

AutoCAD, Version 2000, 1999:
> Mehrfach-Anzeige von geladenen Dokumente, Layouts im Papierbereich, DesignCenter, Eigenschaften-Dialogfeld, Spurverfolgung, Objektfangspur.

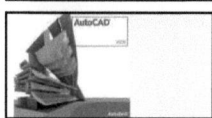

AutoCAD, Version 2007, 2006:
> Dynamisches BKS, bearbeitbare Volumenkörper, Anheben, Sweep, Live-Schnitt.

AutoCAD, Version 2009, 2008:
> Menübrowser, Multifunktionsleiste.

AutoCAD, Version 1018, 2017, 2016:
> Windows 10 Support, PDF-Import, DirectX-11-Grafik, 4K-Grafik

2

Autodesk
AutoCAD 2018
2D-Konstruktionen

Grundlagen

2 Autodesk AutoCAD®, Grundlagen 2017 / 2018

2.1 Neue Features in Autodesk AutoCAD 2018, Auszug

2.1.1 Übersicht über neue Funktionen in AutoCAD 2018

Im Folgenden finden Sie einen Überblick über die an AutoCAD 2018 vorgenommenen Änderungen.

2.1.1.1 Reibungslose Migration

Die Migration ist jetzt einfacher zu verwalten. Eine neue Benutzeroberfläche für die Migration ordnet AutoCAD-Anpassungseinstellungen in Gruppen und Kategorien an, aus denen Sie einen Migrationszusammenfassungsbericht generieren können.

2.1.1.2 PDF-Unterstützung

Sie können Geometrie, Füllungen, Rasterbilder und TrueType-Text aus einer PDF-Datei in die aktuelle Zeichnung importieren. Die PDF-Daten können entweder aus einer an die aktuelle Zeichnung angehängten PDF-Datei oder aus einer beliebigen angegebenen PDF-Datei stammen. Die Genauigkeit der Daten wird durch die Genauigkeit der PDF-Datei und der unterstützten Objekttypen beschränkt. Einige Eigenschaften, wie z. B. PDF-Maßstab, Layer, Linienstärken und Farben können beibehalten werden. Da SHX-Text nicht von PDF unterstützt wird, wurden zusätzliche Tools hinzugefügt PDF Geometrie in mehrzeiligen Text zu konvertieren, und mehrere MText-Objekte zu kombinieren.

2.1.1.3 Konstruktionsansichten freigeben

Sie können Konstruktionsansichten an einem sicheren, anonymen Speicherort in Autodesk A360 publizieren. Sie können Ansichten Ihrer Konstruktion freigeben, indem Sie einen generierten Link an die von Ihnen angegebenen Personen weiterleiten, ohne die eigentliche DWG-Datei freigeben zu müssen. Der Zugriff auf diese Ansichten ist über jeden unterstützten Webbrowser möglich; die Empfänger benötigen kein Autodesk A360-Konto und müssen keine zusätzliche Software installieren. Zu den unterstützten Browsern gehören Chrome©, Firefox© und andere Browser, die WebGL 3D-Grafiken unterstützen.

2.1.1.4 Assoziative Zentrumspunkte und Mittellinien

Sie können Zentrumspunkte erstellen, die mit Bogen und Kreisen verknüpft sind, sowie Mittellinien, die mit ausgewählten Linien- und Polylinien-Segmenten verknüpft sind. Aus Kompatibilitätsgründen ersetzt diese neue Funktion nicht die aktuellen Methoden, sondern wird als Alternative bereitgestellt.

2.1.1.5 Koordinationsmodell Objektfang-Unterstützung

Mithilfe des Standard-Objektfangs für 2D-Endpunkte und Mittelpunkte können Sie genaue Positionen in einem angehängten Koordinationsmodell angeben. Diese Funktion steht nur für die 64-Bit-Version von AutoCAD zur Verfügung.

2.1.2 Übersicht über neue Funktionen der Benutzeroberfläche

Die Benutzerfreundlichkeit wurde durch Implementierung verschiedener Verbesserungen erhöht.

- Mehrere Dialogfelder sind jetzt skalierbar:
  „**Appload**", „**Attedit**", „**Dwgeigen**", „**Eattedit**", „**Einfüge**", „**Layerstatus**", „**Seiteneinr**" und „**Vbalad**".
- Die Vorschaubereiche wurden in mehreren Dialogfeldern zum Anhängen von Dateien sowie zum Speichern und Öffnen von Zeichnungen vergrößert.
- Sie können die neue Systemvariable „**Ltgapselection**" aktivieren, um Objekte in den Lücken nicht fortlaufender Linientypen wählen können, als ob es sich um einen fortlaufenden Linientyp handeln würde.
- Mithilfe der Systemvariable „**Cursortype**" können Sie wählen, ob der Auto-CAD-Fadenkreuz-Cursor oder der Windows-Pfeil-Cursor im Zeichenbereich verwendet werden soll.
- Sie können die Verzögerungszeit für Basis-QuickInfos im Dialogfeld „**Optionen**" auf der Registerkarte „**Anzeige**" angeben.
- Sie können Ihre 3D-Modelle ganz einfach aus AutoCAD an Autodesk Print Studio senden, um sie vor dem 3D-Druck automatisch final vorzubereiten. Print Studio unterstützt u.a. Ember, Autodesks hochpräzise Fertigungslösung in Produktionsqualität mit der Oberflächenbeschaffenheit von 25 Mikron. (Diese Funktion steht nur für die 64-Bit-Version von AutoCAD zur Verfügung).
- Für Produkt-Updates, zeigt ein orangefarbener Punkt automatisch auf neue Band Schaltflächen, Dialogfeldoptionen und Paletteneinstellungen. Sie können diese Option steuern aus dem Hilfe-Dropdown-Menü oder dem Befehl „**Neumarkieren**".

2.1.3 Übersicht über neue Funktionen in der Leistungsverbesserungen

- Die Leistung und Zuverlässigkeit von „**3dorbit**" wurden für gerenderte visuelle Stile verbessert, insbesondere für Modelle mit einer großen Anzahl kleiner Blöcke mit Kanten und Facetten.
- Die Leistung von 2D-Schwenk- und -Zoomoperationen wurde verbessert.
- Die visuelle Qualität von Linientypen wurde verbessert.
- Die Leistung des Objektfangs wurde verbessert, indem die Berechnung des geometrischen Mittelpunkts für Polylinien mit sehr vielen Segmenten übersprungen wird.

2.1.4 Übersicht über neue Funktionen für die AutoCAD-Sicherheit

Alle Dateien in der Ordnerstruktur Programme, die vom UAC-Schutz des Betriebssystems abgedeckt werden, werden nun als vertrauenswürdig eingestuft. Dieses Vertrauen wird durch Anzeige der implizit vertrauenswürdigen Pfade in der Benutzeroberfläche für vertrauenswürdige Pfade und ihre abgeblendete Darstellung angezeigt. Außerdem ist der AutoCAD-Code selbst jetzt gegen noch komplexere Angriffe geschützt.

2.1.5 Neue Befehle und Systemvariablen AutoCAD 2018 im Überblick, Auszug

3DDRUCKSERVICE	Sendet ein 3D-Modell an den 3D-Druckdienst
CENTERCROSSGAP	Bestimmt den Abstand zwischen Zentrumspunkt und Mittellinien.
CENTERCROSSSIZE	Legt die Größe des assoziativen Zentrumspunkts fest.
CENTEREXE	Steuert die Länge der Hilfslinien von Mittellinien.
CENTERLAYER	Vorgabelayer für neue Zentrumspunkte oder Mittellinien an.
CENTERLTSCALE	Legt den Linientyp-Maßstab von Zentrumsmarkierungen und Mittellinien fest
CENTERLTYPE	Bestimmt den von Zentrumspunkten und Mittellinien verwendeten Linientyp an.
CENTERLTYPEFILE	Gibt die geladene Linientyp-Bibliothekdatei zum Erstellen von Zentrumsmarkierungen und Mittellinien an.
CENTERMARKEXE	Legt fest, ob Mittellinien automatisch von neuen Zentrumspunkten verlängert werden.
CURSORTYPE	Bestimmt den Cursortyp des Zeigegeräts.
LTGAPSELECTION	Steuert, ob können Sie Objekte in den Lücken von nicht fortlaufenden Linientypen auswählen oder fangen können.
NEUMARKIEREN	Steuert, ob neue Funktionen in Produkt-Updates mit einem orangefarbenen Punkt in der Benutzeroberfläche hervorgehoben werden.
ONLINEZEICHNUNGSFREI-GABE	Publiziert Konstruktionsansichten der aktuellen Zeichnung an einem sicheren, anonymen Autodesk A360-Speicherort zum Anzeigen und Freigeben in einem Webbrowser
PDFIMPORT	Importiert die Geometrie, Füllungen, Rasterbilder und TrueType-Textobjekte aus einer angegebenen PDF-Datei
PDFIMPORTFILTER	Steuert, welche Typen von Daten aus der PDF-Datei importiert und in AutoCAD-Objekte konvertiert werden.
PDFIMPORTIMAGEPATH	Bestimmt den Ordner zum Extrahieren und Speichern von referenzierten Dateien beim Importieren von PDF-Dateien.
PDFIMPORTLAYERS	Steuert, welche Layer den aus PDF-Dateien importierten Objekten zugewiesen werden.
PDFIMPORTMODE	Steuert die Vorgabeverarbeitung beim Importieren von Objekten aus einer PDF-Datei.
PDFSHX	Steuert, ob Textobjekte mit SHX-Schriften als Kommentare in PDF-Dateien gespeichert werden, beim Export als PDF-Datei.
PDFSHXLAYER	Steuert, welcher Layer neu erstellten Textobjekten zugewiesen wird, wenn eine SHX-Geometrie in Textobjekte konvertiert wird.
PDFSHXTEXT	Konvertiert die aus PDF-Dateien importierte SHX-Geometrie in einzelne mehrzeilige Textobjekte.
PDFSHXTEXT	Konvertiert die aus PDF-Dateien importierte SHX-Geometrie über die Befehlszeile in einzelne mehrzeilige Textobjekte.
PDFSHXTHRESHOLD	Legt den Prozentsatz der ausgewählten Geometrie fest, der mit einer Schriftart übereinstimmen muss.
PLINEGCENMAX	Legt die maximale Anzahl von Segmenten fest, die eine Polylinie aufweisen darf, damit die Anwendung den geometrischen Mittelpunkt berechnen kann.
REGEN3	Erstellt die Ansichten in einer Zeichnung neu, um Anomalien in der Anzeige von 3D-Volumenkörpern und -Flächen zu korrigieren.
SHOWNEWSTATE	Gibt an, ob die Hervorhebung neuer Funktionen aktiviert ist.
TEXTEDITMODE	Steuert, ob der Befehl TEXTEDIT automatisch wiederholt wird.
ZENTRUMLÖS	Entfernt die Assoziativität von Zentrumspunkten oder Mittellinien von Objekten, die sie definieren.
ZENTRUMNEUVERKNÜPF	Ordnet ausgewählten Objekten einen Zentrumspunkt oder ein Mittellinienobjekt zu bzw. neu zu.
ZENTRUMSLINIE	Erstellt die Geometrie der Mittellinie, die mit ausgewählten Linien und Polylinien verbunden ist.
ZENTRUMSMARKIERUNG	Erstellt eine assoziative kreuzförmige Markierung in der Mitte des ausgewählten Kreises oder Bogens
ZENTRUMWIEDERHERSTELL	Setzt die Mittellinien auf den aktuellen Wert zurück, der in der Systemvariablen CENTEREXE angegeben ist.

2.1.6 Aktualisierte Befehle und Systemvariablen für AutoCAD 2018 im Überblick, Auszug

3DORBIT	Ermöglicht die interaktive 3D-Anzeige mit der Maus. Zum Einblenden von Anzeigeoptionen klicken Sie mit der rechten Maustaste. Verbesserte Leistung und Zuverlässigkeit für gerenderte visuelle 3D-Stile, insbesondere für Modelle mit einer großen Anzahl kleiner Blöcke mit Kanten und Facetten.
3DDRUCK	Sendet ein 3D-Modell an Autodesk Print Studio. 3DPRINT zum Senden von 3D-Modell an einen 3D-Druckservice.
BEM	Erstellt mehrere Arten von Bemaßungen in einer einzelnen Befehlssitzung. Die Option Zentrumspunkt wurde aus dem Befehl entfernt. Verwenden Sie stattdessen ZENTRUMSMARKIERUNG zum Erstellen von assoziativen Zentrumspunkten für Kreise oder Bogen.
IMPORT	Importiert Dateien unterschiedlichen Formats in die aktuellen Zeichnung. PDF wurde als gültiger zu importierender Dateityp hinzugefügt.
TEXTBEARB	Bearbeitet ein ausgewähltes Multilinien- bzw. einzeiliges Textobjekt oder den Text in einem Bemaßungsobjekt. Befehlszeile wurde geändert, und eine neue Option Modus wurde hinzugefügt, um zu steuern, ob der Befehl automatisch wiederholt wird.
TXT2MTXT	Konvertiert ein- oder mehrzeilige Textobjekte in ein oder mehrere mehrzeilige Textobjekte oder kombiniert diese dazu. TXT2MTXT akzeptiert nun mehrzeilige Textobjekte. Es werden zusätzliche Optionen wie Abstand, Sortierung und Zeilenumbruch bereitgestellt.
VISUELLESTILE	Erstellt und ändert visuelle Stile und wendet einen visuellen Stil auf ein Ansichtsfenster an. Die 3D-Anzeigeleistung wurde für die visuellen Stile Drahtgitter, Realistisch und Schattiert und für benutzerdefinierte visuelle Stile verbessert, die den angegebenen Einstellungen entsprechen
EINHEIT	Steuert Genauigkeit und Anzeigeformat von Koordinaten, Entfernungen und Winkeln. Unterstützung für USA Fuß-Einheiten beim Einfügen einer Zeichnung als Block oder Anhängen der Zeichnung als XRef wurde hinzugefügt.

2.1.7 Aktualisierte Systemvariablen, Beschreibung der Änderungen

DESIGNFEEDSTATE	Gibt an, ob die Palette Design-Feed geöffnet oder geschlossen ist. Der Vorgabewert wurde in 0 geändert.
HPLAYER	Legt einen Vorgabelayer für neue Schraffuren und Füllungen fest. Ein aktuell nicht vorhandener Layer kann als Vorgabelayer für neue Schraffuren und Füllungen angegeben werden.
INSUNITS	Gibt einen Wert für Zeichnungseinheiten zur automatischen Skalierung von Blöcken, Bildern oder XRefs an, die in eine Zeichnung eingefügt bzw. ihr zugeordnet werden. Unterstützung für USA Fuß-Einheiten wurde hinzugefügt.
LIGHTINGUNITS	Bestimmt die Beleuchtungseinheiten für die Zeichnung. 0 ist kein gültiger Wert mehr.
TRUSTEDPATHS	Gibt an, welche Ordner die Berechtigung zum Laden und Ausführen von Dateien mit Code haben

2.2 Neue Features in Autodesk AutoCAD 2018, Auszug

Erstellen und teilen Sie präzise Zeichnungen mit innovativen Produktivitätswerkzeugen. Sparen Sie Zeit und minimieren Sie den Aufwand dank einfacher Werkzeuge, um beschädigte Pfade für extern referenzierte Dateien zu reparieren. Verwenden Sie das Werkzeug für die SHX-Texterkennung, um importierte PDF-Geometrien schnell in Textobjekte zu konvertieren. Überzeugen Sie sich von den immensen Verbesserungen in der 3D-Navigation beim Zoomen und Schwenken. Dank der kinderleicht zu bedienenden mobilen App können Sie AutoCAD zudem überall verwenden.

2.2.1 Übersicht über neue Funktionen in AutoCAD 2018, Benutzerinteraktion

Im Folgenden finden Sie einen Überblick über die an AutoCAD 2018 vorgenommenen Änderungen.

2.2.1.1 Benutzerinteraktion, Dateinavigations-Dialogfeld

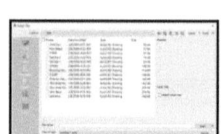

Die Dateinavigations-Dialogfelder für Vorgänge wie „**Öffnen**", „**Speichern**", „**Anhängen**" und viele andere Befehle speichern jetzt die Sortierreihenfolge der Spalte.
Wenn Sie beispielsweise nach der Dateigröße sortieren oder sich die Dateinamen in umgekehrter Reihenfolge anzeigen lassen, werden die Dateien beim nächsten Zugriff auf das Dialogfeld automatisch in der gleichen Reihenfolge sortiert angezeigt.

2.2.1.2 Benutzerinteraktion, Entwurfseinstellungen (Dialogfeld)

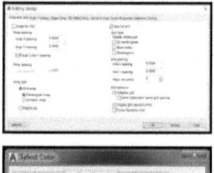

In AutoCAD 2018 kann die Größe des Dialogfelds „**Entwurfseinstellungen**" verändert werden. Auf die Entwurfseinstellungen kann über eine Vielzahl von Möglichkeiten aus zugegriffen werden, einschließlich des Befehls „**Zeicheinst**".

2.2.1.3 Benutzerinteraktion, Farbe wählen (Dialogfeld)

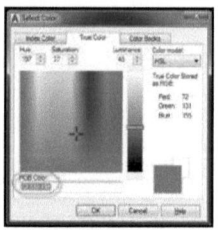

Die Registerkarte „**True Color**" im Dialogfeld „**Farbe**" wählen unterstützt nun durch Komma getrennte Eingabe von RGB-Farbwerten.

2.2.1.4 Benutzerinteraktion, Schnellzugriffs-Werkzeugkasten

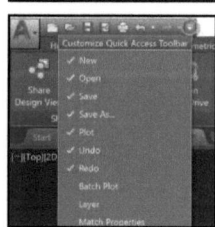

Die Option „**Layersteuerung**" ist nun Teil des Schnellzugriffs-Werkzeugkastens. Obwohl diese Option standardmäßig deaktiviert ist, können Sie sie jetzt einfach aktivieren, um diese zusammen mit anderen häufig verwendeten Werkzeugen im Schnellzugriffs-Werkzeugkasten anzuzeigen.

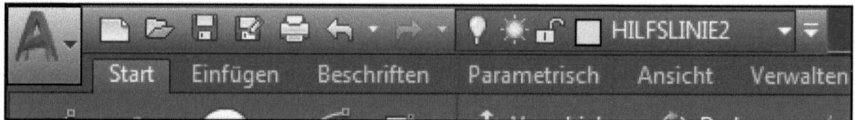

2.2.1.5 Benutzerinteraktion, Statusleiste

In der Statusleiste wird das Symbol für das Werkzeug der Systemvariablenüberwachung angezeigt, wenn Systemvariablen von den bevorzugten Werten abweichen. In AutoCAD 2018 wurde zum Symbol für Systemvariablen ein Kontextmenü hinzugefügt, das einen schnellen Zugriff auf die Funktion zum Zurücksetzen von Systemvariablen auf die bevorzugten Werte ermöglicht, ohne das Dialogfeld der Systemvariablenüberwachung öffnen zu müssen. Das Kontextmenü enthält auch Optionen zum Konfigurieren der Systemvariablenüberwachung und zum Aktivieren der Sprechblasen-Benachrichtigung.

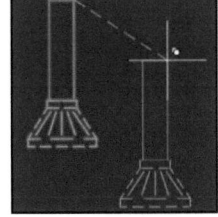

2.2.1.6 Benutzerinteraktion, Farbe der Gummibandlinie

Eine Gummibandlinie ist eine Linie, die innerhalb des Zeichenbereichs dynamisch gestreckt wird, während Sie den Cursor zwischen zwei Punkten bewegen. Wenn Sie ein Objekt beispielsweise verschieben oder kopieren, indem Sie den Basispunkt und den zweiten Punkt auswählen, wird vorübergehend eine Gummibandlinie angezeigt, bis Sie den zweiten Punkt auswählen.

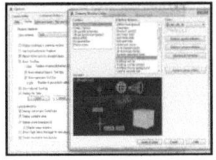

In AutoCAD 2018 wurde die Gummibandlinie zur langen Liste von Benutzeroberflächenelementen hinzugefügt, für die Sie die Farbe festlegen können.
Der Zugriff auf diese Steuerung erfolgt über die Schaltfläche „**Farben**" auf der Registerkarte „**Anzeige**" des Dialogfelds „**Optionen**".

2.2.1.7 Benutzerinteraktion, Auswahl außerhalb des Bildschirms

In AutoCAD 2018 können Sie ein Auswahlfenster in einem Teil der Zeichnung beginnen und dann zu einem anderen Bereich schwenken und diesen vergrößern, während Sie die Auswahl der Objekte außerhalb des Bildschirms beibehalten. Sie können das Verhalten der Auswahl außerhalb des Bildschirms durch die Systemvariable „**Selectionoffscreen**" steuern.

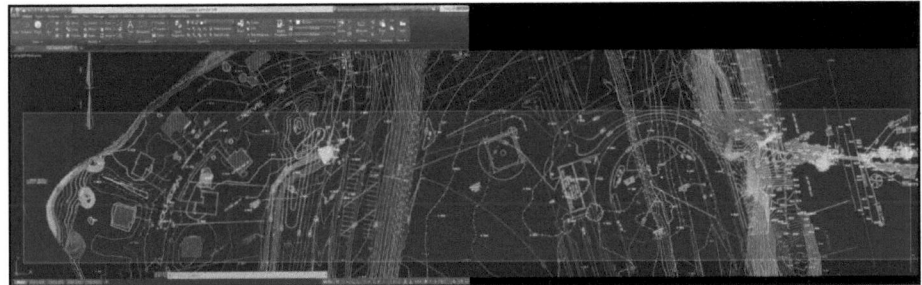

2.2.1.8 Benutzerinteraktion, Verbesserungen an der Linetype-Gap-Auswahl

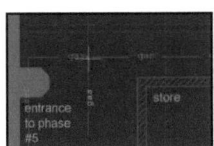

Das Linetype-Gap-Verhalten wurde zur Unterstützung komplexer und DGN-Linetypes verbessert. Darüber hinaus kann diese Funktion mit allen Objekttypen verwendet werden, wie Polylinien mit Breite und Splines. Ab sofort können Sie komplexe und DGN-Linetypes auswählen oder durch Auswahl der Lücken zwischen der Geometrie fangen.

2.2.2 Übersicht über neue Funktionen in AutoCAD 2018, Dokumentation

2.2.2.1 Dokumentation, PDF-Verbesserungen

Das PDF-Format ist das am häufigsten verwendete Dateiformat beim Austausch von Konstruktionsdaten zwischen Konstrukteuren, Bauunternehmern, Kunden usw. Die Möglichkeit zum Importieren von PDF-Dateien wurde in AutoCAD 2018 eingeführt. Der Befehl **„Pdfimport"** importiert PDF-Daten in AutoCAD als zweidimensionale Geometrie, TrueType-Text und Bilder.

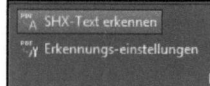

2.2.2.2 Dokumentation, SHX-Texterkennung

Das Adobe PDF-Dateiformat erkennt keine AutoCAD SHX-Schriften. Daher wird ein Text, der mit SHX-Schriften definiert wurde, beim Erstellen einer PDF-Datei aus einer Zeichnung als Geometrie in der PDF-Datei gespeichert. Wenn diese PDF-Datei dann in eine DWG-Datei importiert wird, wird der ursprüngliche SHX-Text als Geometrie importiert.

AutoCAD 2018 bietet ein Werkzeug zur SHX-Texterkennung, mit dessen Hilfe Sie importierte PDF-Geometrien, die SHX-Text darstellen, auswählen und in Textobjekte konvertieren können. Auf diese Funktion kann über das Werkzeug SHX-Text erkennen, Befehl **„Pdfshxtext"** in der Multifunktionsleisten-Registerkarte **"Einfügen"** zugegriffen werden.

Es ist eine Option in den Einstellungen verfügbar, die es Ihnen ermöglicht festzulegen, welche SHX-Schriften mit dem ausgewählten Text verglichen werden sollen. Außerdem können Sie mithilfe dieser Option einige Einstellungen während der Konvertierung steuern. Standardmäßig werden die häufigsten SHX-Schriften aufgeführt. Sie können dann entsprechend Ihren Anforderungen SHX-Schriften hinzufügen oder entfernen und auswählen, welche Schriften in der Liste mit dem ausgewählten Text verglichen werden sollen. AutoCAD vergleicht der Reihe nach alle ausgewählten Schriften, bis eine Schrift gefunden wird, die mit dem ausgewählten Text innerhalb des angegebenen Erkennungsgrenzwerts übereinstimmt. Eine Option zur Verwendung der am besten passenden Schrift stellt sicher, dass AutoCAD den Text mit allen ausgewählten Schriften vergleicht, und wählt die am besten geeignete Schrift.

Nachdem die Geometrie mit den SHX-Schriften verglichen wurde, wird die übereinstimmende Geometrie automatisch durch ein oder mehrere MText-Objekte ersetzt. Die Ergebnisse werden in einem Meldungsfeld angezeigt.

2.2.2.3 Dokumentation, zusätzliche Verbesserungen für den PDF-Import

Zusätzlich zum SHX-Erkennungswerkzeug bietet AutoCAD 2018 die folgenden Verbesserungen für den PDF-Import:

> Die Werkzeuge für den Import und das Anhängen von PDF-Dateien, Befehle **„Pdfimport"** und **„Pdfanhang"**, verwenden Miniaturansichten von PDF-Dateien im Dialogfeld Datei auswählen.
>
> Die Probleme bei der Ausrichtung von gedrehtem TrueType-Text wurden behoben. Es wird nun kein auf dem Kopf stehender Text mehr erstellt.

Verbesserte Skalierung von PDF Geometrie in Layouts. Die Geometrie wird im Modellbereich auf die reale Größe skaliert, wenn alle Ansichtsfenster den gleichen Maßstab aufweisen.

Verbesserte Unterstützung von Formulardaten beim Importieren von PDF-Dateien.

2.2.2.4 Dokumentation, Text kombinieren

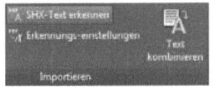

Mit dem Werkzeug „**Text kombinieren**" können Sie viele einzelne Textobjekte miteinander zu einem mehrzeiligen Textobjekt kombinieren. Dies kann besonders hilfreich sein, nachdem SHX-Text aus einer importierten PDF-Datei erkannt und konvertiert wurde. Über die Multifunktionsleisten-Registerkarte „**Einfügen**" können Sie auf das Werkzeug „**Text kombinieren**" zugreifen.

Folgende Verbesserungen wurden am Befehl TXT2MTXT vorgenommen:

Außer Textobjekten können auch MText-Objekte ausgewählt werden.

Über eine Option in der Befehlszeile kann das Dialogfeld Text-in-MText-Einstellungen angezeigt werden.

Zeichencodes übersetzen korrekt zwischen Text und Mtext.

Die Eingabeaufforderung Objekte wählen ist konform mit Fehlerprüfungs- und Fehlermeldungsstandards. Beispielsweise werden Objekte in gesperrten Layern aus dem Auswahlsatz gefiltert usw.

Die Ausrichtung (oben links, oben Mitte, oben rechts) wird für das MText-Objekt abgeleitet, das basierend auf der Position der Textobjekte in der Zeichnung erstellt wird anstatt immer mit der Ausrichtung oben links. Wenn keine Ausrichtung logisch abgeleitet werden kann, wird standardmäßig oben links ausgerichtet.

Die Listenformatierung mit Zahlen und Buchstaben werden abgeleitet, wenn das Textfeld Word-Wrap aktiviert ist. Wenn eine Linie mit einem oder zwei Zeichen gefolgt von einem Punkt und bis zu 10 Leerzeichen beginnt, wird automatisch die Listenformatierung angewendet.

Im Dialogfeld Einstellungen wurde eine Option hinzugefügt, um eine Auswahl nicht in ein einzelnes MText-Objekt zu kombinieren.

Die Sortierreihenfolge von oben nach unten ist relativ zum aktuellen BKS, und die Sortierung erfolgt von links nach rechts, wenn Textobjekte kollinear sind. Wenn mehrere Textobjekte kollinear sind, werden sie so behandelt, als befänden Sie sich auf derselben Linie mit einem Leerzeichen zwischen ihnen.

Eine neue Option in den Einstellungen ermöglicht es Ihnen, einen gleichmäßigen Zeilenabstand zu erzwingen oder den vorhandenen Zeilenabstand beizubehalten.

2.2.3 Übersicht über neue Funktionen in AutoCAD 2018, Zusammenarbeit

2.2.3.1 Externe Referenzen

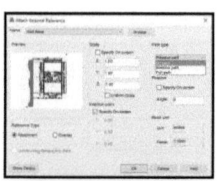

Die Verbesserungen in der AutoCAD 2018-Version reduzieren die Probleme, die durch unterbrochene Referenzpfade hervorgerufen werden.

Beim Zuordnen einer externen Datei zu einer AutoCAD-Zeichnung wird als vorgegebener Pfadtyp jetzt der relative Pfad anstelle des vollständigen Pfads verwendet. Wenn der relative Pfad nicht Ihr bevorzugter Pfadtyp ist, können Sie den vorgegebenen Referenzpfadtyp mithilfe der neuen Systemvariable „**Refpathtype**" ändern.

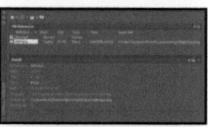

In früheren Versionen von AutoCAD kann einer Referenzdatei kein relativer Pfad zugeordnet werden, wenn die Datei der Host-Zeichnung unbenannt ist. In AutoCAD 2018 können Sie einer Datei einen relativen Pfad auch dann zuordnen, wenn die Host-Zeichnung unbenannt ist. Wenn Sie die Referenzdatei in der Palette „**Externe Referenzen**" auswählen, zeigt die Spalte „**Gespeicherter Pfad**" einen vollständigen Pfad mit einem vorangestellten Sternchen an, um anzugeben, dass eine Änderung wirksam wird, wenn Sie die Host-Zeichnung speichern.

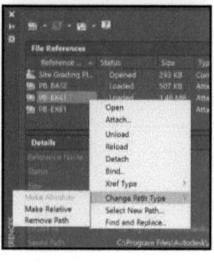

Wenn Sie für eine Referenz in der Palette „**Externe Referenzen**" „**Pfadtyp ändern**" aus dem Kontextmenü oder dem Werkzeugkasten auswählen, wird der aktuelle Pfadtyp der ausgewählten Referenz deaktiviert. Dadurch können Sie bestimmen, welcher Pfadtyp derzeit für die ausgewählte Referenz verwendet wird.

2.2.4 Verbesserungen an der Funktion „Konstruktionsansicht freigeben"

Mithilfe von Konstruktionsansicht freigeben können Sie auf einfache Weise Ansichten von Zeichnungen in der Cloud publizieren, um die Zusammenarbeit mit Projektbeteiligten zu vereinfachen, während gleichzeitig die DWGTM-Dateien geschützt werden. Projektbeteiligte, die den Entwurf ansehen, müssen sich nicht bei A360 anmelden oder über ein installiertes AutoCAD-basiertes Produkt verfügen. Da diese keinen Zugriff auf die DWG-Quelldateien haben, können Sie außerdem Ansichten Ihres Entwurfs mühelos mit Personen, die diese benötigen, austauschen. Die Funktion Konstruktionsansicht freigeben wurde zur Unterstützung des neuen DWG-Dateiformats in AutoCAD 2018 verbessert.

Die Konstruktionsansichten werden dann online mit einem Link bereitgestellt, den Sie für Teamkollegen freigeben können. Über die Startseite des A360 Viewer können Sie problemlos auf ihre aktuellen Uploads zugreifen.

2.2.5 Technologie- und Leistungs-Updates

AutoCAD 2018 enthält weitere Verbesserungen in Bezug auf Leistung und Technologie.

2.2.5.1 Dateiformat DWG

Das DWG-Format wurde aktualisiert und hinsichtlich der Effizienz von Öffnungs- und Speichervorgängen verbessert, insbesondere für Zeichnungen, die viele Beschriftungsobjekte und Ansichtsfenster enthalten. Darüber hinaus wird zum Erstellen von 3D-Volumenkörpern und -Flächen jetzt die neueste geometrische Modellierung, die eine höhere Sicherheit und Stabilität bietet, verwendet.

2.2.5.2 Speicherleistung

In AutoCAD 2018 wurde die Leistung bei Speichervorgängen verbessert. Zu den Objekten, bei denen die umfangreichsten Verbesserungen vorgenommen wurden, zählen Blöcke mit Beschriftungsskalierung, MText mit Spalten und anderer neuer Formatierung sowie Attribute und Attributdefinitionen mit Multilinien.

Darüber hinaus wurde die Funktion zum automatischen Speichern aktualisiert, sodass Speichervorgänge meistens inkrementell durchgeführt werden anstatt als vollständige Speicherung, die sich als langsamer erweisen.

2.2.5.3 Unterstützung von Monitoren mit hoher Auflösung (4K)

Die Unterstützung für hochauflösende Monitore wurde in AutoCAD 2018 weiterhin verbessert, um selbst bei 4K-Monitoren und höher das bestmögliche Bilderlebnis sicherzustellen. Häufig verwendete Elemente der Benutzeroberfläche, wie z. B. die Registerkarte Start, die Befehlszeile, Paletten, Dialogfelder, Werkzeugkästen, ViewCube, Auswahlrahmen und Griffe, werden ordnungsgemäß skaliert und gemäß der Windows-Einstellung angezeigt.

2.2.5.4 REGEN3

Der neue Befehl „**Regen3**" generiert die Ansichten in einer Zeichnung neu, um Anomalien in der Anzeige von 3D-Volumenkörpern und -Flächen zu korrigieren. Wenn ein 3D-Darstellungsproblem auftritt, erstellt REGEN3 alle 3D-Grafiken in den angezeigten Ansichten neu, einschließlich aller 3D-Volumenkörper und Flächenmuster.

2.2.5.5 2D-Anzeige und -Leistung

Die verbesserte Grafikleistung ermöglicht es Ihnen, die geglättete Linienanzeige ohne Qualitätsverlust bei der Darstellung von Geometrien hoher Qualität zu deaktivieren. Sie können auf das Dialogfeld „**Grafikleistung**" aus dem Werkzeug „**Hardwarebeschleunigung**" in der Statusleiste zugreifen

2.2.5.6 Leistung der 3D-Navigation

AutoCAD 2018 bietet deutliche Verbesserungen beim Zoomen, Schwenken und bei 3D-Orbit-Vorgängen in häufig verwendeten visuellen Stilen. Viele größere Zeichnungen werden nicht mehr reduziert, während Sie im Modell navigieren. Die Leistung für die Bearbeitung von 3D-Modellen erreicht jetzt fast die von 2D-Zeichnungen.

2.2.5.7 Bing Maps-Dienste

Die Funktion zur Verwendung von Online-Karten wurde in AutoCAD 2018 aktualisiert und unterstützt nun Bing Maps v8.0.

2.2.5.8 Autodesk App Store

Steigern Sie mühelos die Leistung von AutoCAD 2018 durch Add-on-Anwendungen aus dem Autodesk App Store, die teils kostenlos und teils gegen Gebühr bereitgestellt werden. Zeigen Sie Apps an, die das aktualisierte DWG-Dateiformat unterstützen, und laden Sie diese herunter, indem Sie über die Multifunktionsleisten-Registerkarte Verfügbare Apps sowie über das InfoCenter eine Verbindung zum Autodesk App Store herstellen.

Im Autodesk App Store finden Sie zahlreiche nützliche Werkzeuge, die zur Unterstützung für das AutoCAD 2018-Dateiformat aktualisiert wurden. Zu den beliebten Apps zählt das Werkzeug SketchUp-Import, das aus der Multifunktionsleisten-Registerkarte Add-ins in AutoCAD 2018 entfernt wurde.

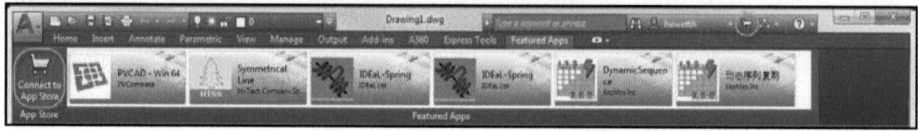

2.2.5.9 Autodesk Seek

Ab Januar 2017 wurden Autodesk Seek-Vorgänge auf BIMobject AB übertragen. BIMobject ist eine Online-Quelle für Produktinformationen, die direkt über Ihre Autodesk-Software zugänglich ist. Mit diesem Service können Sie auf 2D-Zeichnungen, 3D-Modelle, Broschüren und Produktspezifikationen zugreifen, die von Herstellern, Lieferanten und Handelsplattformen hochgeladen werden.

2.2.5.10 iDrop-Sicherheit

Die Unterstützung für iDrop wurde in AutoCAD 2018 entfernt, da iDrop auf einer veralteten Technologie basiert und ein potenzielles Sicherheitsrisiko darstellt.

2.2.5.11 BIM 360

Die Multifunktionsleisten-Registerkarte BIM 360 wurde aus AutoCAD 2018 entfernt. Sie können das Plug-in über die Downloadseite von Glue herunterladen.

2.2.5.12 AutoCAD-App für Mobilgeräte

Wenn Sie AutoCAD abonnieren, erhalten Sie auch Zugriff auf die AutoCAD-App für Mobilgeräte. Die AutoCAD-App für Mobilgeräte bietet Ihnen wichtige Werkzeuge zum Arbeiten von unterwegs aus.

2.3 Die Programminstallation

2.3.1 Autodesk für alle die Lernen

2.3.1.1 Autodesk für alle die Lernen, Vorbemerkungen

Autodesk bietet kostenlosen Zugriff auf Software für Schüler, Studenten und Lehrkräfte. So leistet Autodesk seinen Beitrag, um die nächste Generation von Fachexperten auf das Berufsleben vorzubereiten.

Schüler, Studenten und Lehrkräfte haben kostenlosen Zugriff auf Autodesk-Software im Rahmen von Einzelplatz-Schulungslizenzen über die Autodesk Education Community hierzu ist dem Link

http://www.autodesk.de/education/country

zu folgen.

Teilnehmer müssen Studierende oder Mitarbeiter einer qualifizierten Bildungseinrichtung sein und dürfen diese Lizenzen nur auf einem persönlichen Computer für Zwecke nutzen, die direkt mit Lern-, Schulungs-, Forschungs- oder Entwicklungsaktivitäten verbunden sind.

Mentoren oder Wettbewerber in einem von Autodesk unterstützten Wettbewerb sind möglicherweise ebenfalls berechtigt. Sie müssen möglicherweise Nachweise dafür erbringen, dass Sie eine oder mehrere dieser Anforderungen erfüllen.

2.3.1.2 Autodesk für alle die Lernen, Rahmenbedingungen für Studenten und Schüler

Eine Einzelperson, die als Schüler/Student bei einer Bildungseinrichtung eingeschrieben ist, die von einer autorisierten Regierungsbehörde der entsprechenden lokalen, staatlichen, bundesstaatlichen oder nationalen Regierung akkreditiert wurde, und deren Hauptaufgabe darin besteht, eingeschriebene Schüler / Studenten zu unterrichten.

Dies umfasst Schüler/Studenten, die an Folgendem arbeiten:

- **Master- oder Doktorarbeit**:
  Studenten, die an ihrer Master- oder Doktorarbeit arbeiten, können die Autodesk-Software verwenden, die sie für diese Zwecke über die Education Community bezogen haben. Dies umfasst auch Projektthemen, die möglicherweise durch einen Industriepartner bereitgestellt wurden, unter der Bedingung, dass die Aktivität Teil des Studienabschlusses ist.
- **Ausbildung**: (Österreich, Deutschland, Schweiz und Großbritannien)
  Damit Studenten, die eine Ausbildung in einem Unternehmen absolvieren, praktische Erfahrungen sammeln können, sind diese Studenten berechtigt, eine zweite Instanz der Autodesk-Lizenz auf einem Unternehmenscomputer zu installieren, sofern bestimmte Bedingungen erfüllt sind.

2.3.1.3 Autodesk für alle die Lernen, Rahmenbedingungen für Lehrkräfte

Ein Mitarbeiter oder unabhängiger Auftragnehmer, dessen Hauptaufgabe es ist, eingeschriebene Studenten an einer Bildungseinrichtung zu unterrichten, die von einer autorisierten Regierungsbehörde der entsprechenden lokalen, staatlichen, bundesstaatlichen oder nationalen Regierung akkreditiert wurde.

2.3.1.4 Autodesk für alle die Lernen, Ausschlusskriterien

Die folgenden Rollen sind nicht für den Zugriff auf kostenlose Education-Software berechtigt:

Kursteilnehmer in Schulungszentren und Umschulungsprogrammen

Kursteilnehmer in Schulungszentren werden nicht als eingeschriebene Studenten angesehen. da Schulungszentren und Umschulungsprogramme nicht als qualifizierte Bildungseinrichtungen gelten.

Teilnehmer solcher Kurse sind daher nicht berechtigt, auf die Autodesk Education Community zuzugreifen. Die Autodesk-Lizenzierungsoptionen für Übungszwecke umfassen eine 30-tägige Testversion der Software, die auf der Autodesk-Website heruntergeladen werden kann, oder die Bereitstellung einer Autodesk Subscription Home-Lizenz durch Ihren Arbeitgeber.

2.3.2 Download der benötigten Dateien

2.3.2.1 Registrierung und Download bei der Autodesk Education Community für Studenten und Schüler

Sofern Sie den Zugriff auf Software für Aus- und Weiterbildung erhalten haben geht der Weg der Installation über die Registrierung bei der Autodesk Education Community.

> Richten Sie Ihr Education-Konto ein. Wenn Sie noch keine Autodesk-ID besitzen, werden Sie durch dieses Verfahren eine erhalten.

> Laden Sie die Software herunter und installieren Sie diese, indem Sie zu der Seite Education Community wechseln. Vergessen Sie nicht, zunächst Ihren Popup-Blocker zu deaktivieren!

2.3.2.2 Registrierung und Download bei der Autodesk Education Community für Bildungseinrichtungen

> Richten Sie Ihr Education-Konto ein. Wenn Sie noch keine Autodesk-ID besitzen, werden Sie durch dieses Verfahren eine erhalten. Vermeiden Sie es, ein persönliches Konto für die Autodesk-ID zu verwenden, da diese Anmeldung möglicherweise auch von anderen Benutzern Ihrer Bildungseinrichtung verwendet wird, die Sie festlegen.

> Legen Sie fest, ob Sie eine Netzwerklizenz oder eine Mehrplatz-Einzellizenz benötigen.

> Wechseln Sie zur Education Community und beginnen Sie mit dem Download der Software für Ihre Bildungseinrichtung. Vergessen Sie nicht, zunächst Ihren Popup-Blocker zu deaktivieren!

> Installieren Sie die heruntergeladene Software gemäß der gewählten Einrichtungsoption Netzwerkeinrichtung oder Mehrplatz-Einzeleinrichtung.

2.3.3 Aktivierung der AutoCAD 2018-Installation

- Starten Sie den Autodesk AutoCAD 2018 über den Doppelklick auf das Desk-topsymbol, oder über das Windows-Start-Symbol in unteren, linken Bild-schirmbereich.

   Start / Alle Programme / Autodesk /

   AutoCAD 2018 – Deutsch (German) /

   AutoCAD 2018 – Deutsch (German)

- Wählen Sie den Installationstyp,
   für den Fall der Einzelplatzinstallation aktivieren Sie den Button
   „Seriennummer eingeben".

- Geben Sie die Seriennummer und den Produktschlüssel, die Sie nach der Re-gistrierung erhalten haben, ein.

- Mit einer vorhandenen, aktivierten Internetverbindung erhalten Sie nach kurzer Zeit die Meldung der Produktaktivierung.

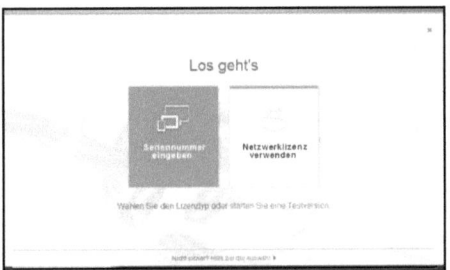

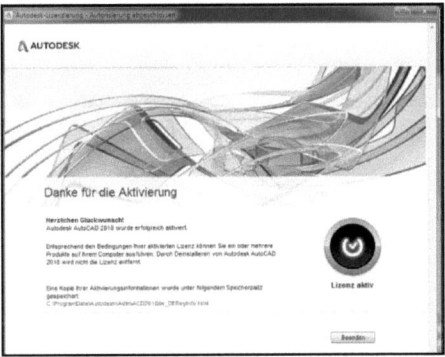

2.3.4 Der Startbildschirm

- Für den Erststart gibt es die Möglichkeit einer Trainingseinheit **„Erfahren",** die ist nach dem Programmstart auch immer über die **„Hilfe"** zu AutoCAD aufrufbar, oder die Möglichkeit der direkten Arbeit über **„Erstellen".**

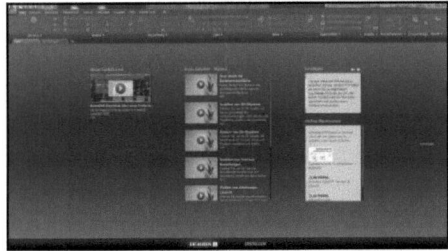

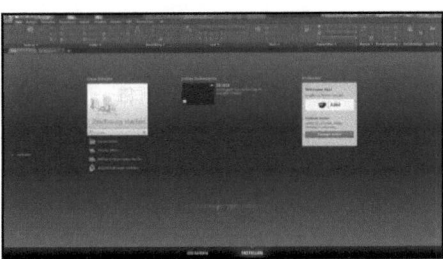

„Erfahren"   **„Erstellen"**

2.4   Laden des ersten Arbeitsblattes für 2D-Konstruktion

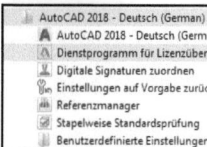

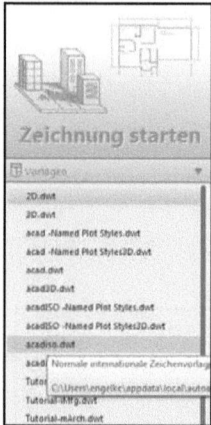

Klicken Sie nach dem Start von AutoCAD auf die Schaltfläche **„Zeichnung beginnen"**, um eine neue Zeichnung zu öffnen.

Die Registerkarte **„Start"** wird standardmäßig beim Start angezeigt. Sie bietet einfachen Zugriff auf eine Reihe von anfänglichen Aktionen, darunter Zugriff auf Zeichnungsvorlagendateien, zuletzt geöffnete Zeichnungen und Plansätze sowie Online- und Lernoptionen (1).

- Erweitern Sie die Pfeilabbildung durch Klicken (2)
- Wählen Sie die Vorlagendatei **„acadiso.dwt"** aus der Dialogbox (3).
- Die Abbildung zeigt das Arbeitsblatt von AutoCAD 2018 (4).

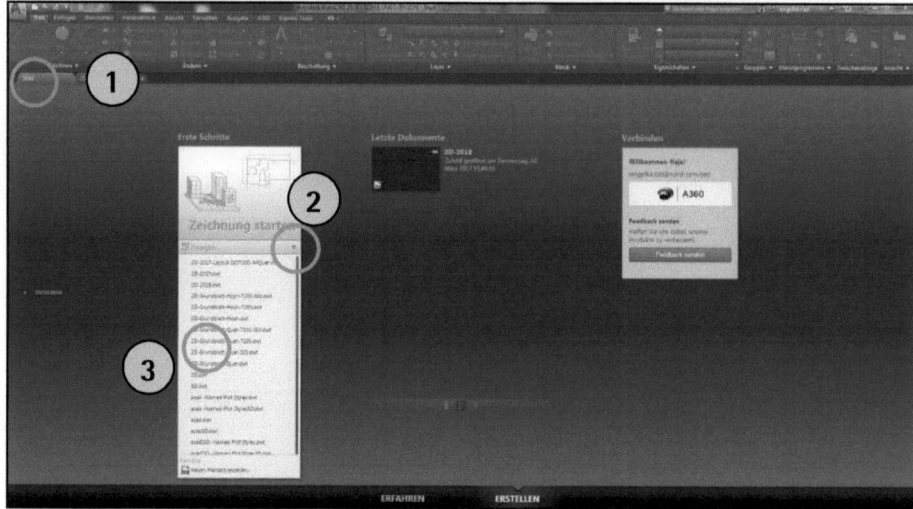

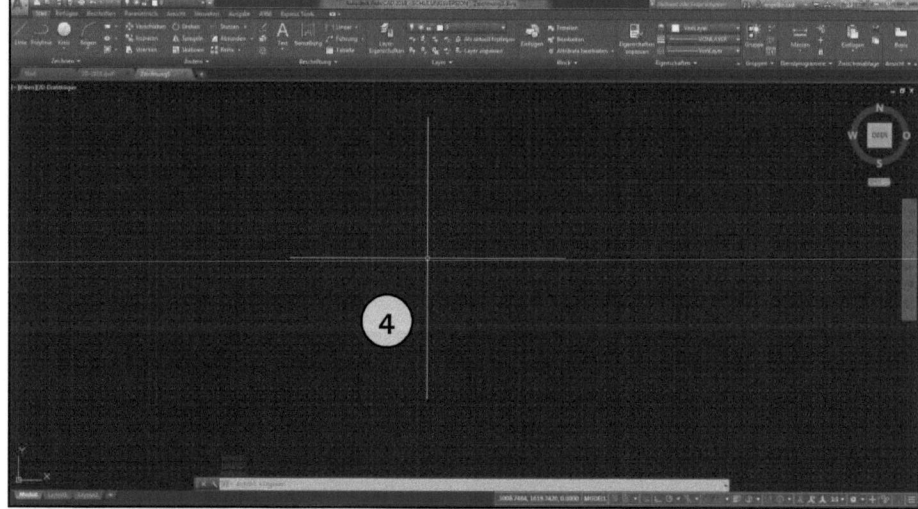

2.5   Die Funktionen auf dem AutoCAD 2018- Desktop

2.5.1   Das AutoCAD- Fenster in der Standard-Darstellung

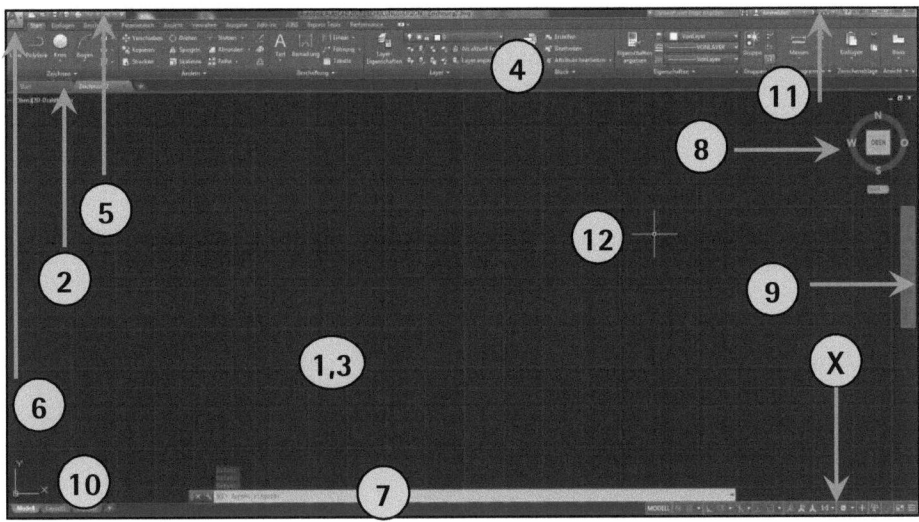

2.5.2   Die AutoCAD- Fenster-Funktionen im Einzelnen

2.5.2.1   Das Grafikfenster

Das Grafikfenster wird standardmäßig immer angezeigt, wenn eine Datei geöffnet ist (1). Sind mehrere Dateien geöffnet, wird jede Datei in einem separaten Register (2) angezeigt. Das Fenster mit der Datei, die Sie gerade bearbeiten, wird aktives Fenster genannt (3).

2.5.2.2   Die Multifunktionsleiste im Überblick

Die Multifunktionsleiste besteht aus einer Reihe von Gruppen, die wiederum in mehrere, nach Aufgabe bezeichnete Registerkarten unterteilt sind. Wenn Funktionen in AutoCAD aufgerufen werden, ändert sich der Inhalt der Multifunktionsleiste entsprechend. Wenn Sie die Anwendung öffnen, wird die Multifunktionsleiste automatisch am oberen Rand des Fensters angezeigt und ermöglicht den Zugriff auf eine Reihe von Befehlen und Steuerelementen. Die Multifunktionsleiste ist in Registerkarten unterteilt, die nach Aufgabe bezeichnet sind. Die Befehle werden auf jeder Registerkarte in mehreren Gruppen angezeigt. Einige Gruppen haben einen Dropdown-Pfeil, der kennzeichnet, dass zusätzliche Befehle verfügbar sind. Sie können die Gruppierung von Befehlen in einem Dropdown-Menü aufheben, um sie auf der Multifunktionsleiste anzuzeigen (4).

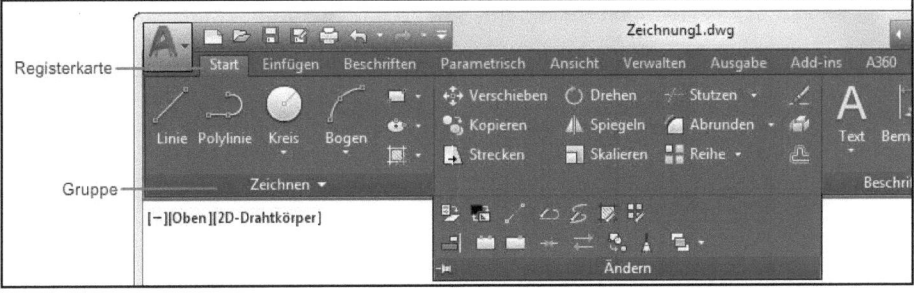

Über einige Multifunktionsleisten-gruppen kann ein zur betreffenden Gruppe gehöriges Dialogfeld aufgerufen werden. Um das zugehörige Dialogfeld anzuzeigen, klicken Sie in der rechten unteren Ecke der Gruppe auf den Dialogfeldzugriff, der durch ein Pfeilsymbol gekennzeichnet ist.

2.5.2.3 Verschiebbare Gruppen

Sie können eine Gruppe von einer Registerkarte der Multifunktionsleiste in den Zeichenbereich oder auf einen anderen Monitor ziehen. Die verschiebbare Gruppe bleibt geöffnet, bis Sie sie wieder in die Multifunktionsleiste ziehen. Dies gilt selbst dann, wenn Sie zwischen Multifunktionsleisten-Registerkarten wechseln.

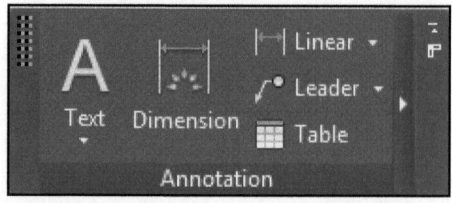

2.5.2.4 Einblendleisten

Wenn Sie auf den Pfeil in der Mitte des Gruppentitels klicken, wird die Gruppe erweitert und zusätzliche Werkzeuge und Steuerelemente angezeigt. Standardmäßig werden Einblendleisten automatisch geschlossen, wenn Sie auf eine andere Gruppe klicken. Um die Gruppe dauerhaft im erweiterten Zustand anzuzeigen, klicken Sie auf das Symbol der Reißzwecke in der linken unteren Ecke der Einblendleiste.

2.5.2.5 Kontextabhängige Multifunktionsleisten, Registerkarten

Wenn Sie einen bestimmten Objekttyp auswählen oder bestimmte Befehle ausführen, wird eine kontextabhängige Registerkarte in der Multifunktionsleiste anstelle eines Werkzeugkastens oder Dialogfelds angezeigt. Die kontextabhängige Registerkarte wird geschlossen, wenn Sie den Befehl beenden.

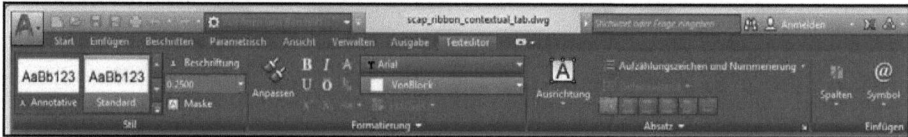

2.5.3 Die Standard-Multifunktionsleisten, Auszug

2.5.3.1 Multifunktionsleiste „Start"

2.5.3.2 Multifunktionsleiste „Einfügen"

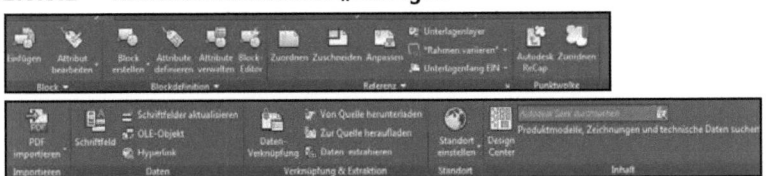

2.5.3.3 Multifunktionsleiste „Beschriften"

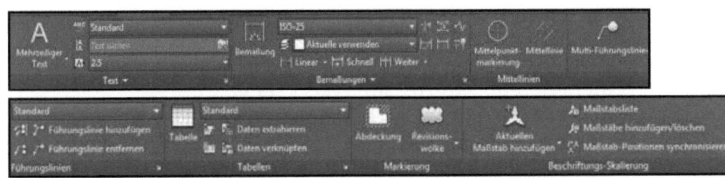

2.5.3.4 Multifunktionsleiste „Parametrisch"

2.5.3.5 Multifunktionsleiste „Ansicht"

2.5.3.6 Multifunktionsleiste „Verwalten"

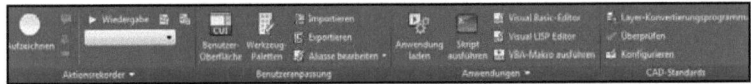

2.5.3.7 Multifunktionsleiste „Ausgabe"

2.5.3.8 Multifunktionsleiste „ExpressTools"

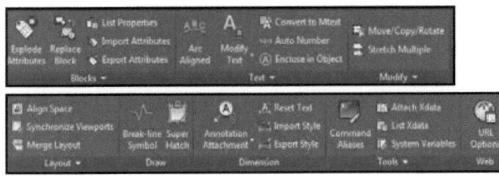

2.5.4 Weitere Elemente des AutoCAD-Arbeitsfensters

2.5.4.1 Der Schnellzugriff-Werkzeugkasten

Der Schnellzugriff-Werkzeugkasten oben im Bildschirm enthält häufig verwendete Befehle in allen Umgebungen, einschließlich der Schaltflächen für das Rückgängigmachen und Wiederherstellen von Änderungen (5).

2.5.4.2 Befehlsfenster

Kernstück von AutoCAD ist das Befehlsfenster, das normalerweise am unteren Rand des Anwendungsfensters fixiert ist. Im Befehlsfenster werden Eingabeaufforderungen, Optionen und Meldungen angezeigt (6).

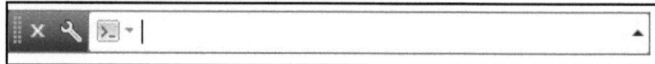

2.5.4.3 Der „Start"- Symbol

Klicken Sie auf das Start-Symbol oben links in der Arbeitsebene, um nach Befehlen zu suchen und Zugriff auf Werkzeuge zum Erstellen, Öffnen, Speichern, Exportieren, Drucken usw. einer Datei zu erhalten (7).

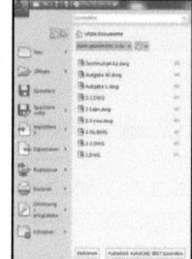

2.5.4.4 Der ViewCube

Wenn Sie auf den ViewCube oder den Kompass klicken, um ein Modell neu auszurichten, dreht sich das Modell um einen Punkt, der in der Mitte des Objekts angezeigt wird, das vor der Verwendung des ViewCube zuletzt ausgewählt war (8).

2.5.4.5 Die Navigationsleiste

Die Navigationsleiste kann frei verschiebbar an einem der Ränder des aktuellen Modellfensters platziert werden. Sie enthält allgemeine und produktspezifische Navigationswerkzeuge, die in separate Bereiche der Navigationsleiste aufgeteilt sind (9).
Die folgenden einheitlichen Navigationswerkzeuge sind in der Navigationsleiste verfügbar:

ViewCube, SteeringWheels, ShowMotion, 3Dconnexion, Pan, Zoom-Werkzeuge und Orbit-Werkzeuge.

2.5.4.6 BKSYMBOL

Das BKS-Symbol gibt die Position und Ausrichtung des aktuellen BKS an. Sie können das BKS-Symbol mithilfe von Griffen bedienen (10).

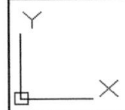

2.5.4.7 InfoCenter, „So bleiben Sie in Verbindung" und „Hilfe", Auszug

Das InfoCenter ist eine in verschiedenen Autodesk-Produkten verwendete Funktion. Es besteht aus einer Reihe von Werkzeugen auf der rechten Seite der Titelleiste zum Zugriff auf produktbezogene Informationsquellen.

Die Schaltfläche **„Bleiben Sie in Verbindung"** bietet schnellen Zugriff auf soziale Informationen und Subscriptions-Daten (11).

2.5.4.8 Cursor im Zeichenbereich

Während Sie arbeiten, ändert sich der Cursor entsprechend der aktuellen Aktivität (12):

Wenn Sie aufgefordert werden, eine Punktposition anzugeben, wird der **„Fadenkreuz"**-Cursor angezeigt.

Wenn kein Befehl aktiv ist, ist der Cursor eine Kombination von Fadenkreuzen und Pickbox.

Wenn Sie aufgefordert werden, ein Objekt zu wählen, ändert sich der Cursor in ein kleines Quadrat, das als **„Pickbox"** bezeichnet wird.

Wenn Sie zur Texteingabe aufgefordert werden, wird der Cursor zu einem vertikalen Texteingabebalken.

2.5.5 Statusleiste, Grundlagen

Die Statusleiste zeigt die Cursor-Position, Zeichnungswerkzeuge und Werkzeuge an, die sich auf die Zeichnungsumgebung auswirken.

Über die Statusleiste können Sie schnell auf einige der am häufigsten verwendeten Zeichnungswerkzeuge zugreifen. Sie können zwischen Einstellungen wie Raster, Fang, Spurverfolgung und Objektfang umschalten. Außerdem können Sie zusätzliche Einstellungen für einige dieser Werkzeuge durch Klicken auf den Pfeil nach unten aufrufen.

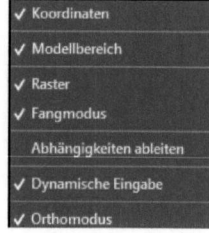

2.5.5.1 Statusleisten-Kurzübersicht

Die Statusleiste bietet schnellen Zugriff auf Werkzeuge, die sich auf die Zeichnungsumgebung auswirken.

`31.5262, 9.1136`	Koordinaten	Zeigt die Koordinaten der Cursor-Position an.
MODELL	Modellbereich	Gibt an, dass Sie derzeit im Modellbereich arbeiten.
PAPIER	Papierbereich	Gibt an, dass Sie derzeit in einem Layout arbeiten.
	Raster	Zeigt ein Raster im Zeichenbereich an.
	Fangmodus	Aktiviert das Fangen am Raster.
	Abhängigkeiten ableiten	Wendet beim Erstellen oder Bearbeiten von Geometrie automatisch geometrische Abhängigkeiten an.
	Dynamische Eingabe	Zeigt neben dem Cursor eine QuickInfo an.
	Orthomode	Beschränkt Cursorbewegungen auf die horizontale oder vertikale Richtung.
	Spurverfolgung	Verfolgt den Cursor entlang der angegebenen polaren Winkel.
	Isometrische Zeichnung	Simuliert eine isometrische Zeichnungsumgebung durch Ausrichten von Objekten entlang isometrischer Achsen.
		Isometrische Zeichnung auf linksseitige Ebenen festgelegt.
		Isometrische Zeichnung ist auf nach oben zeigende Ebenen festgelegt.
		Isometrische Zeichnung ist auf rechtsseitige Ebenen festgelegt.
	Objektfang-Spur	Verfolgt den Cursor entlang der vertikalen und horizontalen Ausrichtungspfade.
	2D-Objektfang	Fängt den Cursor am nächstgelegenen 2D Referenzpunkt. Einstellungen, Auszug:
		Endpunkt, Mittelpunkt, Zentrum, Geometrischer Mittelpunkt, Quadrant, Schnittpunkt.
	Linienstärke	Zeigt die Linienstärken in einer Zeichnung an.
	Transparenz	Aktiviert die Transparenz für alle Objekte.
	Wechselnde Auswahl	Aktiviert bzw. deaktiviert das Wechseln der Auswahl.
	3D-Objektfang	Fängt den Cursor am nächstgelegenen 3D-Referenzpunkt.

	Dynamisches BKS	Richtet die XY-Ebene des BKS vorübergehend an einer planaren Fläche eines 3D-Volumenkörpers aus.
	Auswahlfilterung	Gibt an, welche Objekte hervorgehoben werden, wenn Sie den Mauszeiger darüber bewegen.
		Hebt Scheitelpunkt hervor.
		Hebt Kanten hervor.
		Hebt Flächen hervor.
	Gizmo	3D-Gizmos erleichtern das Verschieben, Drehen und Skalieren von Objektgruppen.
		Zeigt das Verschieben-Gizmo an, wenn ein Objekt ausgewählt ist.
		Zeigt das Drehen-Gizmo an, wenn ein Objekt ausgewählt ist.
		Zeigt das Skalieren-Gizmo an, wenn ein Objekt ausgewählt ist.
	Beschriftungs-sichtbarkeit	Zeigt Beschriftungsobjekte mit dem Beschriftungsmaßstab an.
	Ansichtsfenster sperren	Sperrt die Anzeige eines Layout-Ansichtsfensters.
	Arbeitsbereichs-wechsel	Ändert den aktuellen Arbeitsbereich in den ausgewählten Bereich.

2.5.6 AutoCAD 2018, Hilfestellungen, Grundlagen

AutoCAD stellt internetbasierte Hilfe als Standard-Voreinstellung bereit. Die folgende Darstellung zeigt die Startseite der AutoCAD-Hilfe:

Aufruf Hilfesystem

2.5.7 Hilfestellungen, Offline-Hilfe, Vorbemerkungen

Die Hilfe zum Produkt ist online verfügbar und wird nicht vorgabemäßig mit dem Produkt installiert. Sie können die Installation der Hilfe zum Abschluss der Produktinstallation starten oder nach dem Starten des Produkts, indem Sie die Option „**Offline-Hilfe herunterladen**" aus dem Hilfe-Menü wählen.

2.5.7.1 Installation der Offline-Hilfe

Die Offline-Hilfe kann über die Startseite der Online-Hilfe oder über folgende URL heruntergeladen werden:

http://www.autodesk.com/acd-2018-helpdownload-deu

Wenn Sie die Offline-Hilfe heruntergeladen haben, führen Sie das Installationsprogramm aus, und übernehmen Sie die vorgegebenen Werte.

 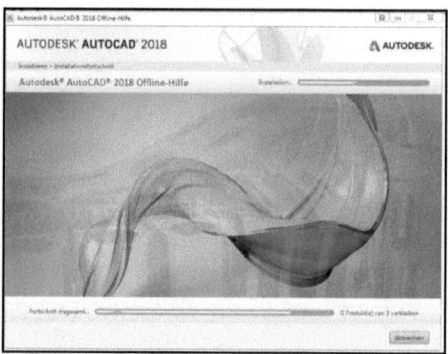

2.5.7.2 Offline-Hilfe, der Aufruf ohne AutoCAD

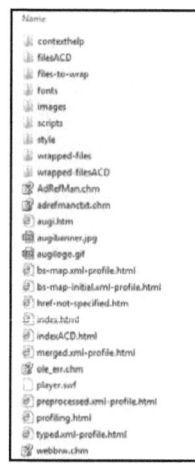

Die AutoCAD-Offline-Hilfe kann auch ohne AutoCAD geladen werden. Hierzu muss aus dem Installationsordner „**AutoCAD 2018 Help**" Unterordner „**German / Help**" die HTML-Datei „**index.html**" geladen werden.

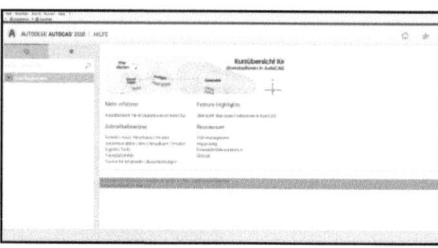

2.6   Tastaturkürzel und Zugriffstasten

2.6.1   Tastatureingaben

Sie können über die Tastatur auf den Menü-Browser, den Schnellzugriff-Werkzeugkasten und die Multifunktionsleiste zugreifen.

Sie können mit Tastatureingaben statt mit dem Zeigegerät Optionen in Menüs, dem Schnellzugriff-Werkzeugkasten und der Multifunktionsleiste auswählen. Um zu ermitteln, welche Tastatureingaben im aktuellen Arbeitsbereich zur Verfügung stehen, drücken Sie Taste „**ALT**".

Wenn Sie im folgenden Beispiel die „**ALT**"-Taste drücken, werden die Tastenkombinationen für jedes Element der Benutzeroberfläche angezeigt. Sie können dann Tasten „**ALT**" + „**F**" drücken, um den Menü-Browser zu öffnen.

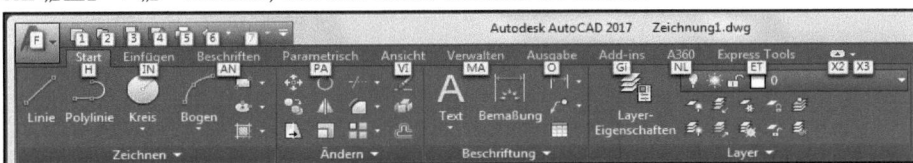

2.6.2   Funktionstasten – Referenz

Die Funktionstasten „**F1**" bis „**F12**" auf der Tastatur steuern die Einstellungen, die häufig aktiviert bzw. deaktiviert werden, wenn Sie mit dem Produkt arbeiten.

F1	Hilfe	Zeigt Hilfeinformationen an.
F1	Erweitertes Protokoll	Zeigt ein erweitertes Befehlsprotokoll im Befehlsfenster an.
F3	Objektfang	Aktiviert bzw. deaktiviert den Objektfang.
F4	3D-Objektfang	Aktiviert zusätzliche 3D-Objektfänge.
F5	Isoebene	Wechselt durch die 2D-Isoebenen-Einstellungen.
F6	Dynamisches BKS	Aktiviert bzw. deaktiviert die automatische BKS-Ausrichtung an ebenen Flächen.
F7	Rasteranzeige	Aktiviert bzw. deaktiviert die Rasteranzeige.
F8	Ortho	Beschränkt Cursorbewegungen auf die horizontale oder vertikale Ebene.
F9	Rasterfang	Beschränkt Cursorbewegungen auf bestimmte Rasterintervalle.
F10	Spurverfolgung	Legt Cursorbewegungen auf bestimmte Winkel fest.
F11	Objektfangspuren	Verfolgt den Cursor horizontal und vertikal von Objektfangpositionen.
F12	Dynamische Eingabe	Zeigt die Abstände und Winkel in der Nähe des Cursors an und akzeptiert Eingaben.

2.6.3   Windows- Tastaturkürzel, Auszug

Wählen Sie beide Tasten aus, um die Aufgabe auszuführen.

STRG+C	Kopiert ausgewählte Objekte	STRG+O	Öffnet ein neues Dokument
STRG+P	Druckt das aktive Dokument	STRG+N	Erstellt ein Dokument
STRG+S	Speichert das Dokument	STRG+Z	Macht den letzten Befehl rückgängig

2.6.4 Eingabe von Befehlen in der Befehlszeile

Sie können einen Befehl in die Befehlszeile eingeben, Befehle sind die Anweisungen, die dem Programm sagen, was es tun soll, Das fixierbare und in der Größe veränderbare Befehlsfenster akzeptiert Befehle und Systemvariablen und zeigt Eingabeaufforderungen an, die Sie beim Vervollständigen einer Befehlsfolge unterstützen.

2.6.4.1 Reagieren auf Eingabeaufforderungen

Nachdem Sie einen Befehl eingegeben haben, wird in der Befehlszeile ggf. eine Reihe von Eingabeaufforderungen angezeigt. Nachdem Sie z. B. PLINIE eingeben und dann die erste Eingabeaufforderung festlegen, wird die folgende Eingabeaufforderung angezeigt:

PLINIE Nächsten Punkt angeben oder [**K**reisbogen **H** albbreite Länge, **Z**urück **B**reite]:

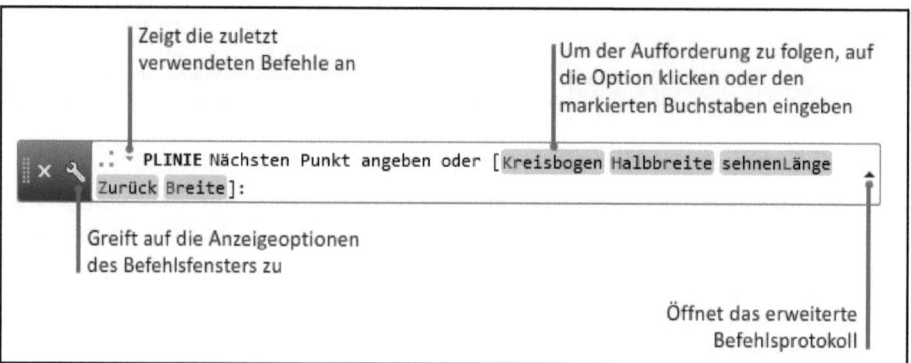

In diesem Fall besteht das Standardverfahren in der Angabe des nächsten Punktes. Sie können entweder **XY**-Koordinatenwerte eingeben oder auf eine Position in der Zeichnung klicken.

Zur Auswahl einer anderen Option klicken Sie auf die betreffende Option. Wenn Sie lieber die Tastatur verwenden, wählen Sie die Option, indem Sie den jeweiligen farbigen Großbuchstaben eingeben. Sie können Groß- oder Kleinbuchstaben eingeben, die Auswahlmöglichkeiten wären hier:

„**K**" für Kreisbogen, „**H**" für Halbbreite, „**L**" für sehnenLänge, „**B**" für Breite und „**Z**" für Zurück-setzen der Auswahl.

2.6.4.2 Befehlsaliasse

Befehlsaliasse sind verkürzte Befehlsnamen, die in der Befehlszeile als Alternative zum vorgabemäßigen vollständigen Namen eingegeben und in einer Programmparameterdatei (PGP-Datei) gespeichert werden.
Ein Beispiel für einen Befehlsalias ist „**L**", das den Befehl „**LINIE**" startet. Die Eingabe ist wesentlich schneller als die Eingabe von LINIE oder das Suchen nach der Schaltfläche Linie in der Benutzeroberfläche.
Vor dem Befehlsnamen muss ein Sternchen (∗) eingegeben werden, um die Zeile als Aliasdefinition zu kennzeichnen.
Sie können Befehls-Aliasnamen mit dem speziellen Präfix - (Bindestrich) erstellen, wie im folgenden Beispiel dargestellt. Hierdurch wird die Befehlsversion aufgerufen, durch die statt eines Dialogfelds eine Befehlszeile angezeigt wird:

-L, ∗-LINIE

2.7 Zeigegeräte

2.7.1 Zeigegeräts, Maus

2.7.1.1 Zwei-Tasten-Maus

Bei einer Maus mit zwei Tasten ist die linke Taste die Auswahltaste, mit der Sie folgende Operationen durchführen:

Positionen festlegen, Objekte zum Bearbeiten auswählen und Menüoptionen und Dialogfeldschaltflächen und -felder auswählen

Die Funktion der rechten Maustaste hängt vom Kontext ab:

Beenden eines laufenden Befehls, Anzeigen eines Kontextmenüs und Anzeigen des Menüs Objektfang.

2.7.1.2 Mausrad und mittlere Maustaste

Viele Mäuse stellen eine linke und eine rechte Maustaste sowie ein Rad zwischen den beiden Schaltflächen zur Verfügung. Mit dem Rad können Sie in Ihrer Zeichnung die Zoom- und Pan-Funktionen ausführen, ohne einen Befehl verwenden zu müssen.

In der folgenden Tabelle werden die in diesem Programm unterstützten Funktionen der Maus mit Rad aufgeführt:

Vergrößern oder Verkleinern	Vergrößern: Rad vorwärts drehen. Verkleinern: Rad rückwärts drehen.
Zoomen auf die Zeichnungsgrenzen	Doppelklicken Sie mit dem Rad.
Pan	Halten Sie das Mausrad gedrückt, und ziehen Sie die Maus.
Kamera schwenken	Halten Sie die Taste STRG und das Mausrad gedrückt, und ziehen Sie die Maus.
Freier Orbit	Halten Sie STRG, UMSCHALT und das Rad gedrückt, und ziehen Sie die Maus.
Anzeigen des Menüs **„Objektfang"**	Klicken Sie mit dem Mausrad.

2.7.2 3Dconnexion-Gerät

Eine 3Dconnexion-3D-Maus dient zum Ändern der Ausrichtung und zum Navigieren in einer Modellansicht. Das Gerät hat eine druckempfindliche Controller-Kappe, die in alle Richtungen biegbar ist.

Wenn beim Einsatz der 3Dconnexion-3D-Maus eine Ansicht geändert wird, wird das ViewCube-Werkzeug neu ausgerichtet, um die aktuelle Ansicht widerzuspiegeln.

Sie können das Verhalten der 3Dconnexion-3D-Maus über die Navigationsleiste ändern

2.8 AutoCAD 2018, Voreinstellungen

Voreinstellungen sind für alle CAD-Programme unbedingt nötig. Die große Vielfalt der Einstellmöglichkeiten für das Programm-Layout, die Prototyp-Dateien, mit den Zeichnungsvoreinstellungen nach DIN und ISO und die Ausgabe in Datei und an Drucker machen diese Arbeit nicht einfach.

Die Vorlagendatei erhält etliche neue Einstellungen, gegenüber der ursprünglichen Vorlagendatei **acadiso.dwt**.

Die folgenden Auflistungen zeigen einen kurzen Überblick, die ausführliche Darstellung dieser Einstellungen finden Sie im **Support-Kapitel 8 auf der Buch-DVD**.

2.8.1 Anpassen der benutzerspezifischen Vorlagen, Auszug

2.8.1.1 Anpassungen der Vorlagendatei, Auszug

Die Auflistung zeigt die Anpassungen der entsprechenden Vorlagendateien im Überblick:

Einheiten zuweisen, Limiten zuweisen, Rastereinstellungen, Blattgröße darstellen, dynamische Eingabe, Spurverfolgung, 2D-Objektfang, orthogonaler Mode, Linienstärke, Nutzerprofil anlegen, Layer-Definitionen, Linientypen und Textstile laden, Bemaßungsstile, Multi-Führungslinienstil, Systemvariable für Mtext und Systemvariable für Mittellinien.

2.8.1.2 Anpassungen der Optionseinstellungen, Auszug

Bildlaufleisten, Kurven- und Bogenglättung, Fadenkreuzgröße, Vollständiger Pfad in Titelleiste, Standard-Drucker des Systems, Grafikleistung auf Hardwarebeschleunigung, Linienstärkeneinstellung, Bemaßungen assoziativ, SteeringWheel, ViewCube, Griffe in Blöcken anzeigen.

2.8.1.3 Anpassungen der Plotstiltabelle, Auszug

Die Auflistung zeigt die Anpassungen der entsprechenden Plotstiltabelle im Überblick:

Neuen Plotstil generieren, Plotstiltabelle an Layerkonfiguration anpassen, Farbänderungseinträge im Plotstil-Editor.

2.8.1.4 Anpassungen der Druckoptionen, Auszug

Die Auflistung zeigt die Anpassungen der entsprechenden Plot-Optionen im Überblick:

Systemdrucker, Papierformat, Limiten, Plotabstand, Plotmaßstab, Plotstiltabelle, Qualität, Zeichnungsausrichtung.

2.9 Drucken

2.9.1 Plotten und Drucken

Die Begriffe „**Drucken**" und „**Plotten**" können als Synonym für die CAD-Ausgabe verwendet werden.

Früher wurden Texte auf Druckern gedruckt und Zeichnungen auf Plottern geplottet. Heutzutage stehen Ihnen für beide Vorgänge beide Optionen zur Verfügung.

Auch der Begriff „**Drucken**" ist ein alter Begriff, den keines der heutigen Ausgabegeräte „**druckt**" im eigentlichen Sinne, Laser- und Tintenstrahlverfahren, die heute häufigsten Techniken, haben andere technologische Abläufe zur Ausgabe.

2.9.2 Plotten und Drucken, Begriffe

Um Ihnen die Arbeit zu erleichtern, können Sie Sammlungen dieser Einstellungen speichern und unter Verwendung der entsprechenden Namen wiederherstellen. Diese Sammlungen werden als Seiteneinrichtungen bezeichnet. Mit Seiteneinrichtungen können Sie die Einstellungen speichern, die Sie für verschiedene Drucker, das Drucken in Graustufen, das Erstellen von PDF-Dateien aus Zeichnungen usw. benötigen. Der Befehl zum Ausgeben einer Zeichnung lautet „**PLOT**", und Sie können über den Schnellzugriffs-Werkzeugkasten auf diesen zugreifen.

Um alle Optionen im Dialogfeld „**Plotten**" anzuzeigen, klicken Sie auf die Schaltfläche „**Weitere Optionen**".

 Plot

Die Dialogbox für die Ausgabe von Zeichnungen:

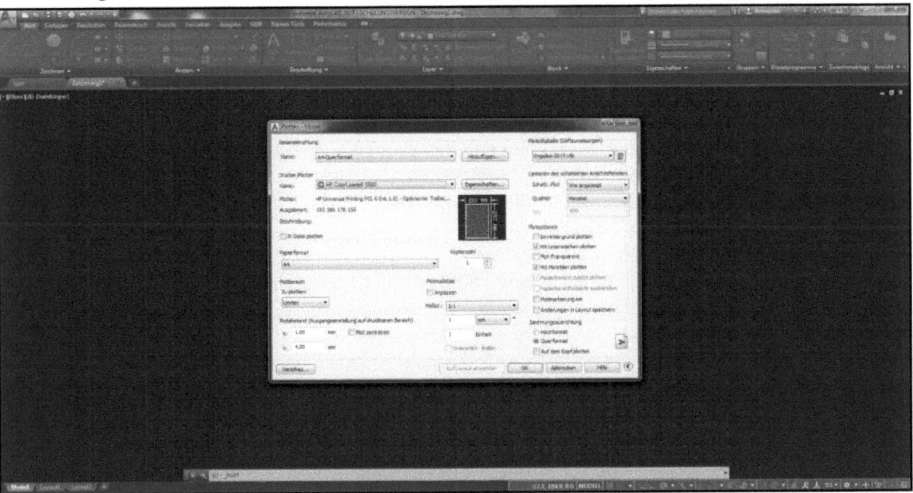

2.9.2.1 Einschränkung der akademischen Version von AutoCAD

Eine Zeichnungsdatei oder eine Zeichnungsvorlagendatei, die mit einer Schulungsversion erstellt wurde, wird immer mit der folgenden Plotmarkierung geplottet:

"PRODUCED BY AN AUTODESK EDUCATIONAL PRODUCT"

2.10 Zeichnerische Grundlagen

2.10.1 Die Normen für die Zeichnungsdarstellung

Einem Konstrukteur braucht man den Sinn der Normierung nicht zu erklären, er lebt in diesen Regelwerken und kann ohne Rückgriff darauf nicht arbeiten. Die Festlegung, welches Regelwerk zu verwenden ist, entscheidet entweder die Büroorganisation oder der Auftraggeber, oft auch die Möglichkeit des Software-Paketes. Für AutoCAD gilt DIN oder ISO als Empfehlung. Die folgenden Normen stellen nur einen Auszug dar, diese greifen hauptsächlich auf die zeichnerische Darstellung innerhalb eines Zeichenblattes zu. Die Auflistung ist nicht nach Prioritäten, sondern numerisch sortiert, das vermeintliche Zahlenchaos kommt aus den Regelwerken. Der Vollständigkeit halber erfolgt hier eine Erläuterung zu den Regelwerkkürzeln für den deutschen Bereich:

2.10.1.1 Normungsauflistung, eine Auswahl nach DIN, EN und ISO

DIN ISO 128-20	Linien und Linienarten
DIN ISO 128-21	Ausführung von Linien in CAD-Systemen
DIN ISO 128-22	Hinweis- und Bezugslinien
DIN ISO 128-24	Linien der mechanischen Technik
DIN ISO 128-25	Linien in Schiffbauzeichnungen
DIN ISO 128-30	Orthogonale Darstellung
DIN ISO 128-34	Teilansichten
DIN ISO 128-40	Schnittdarstellung
DIN ISO 128-44	Sonderfälle der Schnittdarstellung
DIN ISO 128-50	Schraffurdarstellung
DIN EN ISO 216	Papier-Endformate
DIN 199	Begriffe im Zeichnungswesen
DIN 406	Bemaßungsregeln
DIN ISO 1101	Eintragen von Form- und Lagetoleranzen
DIN ISO 1302	Oberflächenangaben in Zeichnungen
DIN EN ISO 3098	Schriften
DIN ISO 5455	maßstäbliche Darstellung
DIN ISO 5456	Darstellung von Werkstücken in technischen Zeichnungen
DIN ISO 5456	Projektionsmethoden, axometrische Projektion, z.B. Isometrie
DIN EN ISO 5457	Formate und Gestaltung von Zeichnungsvordrucken
DIN ISO 6410	Gewindedarstellung
DIN ISO 6428	Anforderung für die Mikroverfilmung
DIN ISO 6433	Positionsnummern
DIN 6771	Schriftfelder und Stücklisten
DIN 6780	Vereinfachte Darstellung und Bemaßung von Löchern
DIN 6789	Dokumentationssystematik
DIN 6790	Wortangabe in technischen Zeichnungen
DIN EN ISO 7200	Rahmen und Schriftfeld für Technische Zeichnungen
DIN ISO 9000 bis 9004	Normen zum Qualitätsmanagement
DIN ISO 9431	Anordnung von Darstellungen
DIN ISO 9179	Numerisch gesteuerte Zeichenmaschinen
DIN ISO 10209	Begriffe für Projektionsmethoden
DIN ISO 11442	Rechnergestützte Handhabung von technischen Daten
DIN ISO 13567	Gliederung und Benennung von Layern für CAD
DIN ISO 13715	Kantenzustände
ISO 13584	3D-Darstellung von Normteilen
DIN EN 20273	Durchgangslöcher für Schrauben
DIN EN 20225	Schrauben und Muttern
DIN EN 22553	Symbolische Darstellung von Schweißnähten
DIN 32869	Dreidimensionale CAD-Modelle

2.10.1.2 Normungsauflistung VDI, eine Auswahl

VDI 2209	3D-Produktmodellierung
VDI 2211	Datenverarbeitung in der Konstruktion, Methoden und Hilfsmittel; Maschinelle Herstellung von Zeichnungen.
VDI 2216	Datenverarbeitung in der Konstruktion – Einführungsstrategien und Wirtschaftlichkeit von CAD-Systemen.
VDI 2222	Konstruktionsmethodik, Erstellung und Anwendung von1 und 2 Konstruktionskatalogen.
VDI 4426	Anwendung von 3D-CAD im Rahmen der Entwicklung.
VDI 4500	Technische Dokumentation – Begriffsdefinitionen und rechtliche Grundlagen.

2.10.2   Begriffe im Zeichnungs- und Stücklistenwesen, nach DIN 199

Anordnungsplan	Stellt die räumliche Lage von Gegenständen zueinander dar.
Zeichnung eines Einzelteils	Die Zeichnung enthält die benötigten Ansichten und Kommentare, für das Bauteil.
Diagramm	Zeigt Zahlenwerte oder funktionale Zusammenhänge in einem Koordinatensystem.
EDM-System	Managt das komplette Datenaufkommen, das während eines Projektes anfällt.
Einzelteilzeichnung	Enthält ein Einzelteil ohne die räumliche Zuordnung zu anderen Teilen.
Entwurfszeichnung	Bringt eine Darstellung, über deren endgültige Ausführung noch nicht entschieden wurde.
Ergänzungszeichnung	Zeigt Einzelheiten von Gegenständen, auf die in anderen Zeichnungen Bezug genommen wird.
Fertigungszeichnung	Enthält die Darstellung eines Teiles mit weiteren Angaben für die Fertigung.
Fotozeichnung	Hat als wesentlichen Bestandteil fotografische Abbildungen.
Hauptzeichnung	Enthält eine Maschine, eine Anlage oder ein Gerät im zusammengebauten Zustand.
Variantenzeichnung	Ist eine Zeichnung von Gegenständen, die von einem anderen Gegenstand in bestimmten Maßen abweicht.
Zeichnungsnormen	Spezielle Richtlinien für Zeichnungsansichten, um eine einheitliche Darstellung zu erzielen.
Zusammenbauzeichnung	Dient zur Erläuterung von Zusammenbauvorgängen.
Gruppenzeichnung	zeigt maßstabsgetreu die räumliche Lage und die Form der zu einer Teilegruppe
Konstruktionszeichnung	Stellt einen Gegenstand in seinem vorgesehenen Endzustand Zeichnung dar.
Maßbild	Enthält für ein Teil nur die wesentlichen Maße und Informationen.
Originalzeichnung	Zeigt eine für weitere Arbeitsschritte verbindliche Fassung.
Patentzeichnung	Entspricht den Vorschriften der "Verordnung über die Anmeldung von Patenten".
Plan	Stellt Funktionszusammenhänge durch Symbole dar.
Skizze	Ist eine nicht unbedingt maßstäbliche, vorwiegend freihändig erstellte Zeichnung.
Standardzeichnung	Muss durch Hinzufügen oder Verändern bestimmter vorgesehener Daten dem jeweiligen Anwendungsfall angepasst werden.
Technische Unterlage	Dient durch ihren Informationsinhalt technischen Zwecken.
Technische Zeichnung	Ist eine Zeichnung, in der für technische Zwecke erforderlichen Art und Vollständigkeit durch Einhalten von Darstellungsregeln und Maßeintragung.
Teilzeichnung	Zeigt ein Teil ohne räumliche Zuordnung zu anderen Teilen.
Vordruck	Ist eine reproduzierte Standardzeichnung.
Zeichnungssatz	Ist die Gesamtheit aller Zeichnungen, für die vollständige Darstellung eines Gegenstandes.

2.10.3 Linienarten nach DIN EN ISO 128-20 und Linienarten-Anwendung nach DIN ISO 128-24

DIN EN ISO **128-20** enthält allgemein gültige Regeln für die Ausführung von Linien in der technischen Produktdokumentation.

Anwendungen in Zeichnungen verschiedener technischer Bereiche werden in entsprechenden Teilen von DIN ISO **128** festgelegt, z.B. für die technische Mechanik den Teil 24.

Durch Übernahme von DIN EN ISO **128-20** und DIN ISO **128-24** für DIN **15** ergeben sich keine Änderungen in der Anwendung der Linienarten.

Bisher wurden die Linienarten durch Kennbuchstaben und künftig werden diese durch Kennzahlen gekennzeichnet. Hierbei entspricht der erste Teil der Nummern denen der Grundarten von Linien nach Bild 1.

2.10.3.1 Linien, Grundregeln nach DIN EN ISO 128-20

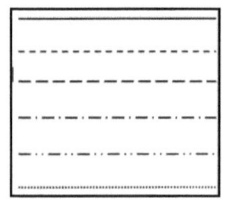

Bild 1

Eine Linie ist ein geometrisches Gestaltungselement mit einer Länge >0,5 × Linienbreite, das einen Anfangspunkt mit einem Endpunkt in beliebiger Weise verbindet, z. B. gerade oder kurvenförmig, ohne Unterbrechungen.

Linienarten werden in Grundarten nach Bild 1, Variationen der Grundarten, Bild 2, und Kombinationen von Linien gleicher Länge, Bild 3, unterschieden.

2.10.3.2 Das Verhältnis von Linienmaße zu Linienbreite

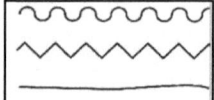

Bild 2

Die Breite „d" aller Linienarten ist in Abhängigkeit von der Art und Größe aus der folgenden Reihe auszuwählen, die im Verhältnis $1:\sqrt{2}$ (1:1,4)gestuft ist:

0,13 mm, 0,18 mm, 0,25 mm, 0,5 mm, 0,7 mm, 1,0mm 1,4 mm, und 2 mm.

Das Verhältnis der Breiten von sehr breiten, breiten, und schmalen Linien ist 4:2:1.

2.10.3.3 Zeichnen von Linien

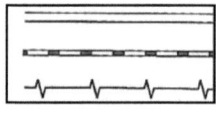

Bild 3

Der Abstand paralleler Linien muss mindestens 0,7 mm betragen, wenn in anderen internationalen Normen keine davon abweichenden Werte festgelegt sind.

Beim Einsatz rechnerunterstützter Zeichenprogramme können die dargestellten Linienabstände in bestimmten Fällen davon abweichen.

Während die Linienarten nach DIN **15** durch Kennbuchstaben gekennzeichnet sind, werden diese nach DIN ISO **128-24** durch Kennzahlen festgelegt.

2.10.3.4 Kreuzungen und Anschlussstellen

Grundarten der Linien im folgenden Bild, sollen sich mit Strichen kreuzen und berühren, Beispiele entsprechend der folgenden Abbildung.

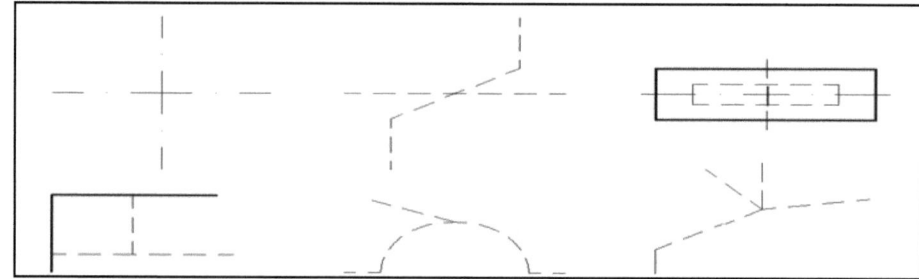

2.10.4 Linienanwendungen, eine Auswahl

Linie Nr.	Benennung, Darstellung		Anwendung (Auswahl)
01.1	Volllinie, schmal	.1	Lichtkanten bei Durchdringung
		.2	Maßlinien
		.3	Maßhilfslinien
		.4	Hinweis- und Bezugsebenen
		.5	Schraffuren
		.6	Umrisse eingeklappter Schnitte
		.7	Kurze Mittellinien
		.8	Gewindegrund
		.9	Maßlinienbegrenzung
		.10	Diagonalkreuze zur Kennzeichnung ebener Flächen
		.11	Biegelinien an Roh- und bearbeiteten Teilen
		.12	Umrahmungen von Einzelheiten
	Freihandlinie, schmal	.18	Vorzugsweise manuell dargestellte Begrenzung von Teil oder unterbrochenen Ansichten und Schnitten, wenn die Begrenzung keine Symmetrie- oder Mittellinie ist
	Zickzacklinie, schmal	.19	Vorzugsweise mit Zeichenautomaten dargestellte Begrenzung von Teil oder unterbrochenen Ansichten und Schnitten, wenn die Begrenzung keine Symmetrie- oder Mittellinie ist
01.2	Volllinie, breit	.1	Sichtbare Kanten
		.2	Sichtbare Umrisse
		.3	Gewindespitzen
		.4	Grenzen der nutzbaren Gewindelänge
		.5	Hauptdarstellung in Diagrammen, Karten, Fließbildern
		.6	Systemlinien (Metallbau-Konstruktion)
		.7	Formteilungslinien in Ansichten
02.1	Strichlinie, schmal	.1	Unsichtbare Kanten
		.2	Unsichtbare Umrisse
02.2	Strichlinie, breit	.1	Kennzeichnung zulässiger Oberflächenbehandlung
04.1	Strich-Punkt-Linie, (langer Strich), schmal	.1	Mittellinien
		.2	Symmetrielinien
		.3	Teilkreise von Verzahnungen
		.4	Teilkreise für Löcher
04.2	Strich-Punkt-Linie (langer Strich), breit	.1	Kennzeichnung begrenzter Bereiche, z.B. der Wärmebehandlung
		.2	Kennzeichnung von Schnittebenen
05.1	Strich-Zweipunkt-Linie (langer Strich), schmal	.1	Umrisse benachbarter Teile
		.2	Endstellung beweglicher Teile
		.3	Schwerpunktlinien

2.11   Rechnerunterstütztes Konstruieren, CAD

Die Konstruktions- und Zeichnungsarbeit wird heute fast ausschließlich rechnerunterstützt durchgeführt. Dabei kommen sowohl 2-D-Systeme (zeichnungsorientiertes Prinzip) als auch 3-D-Systeme (werkstückorientiertes Prinzip) zum Einsatz (mit steigender Tendenz zur 3-D-Anwendung).

Die dafür einzusetzende Hardware unterscheidet sich kaum noch von der jenigen üblicher Büroarbeitsplätze, lediglich die Anforderungen hinsichtlich der Grafikleistung, der Größe und Auflösung des Bildschirms und des Ausgabeformats des Druckers oder Plotters überschreiten die übliche PC-Ausstattung.

Die Archivierung der, insbesondere bei 3-D-Anwendungen, sehr großen Datenmengen erfolgt auf zentralen Plattensystemen, auf Magnetbändern oder optischen Speichermedien.

Die Eingabe der Geometriedaten wird in der Regel mit Hilfe von Menüfeldern durchgeführt, die am Rand des Bildschirms angeordnet sind, sowie durch Maus und Tastatur. Wesentliche Zeitersparnis ist durch die Verwendung von Bibliotheken (Norm- und Wiederholteile, Makros und Features) zu erreichen.

Anhand der eingegebenen Geometriedaten werden die Bauteile oder Zeichnungen auf dem grafischen Bildschirm dargestellt oder über einen Drucker (Plotter) ausgegeben. Die Geometriedaten sind in der Regel Teil eines Produktmodells, welches als Basis für vielfältige EDV-gestützte Anwendungen im Entwicklungs- und Produktionsprozess dient.

Bauteile oder -gruppen können mit Hilfe entsprechender Programme nachgerechnet werden. Die Netzgenerierung für den Einsatz numerischer Verfahren wie FEM (Finite- Elemente- Methode) oder EM (Boundary- Element- Methode) erfolgt auf der Basis der abgelegten Geometrie.

Die CAD-Daten sind die Grundlage bei der Erstellung von Arbeitsplänen und NC-Steuerprogrammen für die numerischen gesteuerten Bearbeitungsmaschinen. In der Produktionsplanung und -steuerung werden die Konstruktionsstücklisten und Arbeitspläne für die Planung, Steuerung und Überwachung der Fertigung verwendet.

Die Generierung von Bewegungsabläufen für Montage- und Schweißoperationen wird durch Rückgriff auf die Geometriedaten des Bauteils bzw. der vollständigen Anlage wesentlich vereinfacht.

Weiterhin sind CAD-Daten die Basis für die Simulation der Funktion von Bauteilen und Geräten, für Kollisionsanalysen, für die Verwendung digitaler Versuchsmodelle anstelle von realen Modellen – Digital Mock Up (DMU) genannt - und den Einsatz bei Verfahren der Virtuellen Realität (Virtual Reality, VR).

Für die Erstellung von technischen Dokumentationen, den dazugehörigen Abbildungen, grafischen und fotorealistischen Darstellungen sowie Explosionsschaubildern werden ebenfalls die CAD-Daten verwendet.

2.12 CAD im Unterricht, ein Erfahrungsbericht

Die traditionellen Werkzeuge des Technischen Zeichnens wurden in den vergangenen Jahren, in Industrie und Handwerk, durch ein neues Werkzeug in zunehmendem Maß ergänzt oder nahezu vollständig ersetzt. Dieses neue Werkzeug ist der Computer, der auch das Technische Zeichnen gelernt hat. In Mechanik, Maschinenbau, Architektur, Design, Kartographie und vielen anderen Bereichen begegnet verstärkt das, was mit dem Begriff CAD belegt wird.

Die in den nächsten Jahren sicherlich noch zunehmende Bedeutung rechnerunterstützten Planens und Fertigens in unterschiedlichen Technologiebereichen verlangt nach einer Vielzahl von Fachkräften, die Erfahrungen mit CAD vorweisen können.

Im Unterricht des Faches „Technisches Zeichnen/ CAD" lernen die Schüler, technische Zeichnungen zu lesen, zu verstehen und selbst zu konstruieren. Sie werden befähigt, die in technischen Zeichnungen dargestellten Sachverhalte und Funktionen gedanklich zu analysieren, zu ordnen, zu beurteilen und zu beschreiben.

Ziel ist es, den Blickwinkel für eine technisierte Umwelt zu erweitern und in die Funktionsweisen der Technik einzuführen. Die Schülerinnen erkennen, welche Rolle die technische Zeichnung auf dem Weg von der Idee bis zur Fertigung eines Gegenstandes spielt und dass sie bei der Herstellung ein unverzichtbares Bindeglied zwischen Planung und Ausführung, Konstruktion und Fertigung, Gestaltungsidee und Gestaltungsergebnis ist. Wesentliche Ziele sind außerdem die Fähigkeit zu sauberem, exaktem und rationellem Arbeiten, die Förderung des räumlichen Vorstellungsvermögens und die Vermittlung von Grundlagen des Technisches Zeichnen, Skizze und normgerechte Konstruktion geometrischer Körper und Werkstücke, räumliche Anordnung, Dreitafelbild, Raumbild, Abwicklung und Durchdringung, mit Hilfe konventioneller Zeichengeräte.

Daneben lernen die Schüler, vermehrt als Wahl/Pflicht-Bereich den Aufbau eines CAD-Arbeitsplatzes kennen und beschäftigen sich mit 2D- und 3D-Konstruktionen mit Hilfe eines CAD-Programms, hier inzwischen, durch die Gratis-Angebote von AutoDesk® häufig mit AutoCAD® oder Inventor®.

Allgemeinbildende und berufsvorbereitende Schulen mussten mit der Entwicklung von CAD im Technischen Zeichnen Rechnung tragen. Mit den Bildungsangeboten der Bildungsserver der Bundesländer sind die Inhalte auf Lebensnähe bedacht und versuchen den Schülern Fähigkeiten und Kenntnisse zu vermitteln, die sie auch im späteren beruflichen Leben anwenden und weiterentwickeln können. Im Lehrplan ist daher seit Jahren die Verwendung von CAD-Programmen im Unterricht des Faches Technisches Zeichnen fest verankert.

Die Entwicklung computerunterstützten Technischen Zeichnens in den letzten Jahren führte auch zu weitreichenden Veränderungen im schulischen Unterricht. Dennoch hat der Computer die "traditionellen Werkzeuge" des Technischen Zeichnens nicht vollständig verdrängt. Das Konstruieren an der Zeichenplatte wird, für das Erlernen von Grundlagen, auch weiter bedeutsam bleiben. CAD ist somit kein Ersatz herkömmlichen Technischen Zeichnen, sondern Ergänzung.

Der CAD-Einsatz im Unterricht ist sinnvoll, da er beispielsweise die Produktivität der Schülerarbeiten erhöht. Zeitraubende und lange Konstruktionswege können abgekürzt werden: ein einmal konstruierte Elemente können beliebig verändert, beschnitten, erweitert, gedreht oder gewendet werden.

Diese schnellere und einfachere Veränderung komplexer Objekte ermöglicht in starkem Maß auch das Experimentieren mit dem gezeichneten Körper. Formen können variiert oder vergrößert werden, durch den Körper kann ein Schnitt gelegt werden, die Perspektive kann gewechselt werden.

Der problemlose Übergang vom zweidimensionalen zum dreidimensionalen Konstruieren ist dabei gerade für die Förderung des räumlichen Vorstellungsvermögens der Schülerinnen von großer Bedeutung. Beim Zeichnen von dreidimensionalen Körpern ist der Schüler gefordert, verstärkt räumlich zu denken. Vor allem für Schüler, deren räumliche Vorstellungskraft nicht sonderlich stark ausgeprägt ist, ist dies einerseits eine große Herausforderung, zugleich aber auch Hilfe, da die dritte Dimension anschaulicher und erfahrbarer wird als auf dem ebenen Zeichenbrett.

2.12.1.1   AutoCAD im Einsatz am „Werkstatttag", Jahrgangsstufe 8 bis 10

Die „Werkstatttage" richten sich an Schülerinnen und Schüler der Jahrgangsstufen 9 und 10, diese Werkstatttage reihen sich in das Konzept der Berufs- und Studienorientierung in den Jahrgangsstufen 8, 9 und 10 ein.

Dieser „Werkstatttag unterstützt Schülerinnen und Schüler gezielt bei ihrer begründeten Berufs- und Studienwahlentscheidung. In diesem Rahmen eröffnen die Werkstatttage die Möglichkeit, berufsorientierten Schülerinnen und Schülern, die noch ohne Ausbildungsvertrag sind, den angestrebten Ausbildungsberuf durch vertieftes praktisches Handeln in professionell ausgestatteten Werkstätten zu erleben, um erfahrungsbasiert zu entscheiden, ob ihre begründete Berufswahlentscheidung weiterhin trägt oder ob Alternativen erarbeitet werden sollen.

Ein 2D-Basis-Lehrgang mit AutoCAD, aus diesem Buch, kann hier zielgerichtet ein Einstieg in den, seit 2007 neugeordneten Beruf des Technischen Zeichners - heute Produktdesigner, sein, verhasster Geometrieunterricht mit Geodreieck und Zirkel auf Papier, kann hier zu einem neuen Kontakt mit dieser faszinierenden Geometriewelt führen, das schon im alten Griechenland die Gelehrten als Philosophie empfanden.

3

Autodesk
AutoCAD 2018
2D-Konstruktionen

Grundblätter

Lernsituation I:

Erstellen von zwei Grundblättern
Format 1:
Größe A4 Querformat

Beschreibung:

Für die Darstellung der Lernmodelle ist ein, auf einem gebräuchlichen Drucker, auszugebendes Zeichnungsblatt zu erstellen.

Dieses Zeichnungsblatt ist mit einem einfachen Schriftfeld zu versehen, die Blattlage ist entsprechend DIN EN ISO 216 und DIN EN ISO 5457 zu positionieren, mit Beschriftung entsprechend DIN EN ISO 3098-2 zu versehen und mit Linien auf Layern nach DIN ISO 128-20/21 fertig zu stellen.

3 Erstellen der Grundblätter

Achtung:

Für diese Kapitel gibt es eine große Menge Befehlserweiterungen und Lerneinheiten auf der Buch-DVD in dem Support-Kapitel 8 und 9 auf der Buch-DVD.

3.1 Erstellen eines Grundblattes, Größe A4 Querformat

3.1.1 Aufgabenbeschreibung:

Konstruktionszeichnungen bedürfen einer geordneten Blattgröße nach **DIN EN ISO 216, Papier-Endformate** und **DIN EN ISO 5457, Formate und Gestaltung von Zeichnungsvordrucken**. Für die Darstellung der Linienbreiten gilt die Anwendung der Normen **DIN ISO 128-20- Linien und Linienarten, DIN ISO 128-21- Ausführung von Linien in CAD-Systemen** und **DIN ISO 13567- Gliederung und Benennung von Layern für CAD.** Die Beschriftung ist mit einem Schriftsatz entsprechend **DIN EN ISO 3098-2** auszuführen.

Die Monitormaße entsprechen in etwa der Größe eines DIN A4-Blatts, so dass ein Bezug zwischen Desktop-Darstellung und einer bekannten Papiervorlage besteht. Außerdem sollte dieser Blattrahmen ohne aufwändige Druckeranpassung auszugeben sein.

3.1.1.1 Vorgaben:

* Laden des erstellten Vorlagenblattes A4-Quer und Profils.
* Außenkontur entsprechend DIN A4 mit den Maßen **297** x **210** mm in Querlage als Basis.
* Heftrand ca. **18** mm, an der oberen Seitenlage.
* Sonstiger Rahmen ca. **5** mm.
* Rechte, linke und untere Seite regelmäßig verteilt.
* Ein Schriftfeld einfachster Struktur ist in die untere rechte Ecke einzuplanen.
* Festlegung der Linienbreiten über voreingestellte Layer.

3.1.2 Voreinstellungen laden

Laden Sie die neu erstellte Vorlagendatei über (1):
> **Neu / 2D-2018.dwt / Öffnen**

Laden Sie die neu erstellte Profildatei über (2):
> Auswahl Menü-Browser / **Optionen** / Register **Profil** /
> Auswahl **Engelke-2018-Basis-2D** / **Aktuell** / **OK**

Richten Sie das Blatt maximal auf dem Desktop aus, Eingabe mit Tastatur (3):
> ⌨ZOOM⏎ ⌨ALLES⏎

Neu

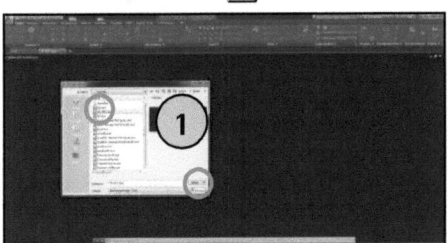

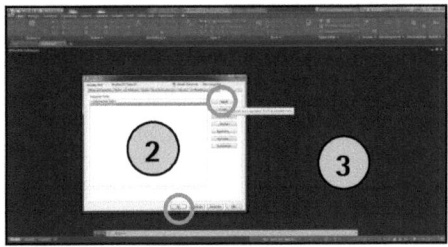

3.1.3 Erstellen des Grundblattes

3.1.3.1 Zeichnungsrahmen erstellen

Rechteck

Startpunkt (1)	(mit Tastatur eingeben)	0 , 0	⏎
Endpunkt (2)	(mit Tastatur eingeben)	2 8 5 , 1 8 5	⏎

3.1.3.2 Schriftfeld erstellen

Rechteck

Startpunkt (3)	(mit Tastatur eingeben)	2 8 5 , 0	⏎
Endpunkt (4)	(mit Tastatur eingeben)	1 5 5 , 3 0	⏎

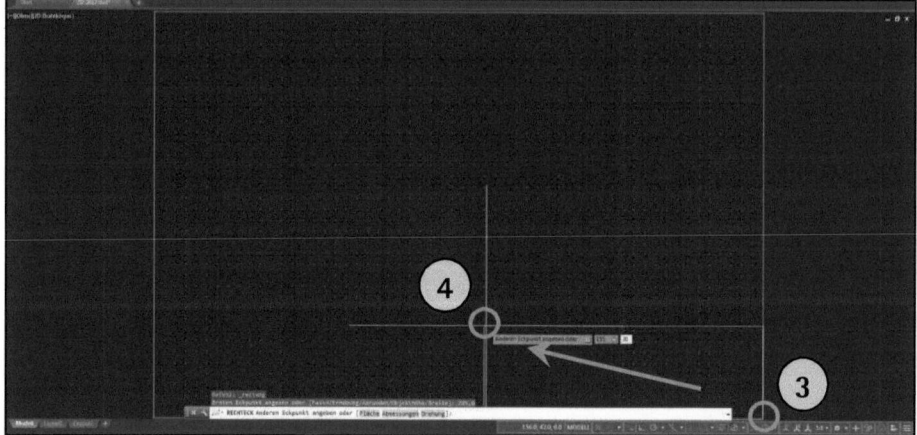

3.1.3.3 Senkrechte Linieneinteilung im Schriftfeld

Linie

Startpunkt (5)	(mit Tastatur eingeben)	1 8 5 , 0
Endpunkt (6)	(mit Tastatur eingeben)	@ 3 0 < 9 0

Linie

Linie

Startpunkt (7)	(mit Tastatur eingeben)	2 5 5 , 0
Endpunkt (8)	(mit Tastatur eingeben)	@ 3 0 < 9 0

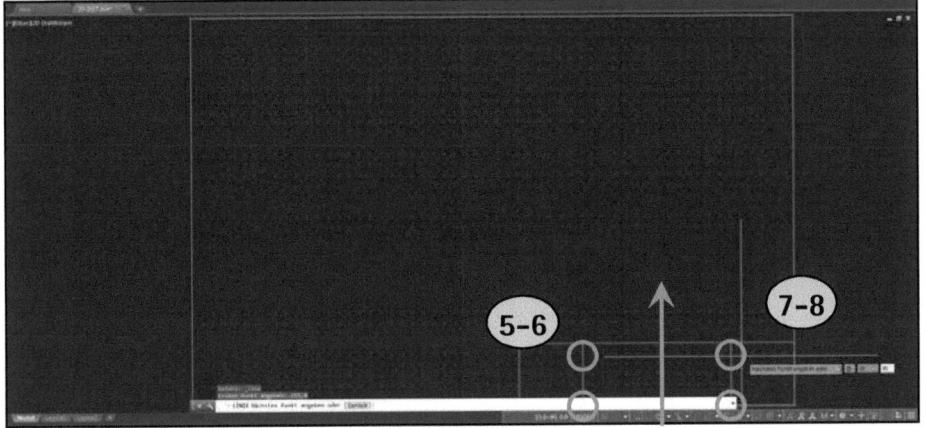

3.1.3.4 Waagerechte Linieneinteilung im Schriftfeld

Linie

Startpunkt (9)	(mit Tastatur eingeben)	1 5 0 , 1 5
Endpunkt (10)	(mit Tastatur eingeben)	@ 3 0 < 0

Linie

Linie

Startpunkt (11)	(mit Tastatur eingeben)	2 5 0 , 1 5
Endpunkt (12)	(mit Tastatur eingeben)	@ 3 0 < 0

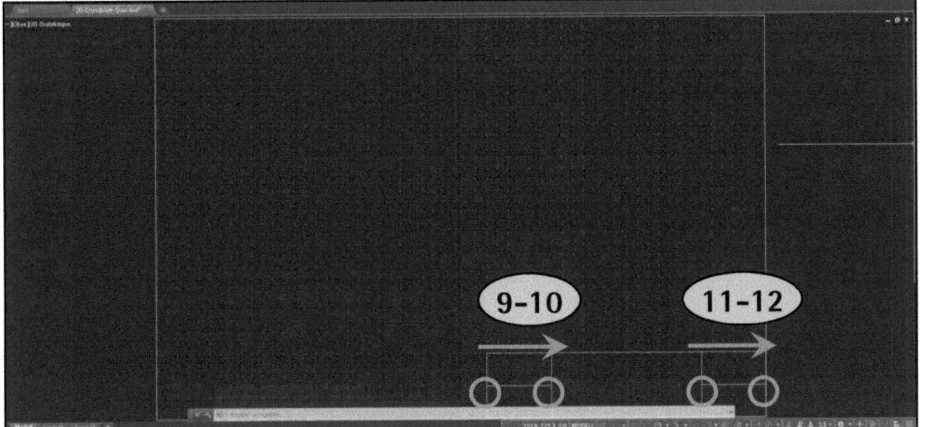

3.1.4 Texteintragung im Schriftfeld

3.1.4.1 Zoom für Texteintragung im Schriftfeld

- Schieben Sie mit gedrücktem Mausrad die erstellte Zeichnung in die Desktopmitte (13).
- Drehen Sie das Mausrad um ein bis zwei Rasten zur Vergrößerung (14).

3.1.4.2 Beschriften des Schriftfeldes, Datum

 Text einzeilige Linie

(Eingabe mit Tastatur): ⌑1⌑5⌑7⌑,⌑2⌑0 ↵   ⌑3⌑.⌑5 ↵   ⌑0 ↵

Datum für Zeichnungserstellung mit Tastatur eingeben (15) ↵ ↵

3.1.4.3 Beschriften des Schriftfeldes, Zeichnungsersteller

 Text einzeilige Linie

(Eingabe mit Tastatur): ⌑2⌑5⌑7⌑,⌑2⌑0 ↵   ⌑3⌑.⌑5 ↵   ⌑0 ↵

Namen des Zeichnungserstellers mit Tastatur eingeben (16) ↵ ↵

3.1.4.4 Beschriften des Schriftfeldes, Zeichnungsnamen

 **Text einzeilige Linie**

(Eingabe mit Tastatur) ⌑1⌑9⌑0⌑.⌑1⌑5 ↵   ⌑5 ↵   ⌑0 ↵

Zeichnungsnamen mit Tastatur eingeben (17) ↵ ↵

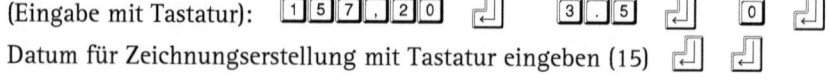
Text
einzeilige Linie

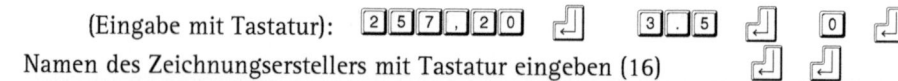
Text
einzeilige Linie

3.1.5 Layer-Zuweisung zur Linienbreiten-Darstellung in der Druckausgabe, Linien in Farbdarstellung

Die zuzuweisenden Layer sind bei der Erstellung der Vorlagendatei über den Layereigenschaften-Manager, **entsprechend Support-Kapitel 7**, eingearbeitet worden.

3.1.5.1 Layerzuweisung für Rahmen und Schriftfeld

 Layer-Eigenschaften

- Wählen Sie die Rahmenlinien durch Klicken an (18).
- Aktivieren Sie die Layerbox durch Klicken auf den Pfeil (19).
- Wählen Sie den Layer „**07**" durch Klick in den rechten freien Bereich des genannten Layers (20).
- Abschluss unbedingt mit zweimal „**ESC**"-Taste um die aktivierten Griffe zu deaktivieren.

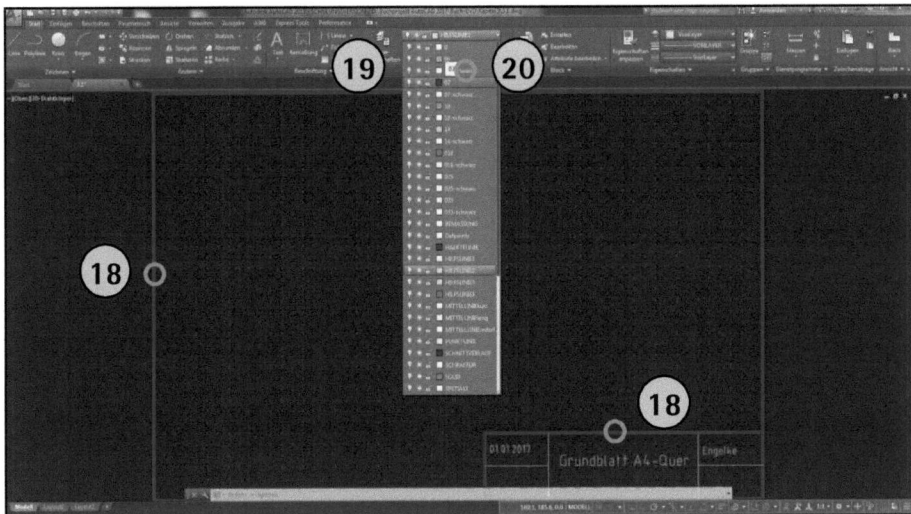

3.1.5.2 Layerzuweisung für Trennlinien im Schriftkopf

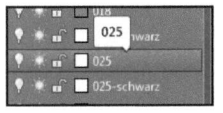

- Wählen Sie die Trennlinien im Schriftkopf durch Klicken an (21).
- Wählen Sie den Layer „**025**" durch Klick in den rechten freien Bereich des genannten Layers, Abschluss unbedingt mit zweimal „**ESC**"-Taste.

3.1.5.3 Layerzuweisung für Texteintragungen

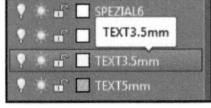

- Wählen Sie die Texteintragungen im Schriftkopf durch Klicken an.
- Wählen Sie den Layer „**Text3.5mm**" (22) und „**Text5mm**" (23) durch Klick in den rechten freien Bereich des genannten Layers, Abschluss unbedingt mit zweimal „**ESC**"-Taste.

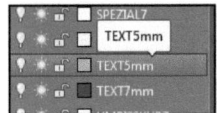

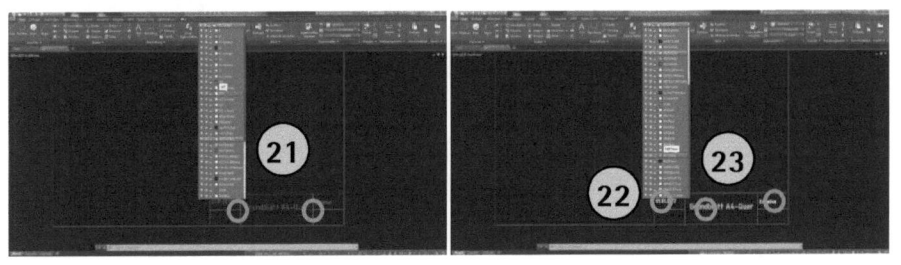

3.1.6 Datensicherung

3.1.6.1 Datensicherung als Zeichnungsdatei

Wählen Sie aus dem Menü-Browser:

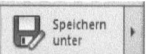

Menü-Browser

Extras / Speichern unter / Zeichnung (24)

Tragen Sie einen gewünschten Namen ein, hier:

GRUNDBLATT-A4QUER

Der Nachname „**.dwg**" wird automatisch angehängt.

Schließen Sie mit dem Button: **Speichern** (25).

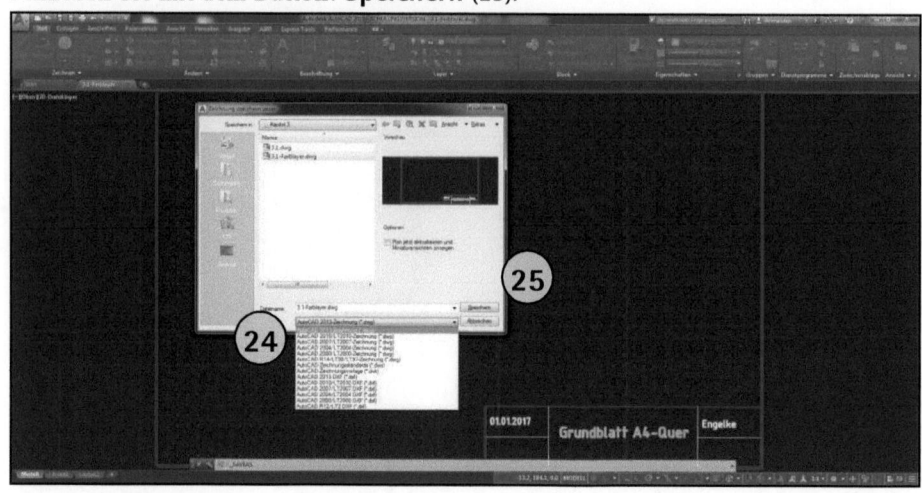

3.1.6.2 Datensicherung als Vorlagendatei

Wählen Sie aus dem Menü-Browser:

Menü-Browser

Extras / Speichern unter / Zeichnungsvorlage (26)

Tragen Sie einen gewünschten Namen ein, hier:

GRUNDBLATT-A4QUER

Der Nachname „**.dwt**" wird automatisch angehängt.

Tragen Sie in die Beschreibungsbox Info's über den Inhalt ein (27).

Schließen Sie mit dem Button: **Speichern** (28).

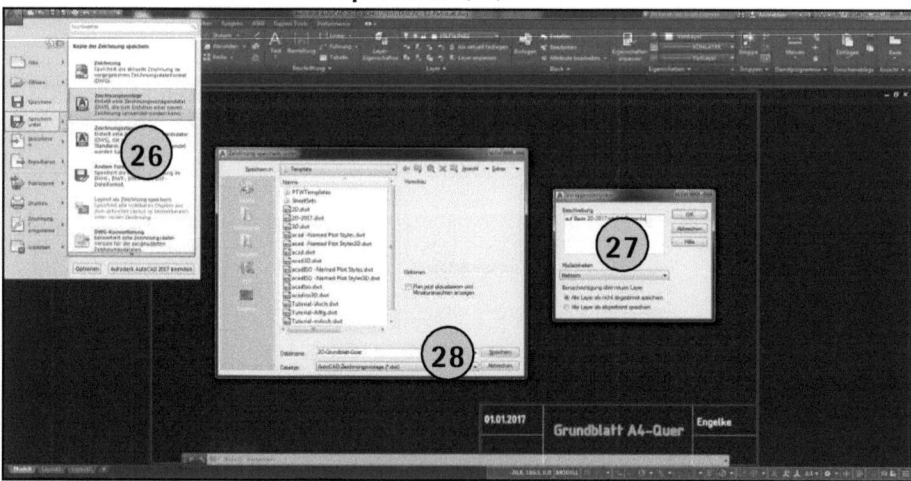

3.1.7 Zeichnungsausgabe

3.1.7.1 Ausgabe auf dem Systemdrucker

Der Befehl zum Ausgeben einer Zeichnung lautet „**Plot**", Sie können über den Schnellzugriffs-Werkzeugkasten auf diesen zugreifen.

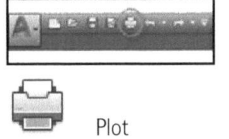

 Plot

Klicken Sie in das Feld „**Seiteneinrichtung**", wählen Sie „**A4-Querformat**" (29).

Die Einstellungen für die Seiteneinrichtung sind bereits, **entsprechend Support-Kapitel 7 Unterkapitel 710**, eingetragen worden.

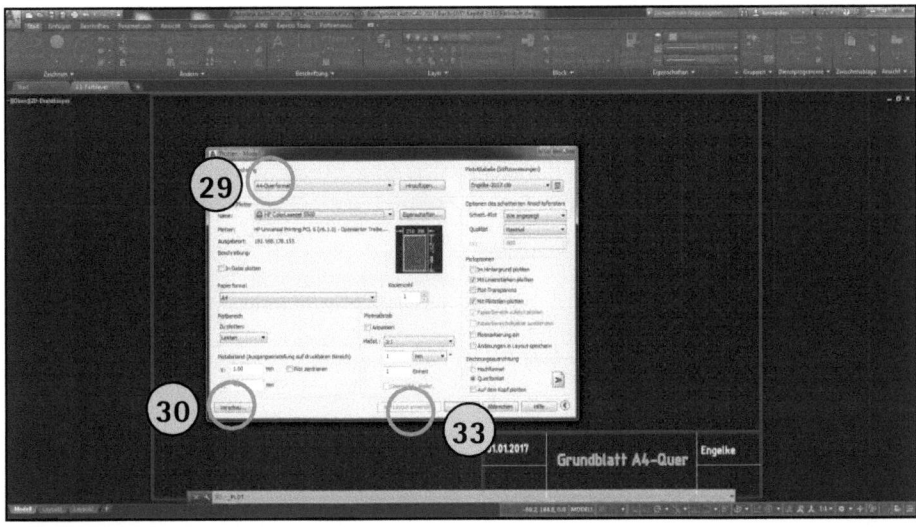

Es sollte trotzdem unbedingt eine Kontrolle der Voreinstellungen über den Button „**Vorschau**" (30) erfolgen, die Anzeige ist eine „**WYSIWYG**"-Darstellung (31).

Sollte hier in dieser Darstellung eine fehlerhafte Geometrie oder ähnliches zu sehen sein, muss über „**Voransicht schließen**" (32) die Druckroutine abgebrochen werden und eine Korrektur eingeleitet werden.

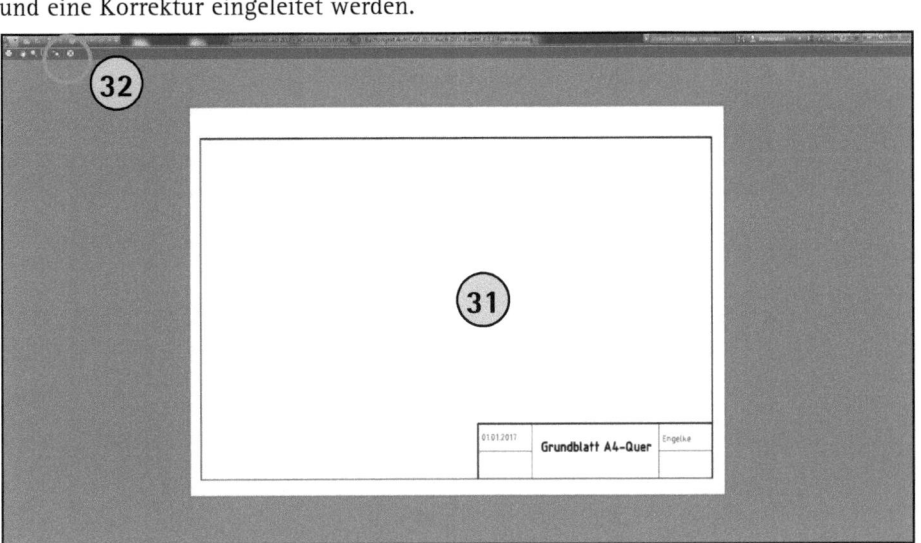

Wählen Sie den Button **„Auf Layout anwenden"**, schließen Sie mit „**OK**", ein Druckvorgang wird eingeleitet (33).

3.1.8 Layer-Zuweisung zur Linienbreiten-Darstellung in der Druckausgabe, Linien in Schwarz mit Breitendarstellung

Die zuzuweisenden Layer sind bei der Erstellung der Vorlagendatei über den Layereigenschaften-Manager, **entsprechend Support-Kapitel 7**, eingearbeitet worden.

Die Layerzuweisung erfolgt entsprechend dem Unterkapitel **3.1.5**, die zugewiesenen Layer haben die Endung „**–Schwarz**".

Zuweisung für Rahmen und Schriftfeld: Layer „**07-schwarz**" (34).

Zuweisung für Linien im Schriftfeld: Layer „**025-schwarz**" (35).

Zuweisung für Text in Höhe **3.5** mm: Layer „**035-schwarz**" (36).

Zuweisung für Text in Höhe **5** mm: Layer „**05-schwarz**" (37).

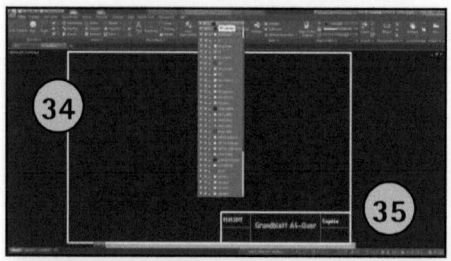 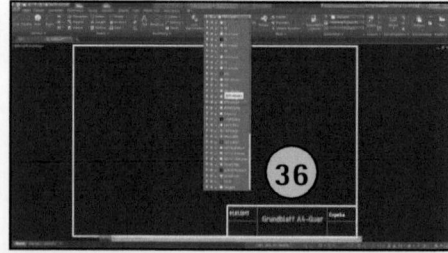

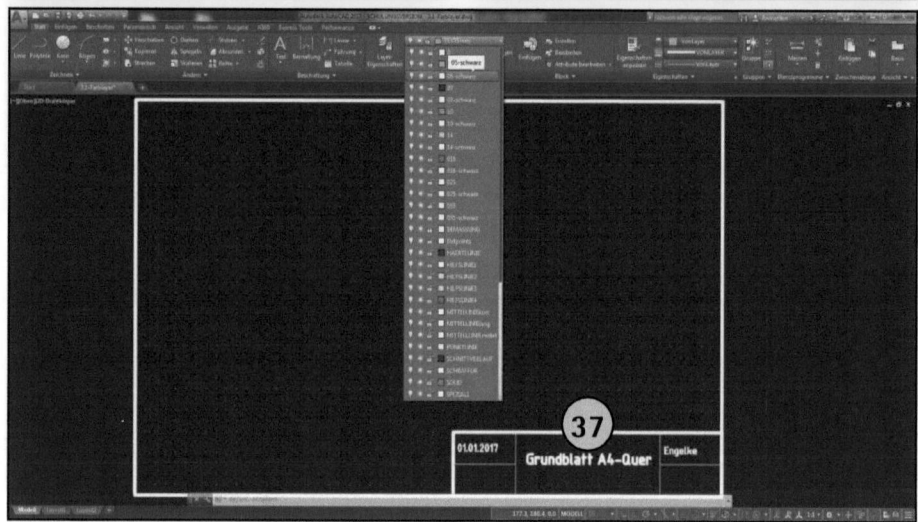

3.1.8.1 Datensicherung

Die Datensicherung erfolgt entsprechend dem Unterkapitel **3.1.6**.

Lernsituation II:

Erstellen von zwei Grundblättern
Format 2:
Größe A4 Hochformat

Beschreibung:

Für die Darstellung der Lernmodelle ist ein, auf einem gebräuchlichen Drucker, auszugebendes Zeichnungsblatt zu erstellen.

Dieses Zeichnungsblatt ist mit einem einfachen Schriftfeld zu versehen, die Blattlage ist entsprechend DIN EN ISO 216 und DIN EN ISO 5457 zu positionieren, mit Beschriftung entsprechend DIN EN ISO 3098-2 zu versehen und mit Linien auf Layern nach DIN ISO 128-20/21 fertig zu stellen.

3.2 Erstellen eines Grundblattes, Größe A4, Hochformat

3.2.1 Aufgabenbeschreibung:

Konstruktionszeichnungen bedürfen einer geordneten Blattgröße nach **DIN EN ISO 216, Papier-Endformate** und **DIN EN ISO 5457, Formate und Gestaltung von Zeichnungsvordrucken**.

Die Monitormaße entsprechen in etwa der Größe eines DIN A4-Blatts, so dass ein Bezug zwischen Desktop-Darstellung und einer bekannten Papiervorlage besteht. Außerdem sollte dieser Blattrahmen ohne aufwändige Druckeranpassung auszugeben sein.

Für die Darstellung der Linienbreiten gilt die Anwendung der Normen **DIN ISO 128-20- Linien und Linienarten, DIN ISO 128-21- Ausführung von Linien in CAD-Systemen** und **DIN ISO 13567- Gliederung und Benennung von Layern für CAD**.

Die Beschriftung ist mit einem Schriftsatz entsprechend **DIN EN ISO 3098-2** auszuführen.

3.2.1.1 Vorgaben:

- Außenkontur entsprechend DIN A4 mit den Maßen **210** x **297** mm in Hochformat.
- Heftrand ca. **18** mm, an der linken Seitenlage.
- Sonstiger Rahmen ca. **5** mm.
- Obere, untere und die rechte Seite regelmäßig verteilt.
- Ein Schriftfeld einfachster Struktur ist unten einzuplanen.
- Festlegung der Linienbreiten über voreingestellte Farblayer.

3.2.1.2 Vorlagenblatt aufrufen

Laden Sie die neu erstellte, leere Vorlagendatei über (1):

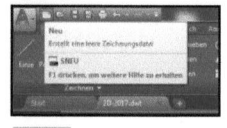

Neu / 2D-2018.dwt / Öffnen

 Neu

3.2.1.3 Blattlage anpassen

Die Blattlage-und Größenanpassung kann über eine komplette Tastatureingabe erfolgen (2).

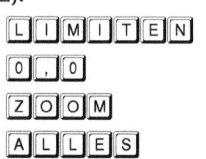 

Das Ergebnis dieser Eingabe ist ein Hochformat-Grundblatt, das über die Rasterung sichtbar ist.

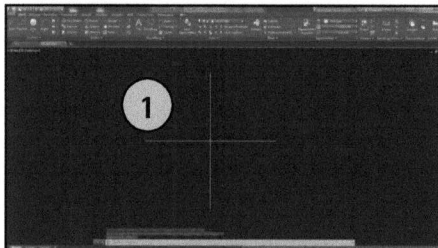 

3.2.2 Erstellen des Grundblattes

3.2.2.1 Zeichnungsrahmen erstellen

 Rechteck

Startpunkt: (mit Tastatur eingeben) `1` `8` `,` `0` ⏎

Endpunkt: (mit Tastatur eingeben) `1` `9` `5` `,` `2` `8` `5` ⏎ (3)

3.2.2.2 Schriftfeld erstellen

 Rechteck

Startpunkt (mit Tastatur eingeben) `1` `8` `,` `0` ⏎

Endpunkt (mit Tastatur eingeben) `1` `9` `5` `,` `3` `0` ⏎ (4)

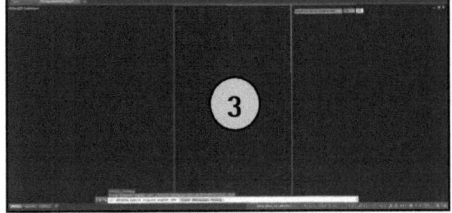

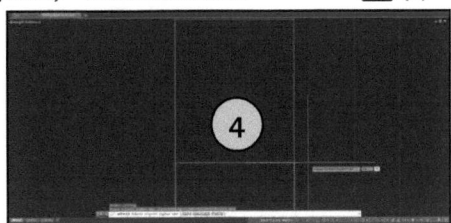

3.2.2.3 Senkrechte Linieneinteilung im Schriftfeld

 Linie

Startpunkt (mit Tastatur eingeben) `1` `6` `5` `,` `0` ⏎

Endpunkt (mit Tastatur eingeben) `@` `3` `0` `<` `9` `0` ⏎ ⏎ (5)

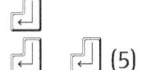

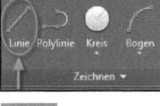

 Linie

Startpunkt (mit Tastatur eingeben) `4` `8` `,` `0` ⏎

Endpunkt (mit Tastatur eingeben) `@` `3` `0` `<` `9` `0` ⏎ ⏎ (6)

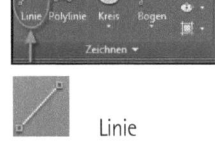
Linie

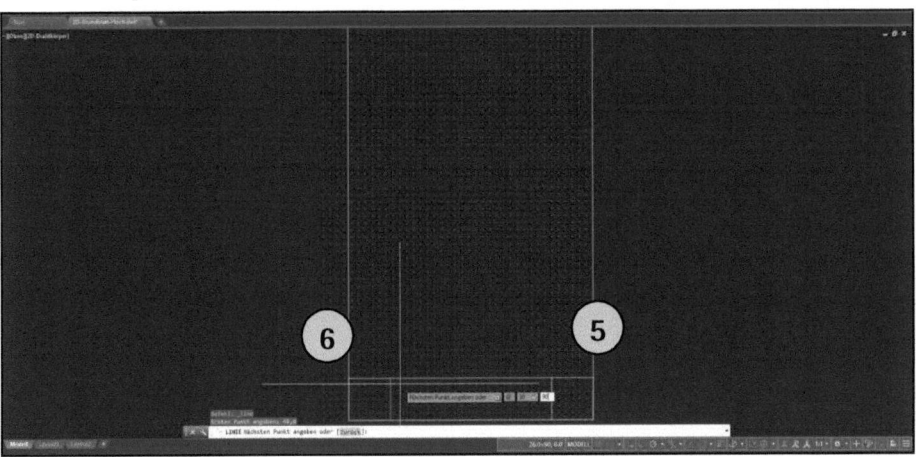

Linie

3.2.2.4 Waagerechte Linieneinteilung im Schriftfeld

Linie

Startpunkt (mit Tastatur eingeben)   1 5 0 , 1 5   ⏎

Endpunkt (mit Tastatur eingeben)   @ 3 0 < 0   ⏎   ⏎ (7)

Linie

Startpunkt (mit Tastatur eingeben)   2 5 0 , 1 5   ⏎

Endpunkt (mit Tastatur eingeben)   @ 3 0 < 0   ⏎   ⏎ (8)

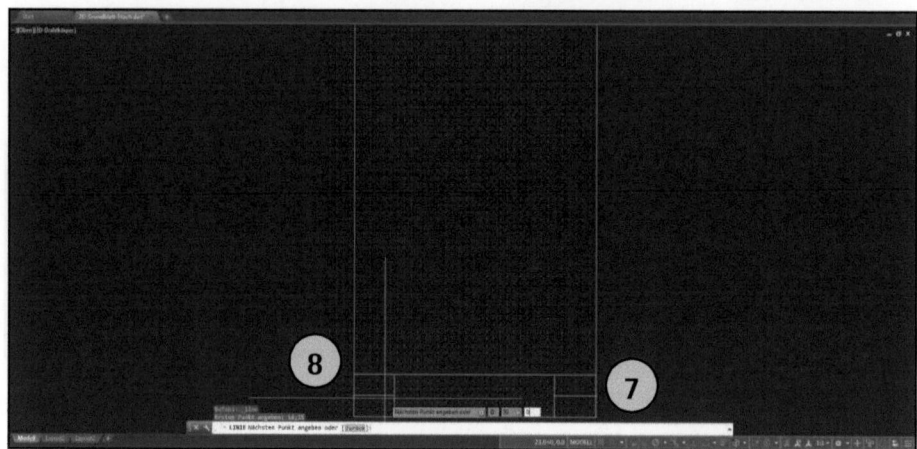

3.2.3 Texteintragung im Schriftfeld

3.2.3.1 Zoom für Texteintragung im Schriftfeld

- Schieben Sie mit gedrücktem Mausrad die erstellte Zeichnung in die Desktopmitte
  Drehen Sie das Mausrad um ein bis zwei Rasten zur Vergrößerung (9).

3.2.3.2 Beschriften des Schriftfeldes, Datum

Text einzeilige Linie

(Eingabe mit Tastatur)

Datum für Zeichnungserstellung mit Tastatur eingeben (10)

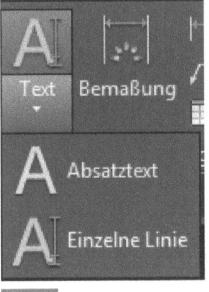

 Text
einzeilige Linie

3.2.3.3 Beschriften des Schriftfeldes, Zeichnungsersteller

Text einzeilige Linie

(Eingabe mit Tastatur)

Namen des Zeichnungserstellers mit Tastatur eingeben (11)

Text
einzeilige Linie

3.2.3.4 Beschriften des Schriftfeldes, Zeichnungsnamen

Text einzeilige Linie

(Eingabe mit Tastatur)

Zeichnungsnamen mit Tastatur eingeben (12)

Text
einzeilige Linie

3.2.3.5 Layerzuweisung zur Linienbreiten-Darstellung in der Druckausgabe

Die Layer-Zuweisung erfolgt entsprechend Unterkapitel **3.1.5**

- Wählen Sie den Layer **„07"** oder **„07-schwarz"** für die Rahmenlinien aus (13).
- Wählen Sie den Layer **„025"** oder **„025-schwarz"** für die Rahmen-Innenlinien aus (14).
- Wählen Sie den Layer **„Text3.5mm"** oder **„035-schwarz"**, für den Text links und rechts, aus (15).
- Wählen Sie den Layer **„Text5mm"** oder **„05-schwarz"** für den Namenstext aus (16).

 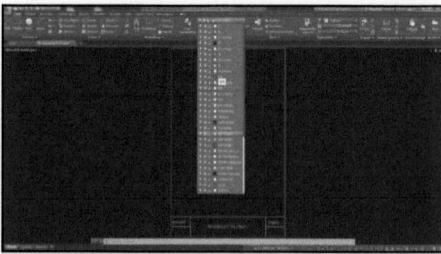
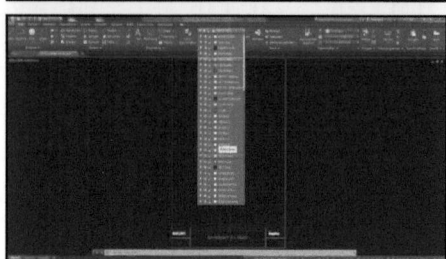 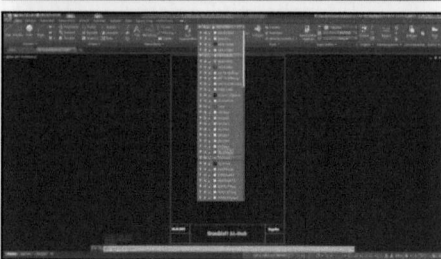

3.2.4 Datensicherung

3.2.4.1 Datensicherung als Zeichnungsdatei

Wählen Sie aus dem Menü-Browser:

Menü-Browser

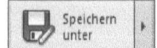

Extras / Speichern unter / Zeichnung

Tragen Sie einen gewünschten Namen ein, hier:

GRUNDBLATT-A4HOCH

Der Nachname **„.dwg"** wird automatisch angehängt.

Schließen Sie mit dem Button: **Speichern**.

3.2.4.2 Datensicherung als Vorlagendatei

Wählen Sie aus dem Menü-Browser:

Extras / Speichern unter / Zeichnungsvorlage

Tragen Sie einen gewünschten Namen ein, hier:

GRUNDBLATT-A4HOCH

Der Nachname **„.dwt"** wird automatisch angehängt.

Tragen Sie in die Beschreibungsbox Info's über den Inhalt ein.

Schließen Sie mit dem Button: **Speichern**.

4

Autodesk
AutoCAD 2018
2D-Konstruktionen

Grundbefehle

Lernsituation III

Geometrie-Elemente

Beschreibung:

Erstellen Sie grundlegende geometrische Objekte, wie Linien, Kreise, Rechtecke, Ellipsen, Splines, Polygone Polylinien und Revisionswolken.

Sie können in AutoCAD viele verschiedene Arten von geometrischen Objekten erstellen. Für die meisten zweidimensionalen Zeichnungen müssen Sie aber nur einige wenige davon kennen.

4 Grundbefehle

Achtung:

Für diese Kapitel gibt es eine große Menge Befehlserweiterungen und Lerneinheiten auf der Buch-DVD in den Support-Kapiteln auf der Buch-DVD.

4.1 Geometrie-Elemente

4.1.1 Aufgabenbeschreibung:

Linien und weitere Konstruktionselemente können in AutoCAD mit unterschiedlichen Möglichkeiten fixiert werden. Auf dem gespeichertem Vorlagenblatt werden die verschiedenen Möglichkeiten der Liniendarstellung mit Tastatureingabe in unterschiedliche Längen und Vektor-Richtungen dargestellt.

Für die Darstellung der Linienbreiten gilt die Anwendung der Normen **DIN ISO 128-20- Linien und Linienarten, DIN ISO 128-21- Ausführung von Linien in CAD-Systemen** und **DIN ISO 13567- Gliederung und Benennung von Layern für CAD.** Die Beschriftung ist mit einem Schriftsatz entsprechend **DIN EN ISO 3098-2** auszuführen.

4.1.2 Erstellungsvorgaben:

* Geometrie-Element „**Linie**" mit absoluter Eingabe und absolute-polare Eingabe.
* Geometrie-Element „**Rechteck**" mit absoluter Eingabe und Eingabe von Länge und Breite.
* Geometrie-Element „**Kreis**" mit Radien-und Durchmesser-Eingabe.
* Geometrie-Element „**Polygon**", Dreieck, Inkreis und Quadratform, Umkreis.
* Geometrie-Element „**Polylinie**".
* Geometrie-Element „**Ellipse**".
* Geometrie-Element „**Spline**".
* Geometrie-Element „**Revisionswolke**".

4.1.3 Voreinstellungen laden

Laden Sie die neu erstellte Vorlagendatei über (1):

> **Neu / 2D-Grundblatt-Quer.dwt / Öffnen**

Laden Sie die neu erstellte Profildatei über:

> Auswahl Menü-Browser / **Optionen** / Register **Profil** /
> Auswahl **Engelke-2018-Basis-2D** / **Aktuell** / **OK**

Richten Sie das Blatt maximal auf dem Desktop aus, Eingabe mit Tastatur (2):

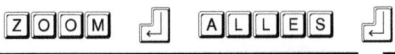

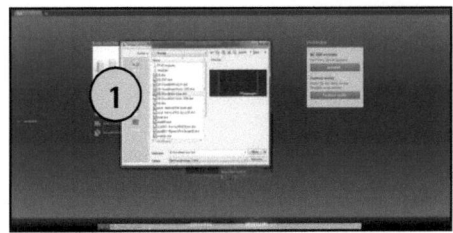 

Neu

4.1.4 Geometrie-Element „Linie"

AutoCAD stellt, im mathematisch korrekten Sinne, mit dem Befehl **„Linie"** eigentlich immer eine Strecke dar.

Eine Strecke ist eine gerade Linie, die von zwei Punkten begrenzt wird, diese ist die kürzeste Verbindung der beiden zugehörigen Endpunkte. Die Begrenzung einer Strecke durch diese Punkte macht den Unterscheidet zu einer Linie.

4.1.4.1 Geometrie-Element „Linie", absolute Eingabe

 Linie

Linie

Startpunkt (mit Tastatur eingeben) `2` `0` `,` `1` `7` `3` ⏎

Endpunkt (mit Tastatur eingeben) `1` `0` `0` `,` `1` `7` `3` ⏎ ⏎ (3)

4.1.4.2 Geometrie-Element „Linie", absolute-polare Eingabe

 Linie

Linie

Startpunkt (mit Tastatur eingeben) `2` `0` `,` `1` `6` `3` ⏎

Endpunkt (mit Tastatur eingeben) `@` `8` `0` `<` `0` ⏎ ⏎ (4)

Text einzeilige Linie Eingabe mit Tastatur:

`1` `0` `5` `,` `1` `6` `5` ⏎   `3` `.` `5` ⏎   `0` ⏎

mit Tastatur: `L` `I` `N` `I` `E`   ⏎ ⏎ (5)

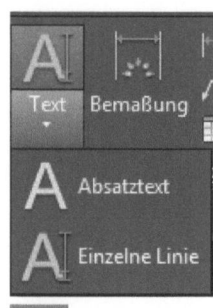

Text
einzeilige Linie

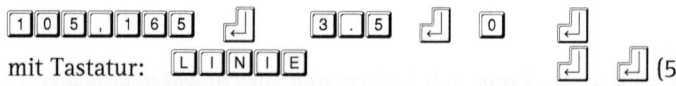

Die Layerzuweisung erfolgt entsprechend dem Unterkapitel **3.1.5**.

- Zuweisung für die Linien: Layer **„025"** (6).
- Zuweisung für Text in Höhe **3.5** mm: Layer **„Text3.5mm"** (7).

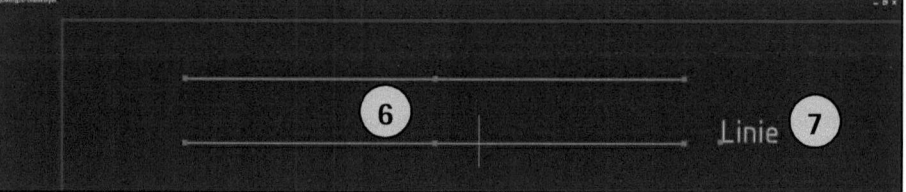

4.1.5 Geometrie-Element „Rechteck"

In der Geometrie ist ein **Rechteck** ein ebenes Viereck, dessen Innenwinkel alle **90°**- Winkel sind. Es ist ein Spezialfall des Parallelogramms.

In jedem Rechteck ist die Winkelsumme **360°**, die gegenüberliegenden Seiten sind gleich lang und parallel, die beiden Diagonalen sind gleich lang und halbieren einander.

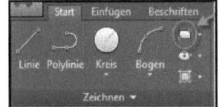

4.1.5.1 Geometrie-Element „Rechteck", absolute Eingabe

 **Rechteck**

 Rechteck

| Startpunkt | 2 0 , 1 3 5 | ⏎ |
| Endpunkt | 1 0 0 , 1 5 5 | ⏎ (1) |

4.1.5.2 Geometrie-Element „Rechteck", Eingabe von Länge und Breite

 **Rechteck**

Rechteck

Startpunkt	1 6 5 , 1 1 0	⏎
Abmessungen	A	⏎
Länge	1 0 0	⏎
Breite	5 0	⏎

Legen Sie die Lage des Rechtecks durch Klicken der gezeigten Position fest (2).

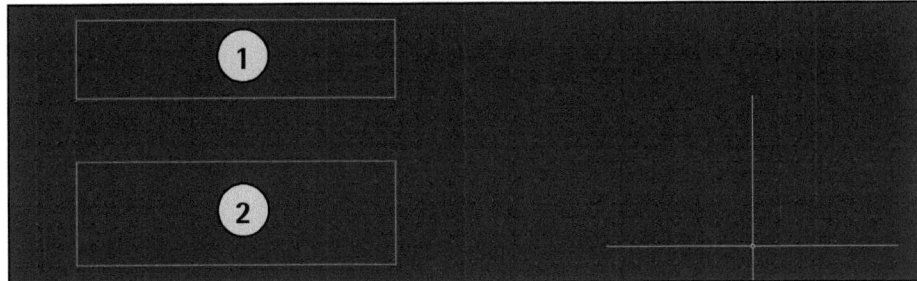

Text einzeilige Linie Eingabe mit Tastatur:

Text
einzeilige Linie

1 0 6 , 1 4 5 ⏎   3 . 5 ⏎   0 ⏎

mit Tastatur: R E C H T E C K , ⏎
A B S O L U T ⏎ ⏎ (3)

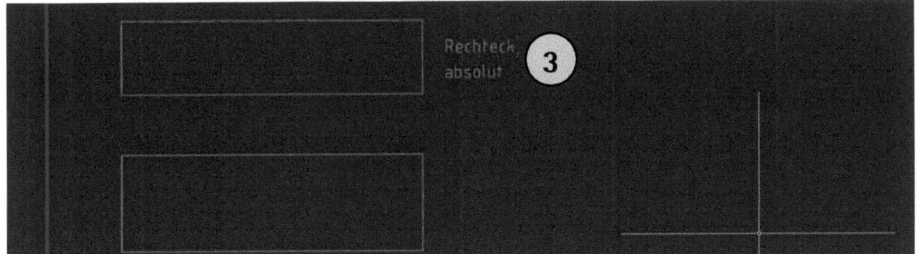

Text
einzeilige Linie

Text einzeilige Linie Eingabe mit Tastatur:

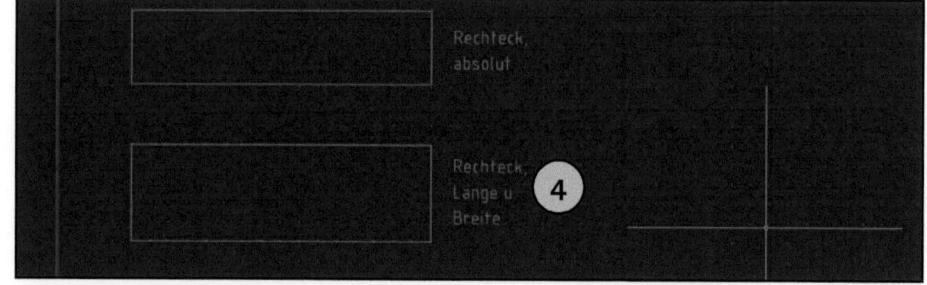

Die Layerzuweisung erfolgt entsprechend dem Unterkapitel **3.1.5**.

- Zuweisung für die Linien: Layer „**025**" (6).
- Zuweisung für Text in Höhe **3.5** mm: Layer „**Text3.5mm**" (7).

Die fertige Geometriedarstellung:

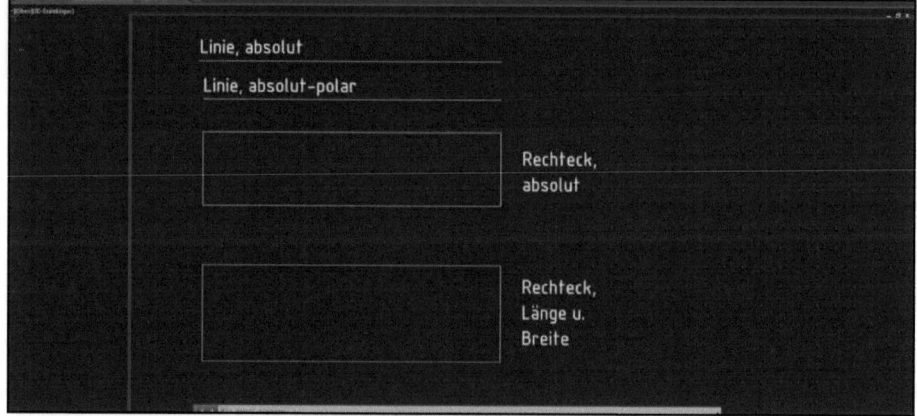

4.1.6 Geometrie-Element „Kreis"

Der Kreis gehört zu den klassischen und grundlegenden Objekten der euklidischen Geometrie.

Schon die alten Ägypter und Babylonier versuchten, den Flächeninhalt des Kreises näherungsweise zu bestimmen. Besonders in der griechischen Antike war der Kreis wegen seiner Vollkommenheit von großem Interesse. Archimedes versuchte erfolglos, mit den Werkzeugen Zirkel und Lineal den Kreis in ein Quadrat mit gleichem Flächeninhalt zu überführen, um so den Flächeninhalt des Kreises bestimmen zu können. Ein solches Verfahren zur Berechnung des Flächeninhalts nennt man die Quadratur des Kreises.

Erst 1882 konnte Ferdinand von Lindemann durch Nachweis einer besonderen Eigenschaft der Kreiszahl zeigen, dass diese Aufgabe unlösbar ist.

Ein Kreis ist eine ebene geometrische Figur. Er wird definiert als die Menge aller Punkte einer Ebene, die einen konstanten Abstand zu einem vorgegebenen Punkt, dem Mittelpunkt, haben. Der Abstand der Kreispunkte zum Mittelpunkt ist der Radius.

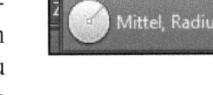

4.1.6.1 Geometrie-Element „Kreis", Radien-Eingabe

Kreis, Radius

 Kreis

| von Punkt | 5 5 . 6 0 | ⏎ |
| Radius | 2 0 | ⏎ (1) |

4.1.6.2 Geometrie-Element „Kreis", Durchmesser-Eingabe

Kreis, Durchmesser

Kreis

von Punkt	1 0 0 . 2 5	⏎
Durchmesser	D	
Wert	3 0	⏎ (2)

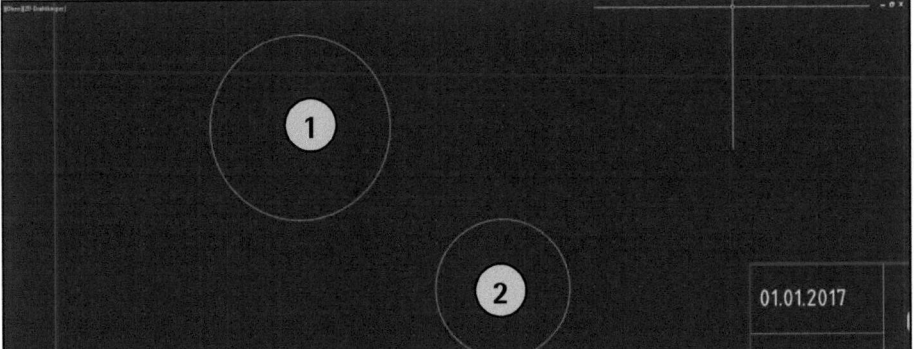

01.01.2017

Text
einzeilige Linie

 Text einzeilige Linie Eingabe mit Tastatur:

mit Tastatur: R E C H T E C K , ↵
K R E I S , ↵
M I T   R A D I U S ↵ ↵ (3)

 Text
einzeilige Linie

 Text einzeilige Linie Eingabe mit Tastatur:

mit Tastatur: R E C H T E C K , ↵
K R E I S , , ↵
M I T   % % D ↵ ↵ (4)

(**%%D** erzeugt das **Ø**-Symbol)

Die Layerzuweisung erfolgt entsprechend dem Unterkapitel **3.1.5**.

- Zuweisung für die Linien: Layer „**025**" (6).
- Zuweisung für Text in Höhe **3.5** mm: Layer „**Text3.5mm**" (7).

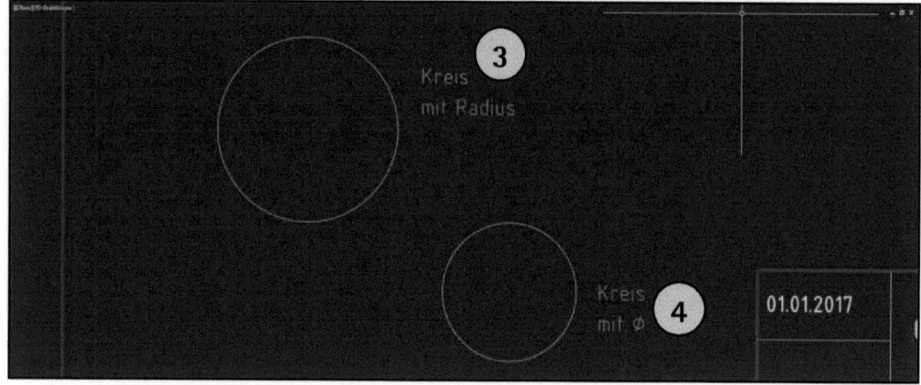

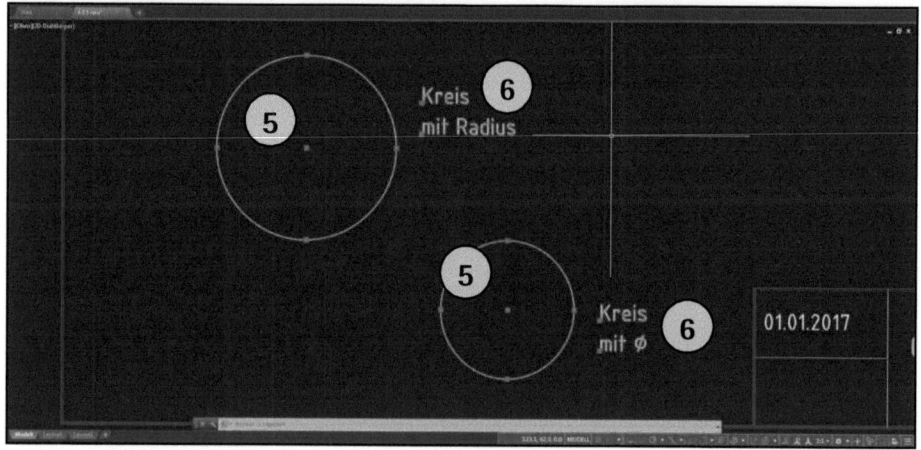

4.1.7 Geometrie-Element „Polygon"

Polygon oder auch **Vieleck** bezeichnet in der Geometrie eine ebene Figur, die durch einen geschlossenen Streckenzug gebildet wird.

Ein Polygon erhält man, indem in einer Zeichenebene mindestens drei verschiedene Punkte miteinander durch Strecken verbunden, sodass ein geschlossener Polygonzug mit ebenso vielen Ecken entsteht, wie in der dargestellten Lerneinheit ein Dreieck und ein Quadrat.

4.1.7.1 Geometrie-Element „Polygon", Dreieck, Inkreis

Polygon

Seitenzahl	③	↵
Basispunkt	① ⑥ ⑤ , ① ① ⑤	↵ (1)
Lage	U M K R E I S	↵
Radius	② ⓪	↵ (2)

Polygon

4.1.7.2 Geometrie-Element „Polygon", Quadratform, Umkreis

In der Geometrie ist ein Quadrat ein spezielles Polygon, nämlich ein ebenes, konvexes und regelmäßiges Viereck. Das Quadrat ist ein Sonderfall des Parallelogramms.
In jedem Quadrat sind die vier Seiten sind gleich lang, die vier Innen-Winkel sind 90° und es hat vier Symmetrieachsen.

Polygon

Seitenzahl	④	↵
Basispunkt	① ⓪ ⓪ , ⑥ ⑤	↵ (3)
Lage	I N K R E I S	↵
Radius	② ⓪	↵ (4)

Polygon

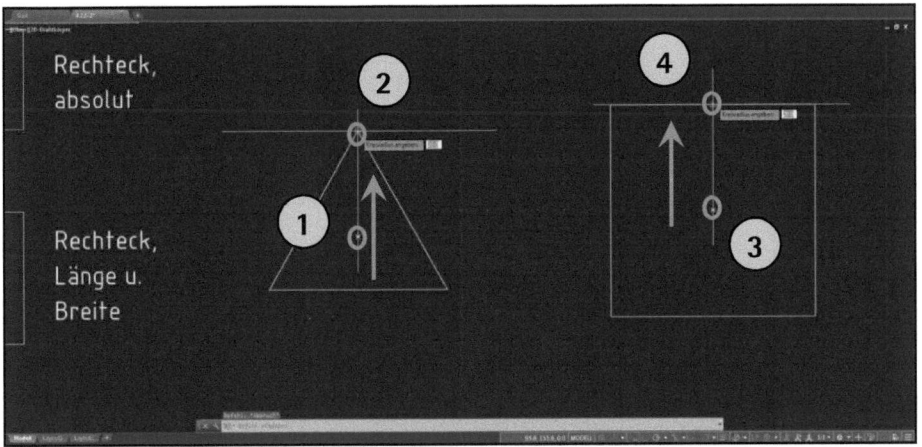

Text
einzeilige Linie

Text einzeilige Linie Eingabe mit Tastatur:

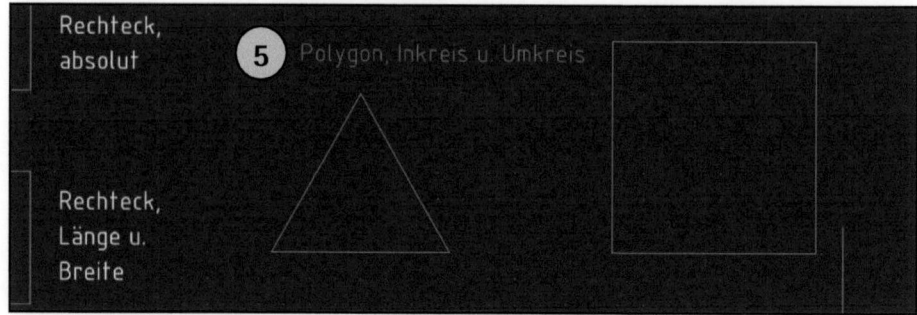

Die Layerzuweisung erfolgt entsprechend dem Unterkapitel **3.1.5**.

- Zuweisung für die Linien: Layer „**025**" (6).
- Zuweisung für Text in Höhe **3.5** mm: Layer „**Text3.5mm**" (7).

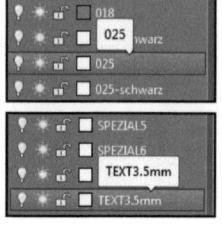

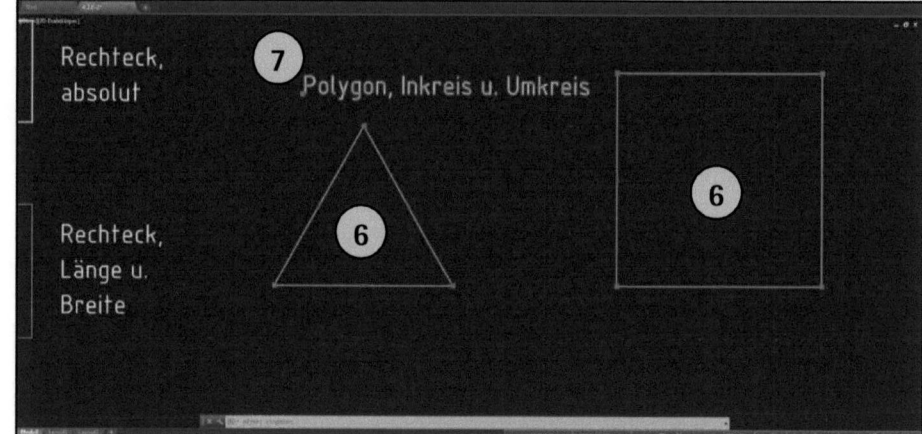

4.1.8 Geometrie-Element „Ellipse"

Die Ellipse wurde von Apollonios von Perge (etwa 262–190 v. Chr.) eingeführt und benannt, die Bezeichnung bezieht sich auf die Exzentrizität.

In der Natur treten Ellipsen in Form von ungestörten keplerschen Planetenbahnen um die Sonne auf. Auch beim Zeichnen von Schrägbildern werden häufig Ellipsen benötigt, da ein Kreis durch eine Parallelprojektion auf eine Ellipse abgebildet wird Eine **Ellipse** ist eine spezielle geschlossene ovale Kurve. Sie zählt neben der Parabel und der Hyperbel zu den Kegelschnitten.

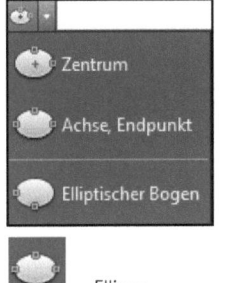

 Ellipse,

mit Tastatur, Mittelpunkt ⌨ 1 0 6 , 1 1 3 ⏎ (1)

Richtung **0°** mit Maus ziehen, Endpunkt ⌨ 3 0 ⏎ (2)

Richtung **90°** mit Maus ziehen, Endpunkt ⌨ 9 ⏎ (3)

Ellipse

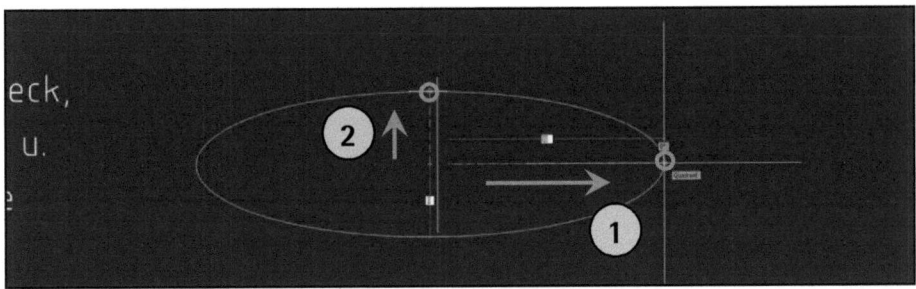

 Text einzeilige Linie Eingabe mit Tastatur:

⌨ 1 5 0 , 2 0 ⏎ 3 . 5 ⏎ 0 ⏎

mit Tastatur: ⌨ E L L I P S E ⏎ ⏎ (4)

Text einzeilige Linie

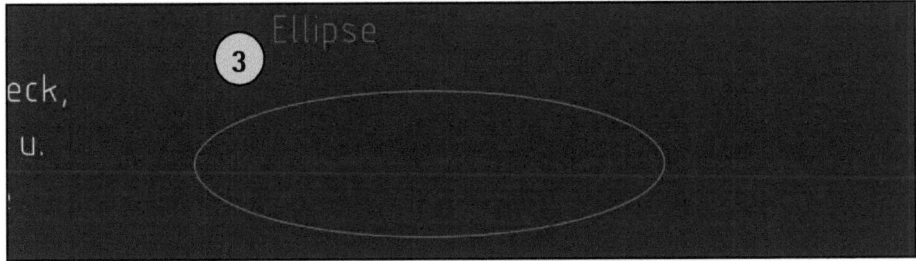

Die Layerzuweisung erfolgt entsprechend dem Unterkapitel **3.1.5**.

- Zuweisung für die Linien: Layer „**025**" (4).
- Zuweisung für Text in Höhe **3.5** mm: Layer „**Text3.5mm**" (5).

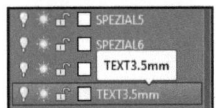

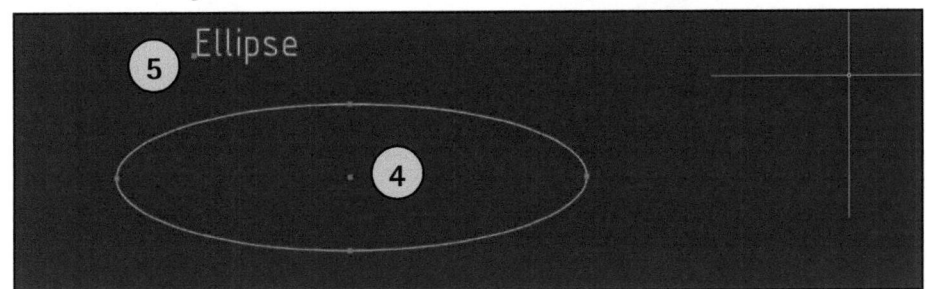

4.1.9 Geometrie-Element „Polylinie"

Als Polylinie wird eine zusammenhängende Folge von Liniensegmenten bezeichnet, die als einzelnes Objekt erstellt wird. Sie können gerade Liniensegmente, Bogensegmente oder eine Kombination aus beiden erstellen. Die Vorteile der Verwendung von Polylinien sind:

Scheitelpunkte bleiben auch nach Bearbeitung des Griffs verbunden.

Die absolute Linienbreite kann konstant sein, oder sich über einem Segment verjüngen.

Eine Polylinie kann als Einheit verschoben und kopiert werden.

 Polylinie

Polylinie

Startpunkt : 5 0 , 1 0 0 ⏎ (1)

B ⏎

Startbreite: 0 ⏎ Endbreite 1 0 ⏎

Richtung **0°** mit Maus ziehen, Endpunkt 3 0 ⏎ (2)

Richtung **0°** mit Maus ziehen, Endpunkt 3 0 ⏎ ⏎ (3)

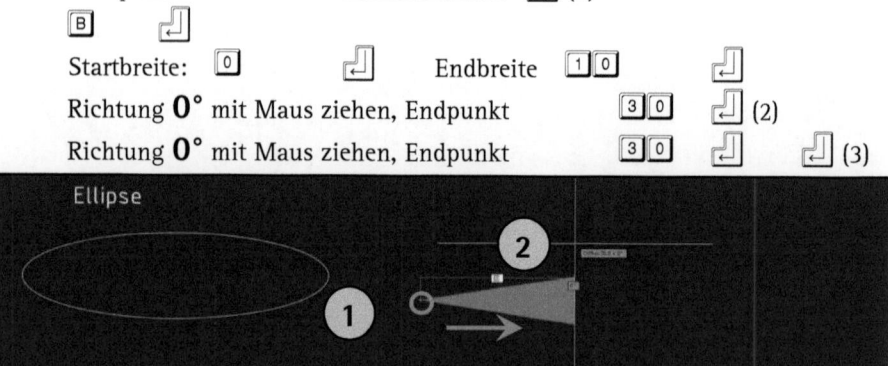

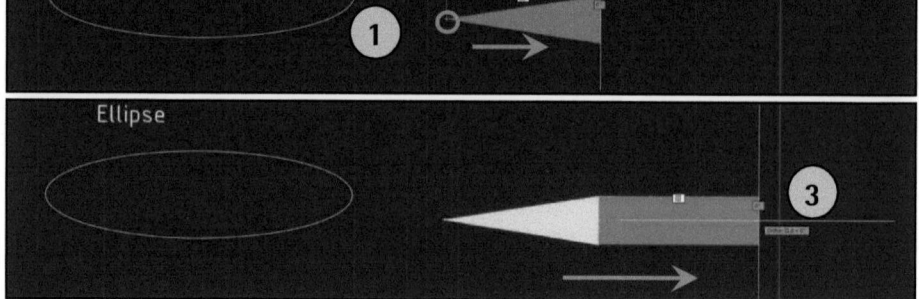

 Text
einzeilige Linie

Text einzeilige Linie Eingabe mit Tastatur:

2 2 0 , 1 0 0 ⏎ 3 . 5 ⏎ 0 ⏎

mit Tastatur: E P O L Y L I N I E ⏎ ⏎ (4)

Die Layerzuweisung erfolgt entsprechend dem Unterkapitel **3.1.5**.

- Zuweisung für die Linien: Layer „**025**" (5).
- Zuweisung für Text in Höhe **3.5** mm: Layer „**Text3.5mm**" (6).

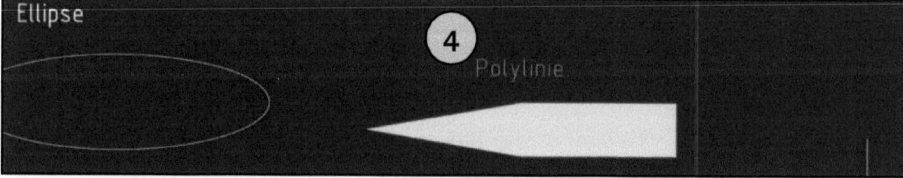

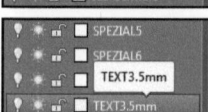

4.1.10 Geometrie-Element „Spline"

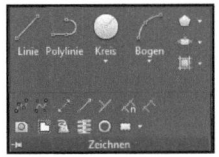

Zu den Pionieren der Spline-Erforschung gehören Isaac Jacob Schoenberg, Paul de Faget de Casteljau, Pierre Bézier und Carl de Boor.

Der Befehl erstellt eine glatte Kurve, die durch oder in der Nähe einer Reihe von Anpassungspunkten verläuft. Dieser Befehl erstellt Kurven, die als NURBS (Nonuniform Rational B-Splines) oder Splines bezeichnet werden. Handelt es sich bei dem Spline in seinen Abschnitten um eine lineare Funktion, so nennt man den Spline linear, weiterhin gibt es quadratische und kubische Splines.

 ### Spline-Angleichung

 Spline

Startpunkt	:	1 3 0 , 5 5	↵ (1)
nächster Punkt	:	1 4 2 , 6 5	↵ (2)
nächster Punkt	:	1 4 8 , 4 5	↵ (3)
nächster Punkt	:	1 7 3 , 7 0	↵ (4)
nächster Punkt	:	1 4 8 , 4 0	↵ (5)
nächster Punkt	:	2 0 2 , 6 5	↵ ↵ (6)

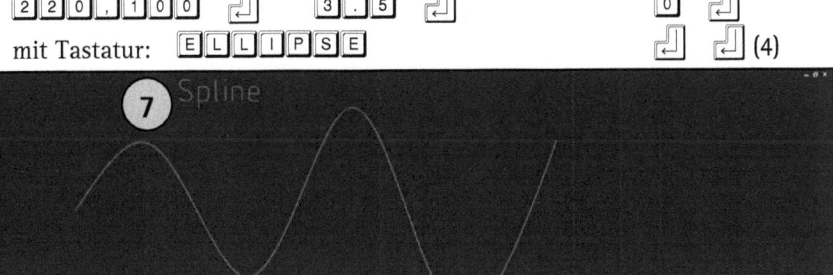

 ### Text einzeilige Linie Eingabe mit Tastatur:

Text
einzeilige Linie

2 2 0 , 1 0 0 ↵   3 . 5 ↵   0 ↵

mit Tastatur: E L L I P S E ↵ ↵ (4)

Die Layerzuweisung erfolgt entsprechend dem Unterkapitel **3.1.5**.

- Zuweisung für die Linien: Layer „**025**" (8).
- Zuweisung für Text in Höhe **3.5** mm: Layer „**Text3.5mm**" (9).

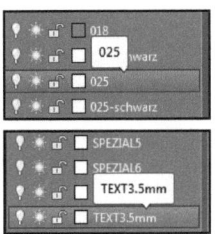

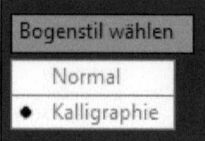

4.1.11 Geometrie-Element „Revisionswolke"

Revisionswolken sind Polylinien, die aus einer Reihe sequentieller Bogen bestehen. Sie werden verwendet, um die Aufmerksamkeit auf Teile einer Zeichnung zu lenken. Eine Revisionswolke ist eine Polylinie aus einer Reihe von Bogen, die ein wolkenförmiges Objekt bilden. Wenn Sie Zeichnungen prüfen oder korrigieren, können Sie Ihre Produktivität erhöhen, indem Sie die Funktion Revisionswolke verwenden, um Ihre Korrekturen zu markieren. Sie können eine Revisionswolke über Bewegen der Maus erstellen, oder indem Sie Objekte wie Kreise, Ellipsen, Polylinien oder Splines in eine Revisionswolke umwandeln.

Revisions-
Wolke
rechteckig

 Rechteckige Revisionswolke

Stil auswählen:	**„Kalligrapie"**	Bogenlänge: |5|
Startpunkt:	|2||2||0|,|4||0|
Endpunkt ca. ziehen:	|2||2||0|,|4||0| und klicken.

Text
einzeilige Linie

 Text einzeilige Linie Eingabe mit Tastatur:

|2||2||0|,|1||0||0| |3|.|5| |0|

mit Tastatur: |R||E||V||I||S||I||O||N||S||W||O||L||K||E| (4)

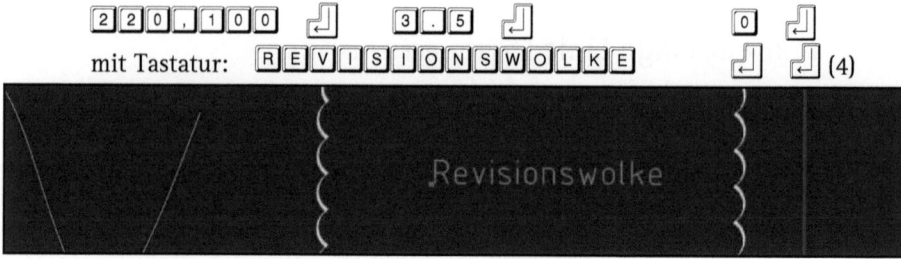

Die Layerzuweisung erfolgt entsprechend dem Unterkapitel **3.1.5**.

*   Zuweisung für die Linien: Layer „**025**" (8).
*   Zuweisung für Text in Höhe **3.5** mm: Layer „**Text3.5mm**" (9).

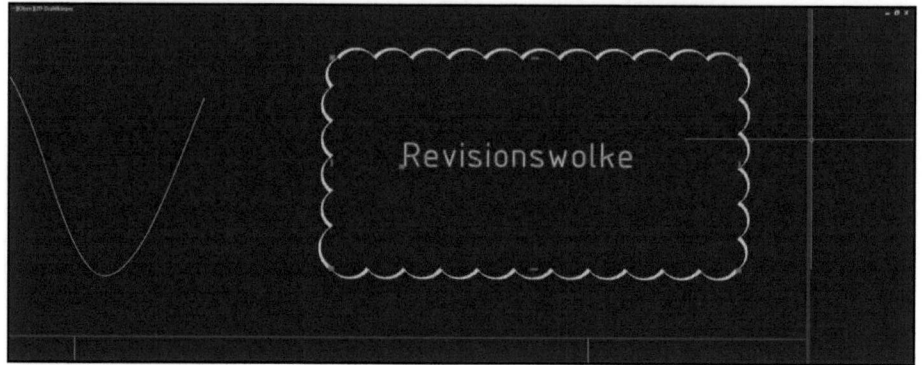

4.1.12 Datensicherung als Zeichnungsdatei und Ausgabe auf dem Systemdrucker

4.1.12.1 Datensicherung als Zeichnungsdatei

 Speichern unter (Schnellzugriff-Werkzeugkasten)

Tragen Sie einen gewünschten Namen ein.

Schließen Sie mit **Speichern**.

 Speichern
unter

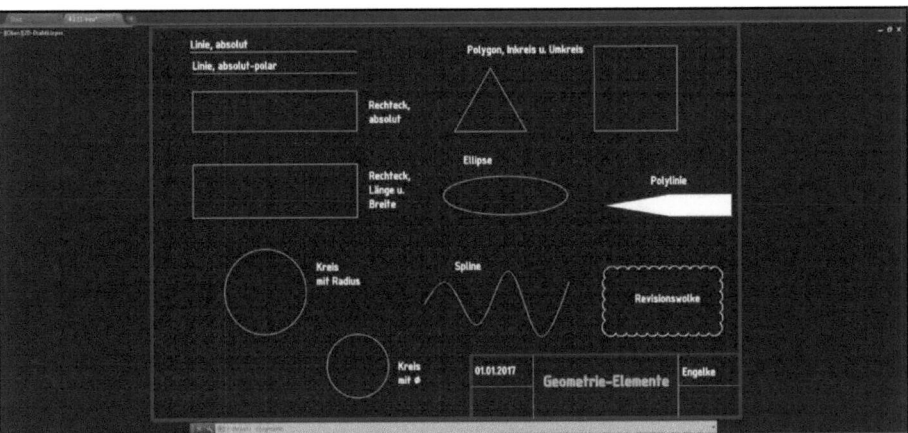

4.1.12.2 Zeichnungsausgabe auf dem Systemdrucker

Klicken Sie in das Feld „**Seiteneinrichtung**", wählen Sie „**A4-Querformat**".

Die Einstellungen für die Seiteneinrichtung sind bereits, **entsprechend Support-Kapitel 7 Unterkapitel 7-10 Buch-DVD**, eingetragen worden.

 Plot

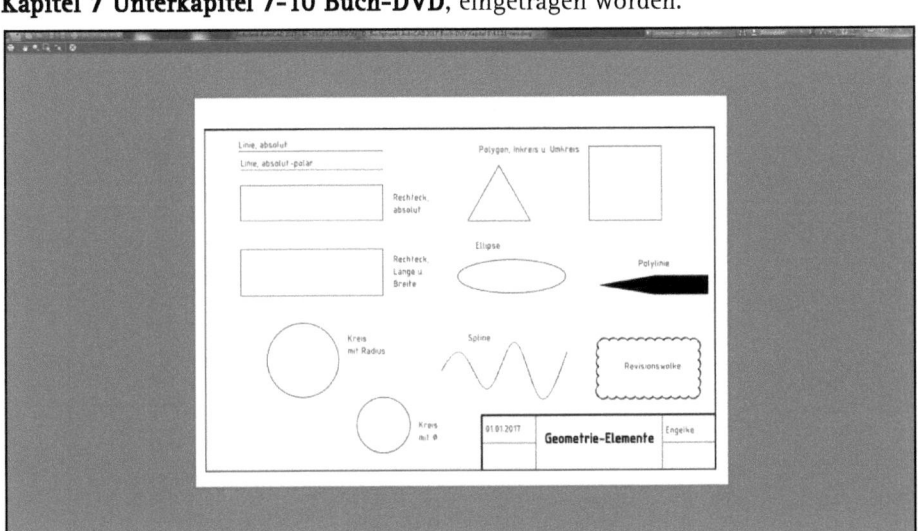

Lernsituation IV:

Linien mit Koordinateneingabe

Beschreibung:

Linien und weitere Konstruktionselemente können in AutoCAD mit unterschiedlichen Möglichkeiten fixiert werden.

Auf dem gespeichertem Vorlagenblatt werden die verschiedenen Möglichkeiten der Liniendarstellung mit Tastatureingabe in unterschiedliche Längen und Vektor-Richtungen dargestellt.

- Absolute Koordinaten
- Relative Koordinaten
- Polare Koordinaten, rechtwinklig und freie Winkeleingabe
- Polare Koordinate mit freiem Ziehen

4.2   Linien mit Koordinaten

4.2.1   Koordinateneingabe, Grundlagen

Wenn Sie aufgefordert werden, einen Punkt einzugeben, können Sie den Punkt mit dem Zeigegerät angeben oder seine Koordinaten eingeben. Wenn die dynamische Eingabe aktiviert ist, können Sie die Koordinatenwerte in QuickInfos beim Cursor eingeben. Koordinaten und Abstände werden immer in Einheiten gemessen, die keinen bestimmten Typ von Einheiten, wie Millimeter oder Zoll, darstellen. Vor Beginn müssen Sie entscheiden, welchen Abstand eine Einheit in der Zeichnung darstellt.

Die Norm **DIN 461** enthält Festlegungen für die einheitliche, unmissverständliche und übersichtliche graphische Darstellung eines funktionalen Zusammenhangs zwischen kontinuierlichen veränderlichen Größen in einem Koordinatensystem.

Koordinatenachsen geben für die Darstellung den Rahmen an, in dem ein funktionaler Zusammenhang zwischen zwei Variablen in einem vorzugsweise ebenen rechtwinkligen Koordinatensystem qualitativ oder auch quantitativ veranschaulicht werden soll.

4.2.1.1   Absolute Koordinaten

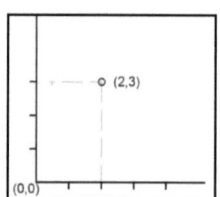

Sie können absolute oder relative kartesische (rechteckige) Koordinaten angeben, um beim Erstellen von Objekten Punkte zu positionieren. Um einen Punkt mithilfe einer kartesischen Koordinate festzulegen, geben Sie einen X-Wert und einen Y-Wert, getrennt durch ein Komma (X, Y) an. Der X-Wert ist der positive oder negative Abstand (in Einheiten) entlang der horizontalen Achse. Der Y-Wert ist der positive oder negative Abstand (in Einheiten) entlang der vertikalen Achse. Absolute Koordinaten basieren auf dem BKS-Ursprung (0,0), bei dem es sich um den Schnittpunkt der X- und Y-Achsen handelt. Verwenden Sie absolute Koordinaten, wenn Ihnen die exakten X- und Y-Werte des Punkts bekannt sind.

4.2.1.2   Relative Koordinaten

Relative Koordinaten gehen vom zuletzt angegebenen Punkt aus. Verwenden Sie relative Koordinaten, wenn Ihnen die exakte Position eines Punkts in Relation zu einem vorherigen Punkt bekannt ist. Wenn Sie relative Koordinaten angeben möchten, müssen Sie den Koordinatenwerten das Zeichen @ voranstellen. Die Koordinate **@3,4** bezeichnet beispielsweise einen Punkt, der sich vom zuletzt angegebenen Punkt aus 3 Einheiten entlang der X-Achse und 4 Einheiten entlang der Y-Achse befindet.

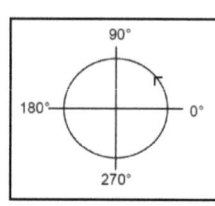

4.2.1.3   Polare Koordinaten

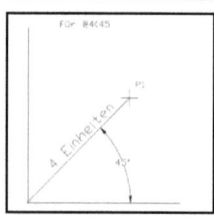

Sie können absolute oder relative polare Koordinaten (Abstand und Winkel) angeben, um beim Erstellen von Objekten Punkte zu positionieren. Um einen Punkt mit polaren Koordinaten anzugeben, geben Sie eine Entfernung und einen Winkel getrennt durch eine spitze Klammer (<) an. Vorgabemäßig werden Winkel gegen den Uhrzeigersinn erhöht und im Uhrzeigersinn verkleinert. Um die Richtung im Uhrzeigersinn festzulegen, geben Sie einen negativen Wert für den Winkel ein.

4.2.2 Aufgabenbeschreibung:

Linien und weitere Konstruktionselemente können in AutoCAD mit unterschiedlichen Möglichkeiten fixiert werden.

Auf dem gespeichertem Vorlagenblatt werden die verschiedenen Möglichkeiten der Liniendarstellung mit Tastatureingabe in unterschiedliche Längen und Vektor-Richtungen dargestellt.

Die Linien, mit Startpunkt als absolute Koordinate, werden in fünf verschiedenen Ausführungen erstellt:

Für die Darstellung der Linienbreiten gilt die Anwendung der Normen **DIN ISO 128-20- Linien und Linienarten, DIN ISO 128-21- Ausführung von Linien in CAD-Systemen** und **DIN ISO 13567- Gliederung und Benennung von Layern für CAD.** Die Beschriftung ist mit einem Schriftsatz entsprechend **DIN EN ISO 3098-2** auszuführen.

4.2.3 Vorgaben:

- Rechter Winkel mit **45°**-Lotlinie mit absoluten Koordinaten, mit Erläuterungstext.

- Rechter Winkel mit **45°**-Lotlinie mit relativen Koordinaten, mit Erläuterungstext.

- Linienkreuz mit polaren Koordinaten, rechtwinklig, mit Erläuterungstext.

- Linienstern mit **45°**-Lotlinie und polaren Koordinaten, mit Erläuterungstext.

- Rechter Winkel mit **90°**-Lotlinie, freier Winkel **30°, 45°, 60°**, mit Erläuterungstext.

4.2.4 Voreinstellungen laden

Laden Sie die neu erstellte Vorlagendatei über (1):
Neu / 2D-Grundblatt-Quer.dwt / Öffnen
Richten Sie das Blatt maximal auf dem Desktop aus.

Eingabe mit Tastatur (2):

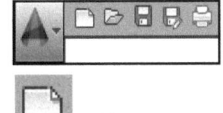

Neu

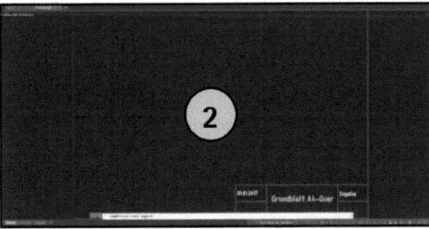

4.2.5 Liniensystem mit absoluten Koordinaten

4.2.5.1 Eingabe der Linien

 Linie

 Linie

Startpunkt (mit Tastatur eingeben)   `1 0 , 1 0`   ⏎

Endpunkt (mit Tastatur eingeben)   `5 0 , 1 0`   ⏎   ⏎ (3)

 Linie

Startpunkt (mit Tastatur eingeben)   `1 0 , 1 0`   ⏎

Endpunkt (mit Tastatur eingeben)   `1 0 , 5 0`   ⏎   ⏎ (3)

 Linie

 Linie

Startpunkt (mit Tastatur eingeben)   `1 0 , 1 0`   ⏎

Endpunkt (mit Tastatur eingeben)   `5 0 , 5 0`   ⏎   ⏎ (3)

4.2.5.2 Texteingabe

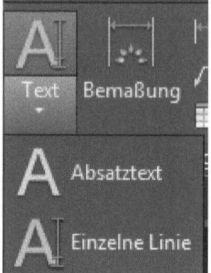

 Text einzeilige Linie Eingabe mit Tastatur:

`5 0 , 2 0` ⏎   `3 . 5` ⏎   `0` ⏎

`A B S O L U T E`   `K O O R D I N A T E N`   ⏎   ⏎ (4)

 Text
einzeilige Linie

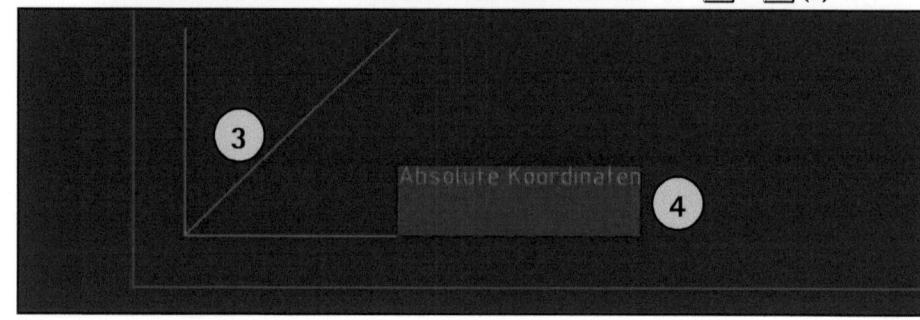

4.2.5.3 Layerzuweisung

Die Layerzuweisung erfolgt entsprechend dem Unterkapitel **3.1.5**.

- Zuweisung für die Linien: Layer „**025**" (5).
- Zuweisung für Text in Höhe **3.5** mm: Layer „**Text3.5mm**" (6).

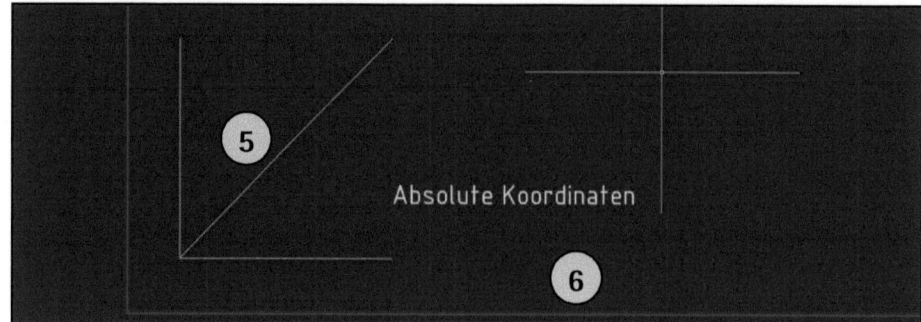

4.2.6 Liniensystem mit relativen Koordinaten

4.2.6.1 Eingabe der Linien

Linie

Startpunkt (mit Tastatur eingeben)   (7)

Endpunkt (mit Tastatur eingeben)

 Linie

Linie

Startpunkt: (mit Tastatur eingeben)

Endpunkt (mit Tastatur eingeben)   (7)

 Linie

Linie

Startpunkt (mit Tastatur eingeben)

Endpunkt (mit Tastatur eingeben 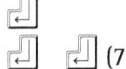 (7)

Linie

4.2.6.2 Texteingabe

Text einzeilige Linie Eingabe mit Tastatur:

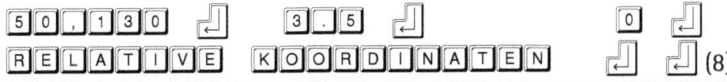

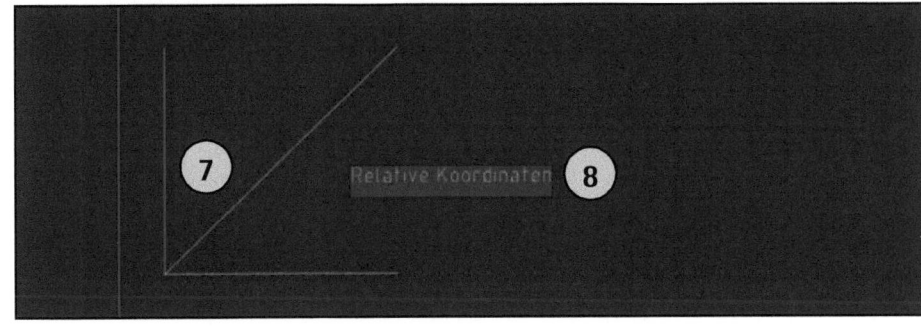

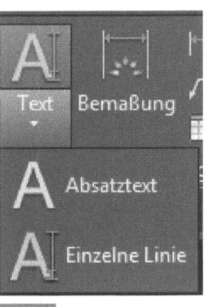

Text
einzeilige Linie

4.2.6.3 Layerzuweisung

Die Layerzuweisung erfolgt entsprechend dem Unterkapitel **3.1.5**.

* Zuweisung für die Linien: Layer „**025**" (9).
* Zuweisung für Text in Höhe **3.5** mm: Layer „**Text3.5mm**" (10).

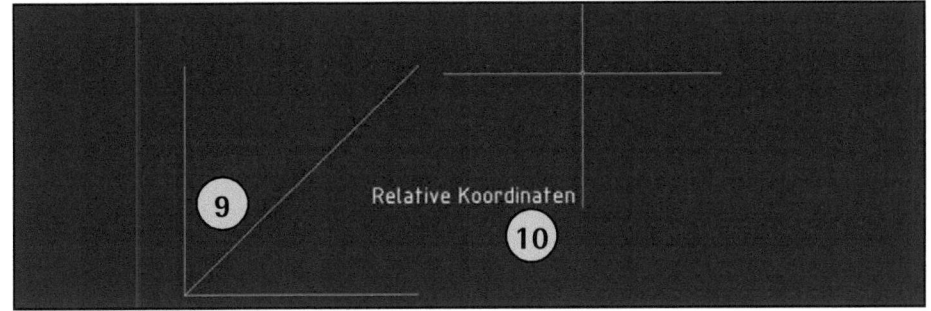

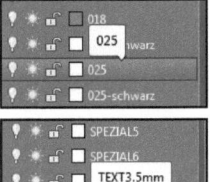

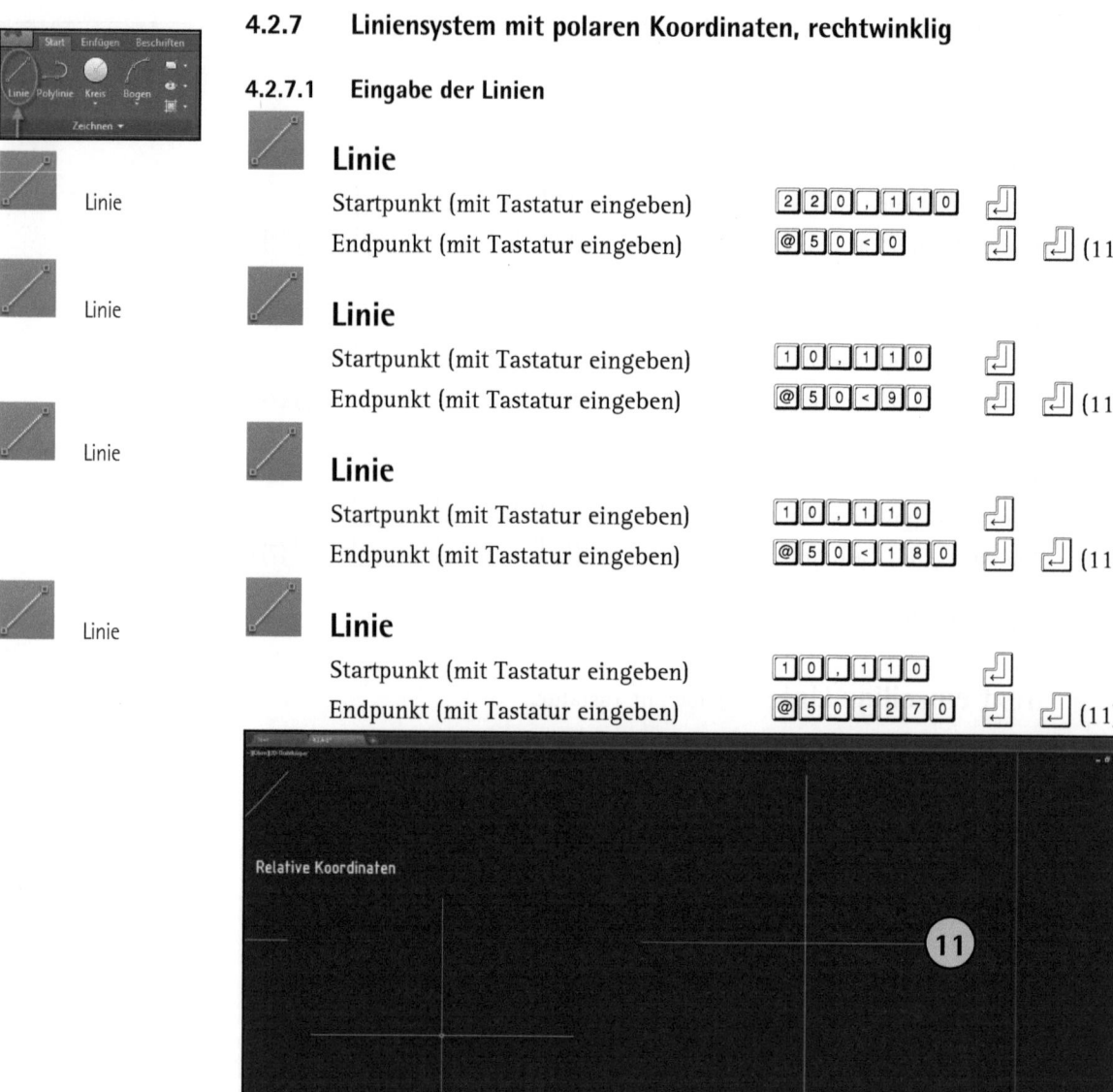

4.2.7 Liniensystem mit polaren Koordinaten, rechtwinklig

4.2.7.1 Eingabe der Linien

Linie

Linie

Linie

Startpunkt (mit Tastatur eingeben)   `220,110` ⏎

Endpunkt (mit Tastatur eingeben)   `@50<0` ⏎ ⏎ (11)

Linie

Linie

Startpunkt (mit Tastatur eingeben)   `10,110` ⏎

Endpunkt (mit Tastatur eingeben)   `@50<90` ⏎ ⏎ (11)

Linie

Linie

Startpunkt (mit Tastatur eingeben)   `10,110` ⏎

Endpunkt (mit Tastatur eingeben)   `@50<180` ⏎ ⏎ (11

Linie

Linie

Startpunkt (mit Tastatur eingeben)   `10,110` ⏎

Endpunkt (mit Tastatur eingeben)   `@50<270` ⏎ ⏎ (11)

Relative Koordinaten

(11)

4.2.8 Liniensystem mit polaren Koordinaten, 45°-Vektor-Richtung

4.2.8.1 Eingabe des Linien

Linie

Startpunkt (mit Tastatur eingeben)   2 2 0 , 1 1 0 ↵

Endpunkt (mit Tastatur eingeben)   @ 5 0 < 4 5 ↵ ↵ (12)

 Linie

Linie

Startpunkt (mit Tastatur eingeben)   1 0 , 1 1 0 ↵

Endpunkt (mit Tastatur eingeben)   @ 5 0 < 1 3 5 ↵ ↵ (12)

 Linie

Linie

Startpunkt (mit Tastatur eingeben)   1 0 , 1 1 0 ↵

Endpunkt (mit Tastatur eingeben)   @ 5 0 < 2 2 5 ↵ ↵ (12)

 Linie

Linie

Startpunkt (mit Tastatur eingeben)   1 0 , 1 1 0 ↵

Endpunkt (mit Tastatur eingeben)   @ 5 0 < 3 1 5 ↵ ↵ (12)

 Linie

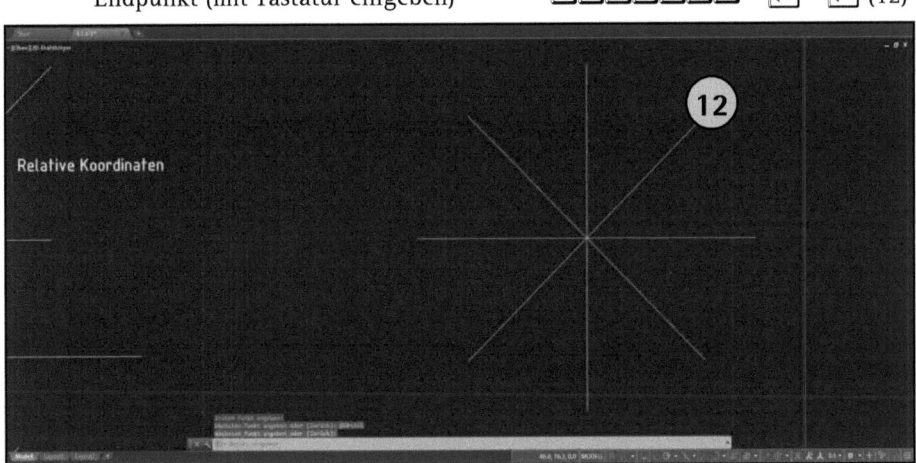

4.2.8.1 Texteingabe

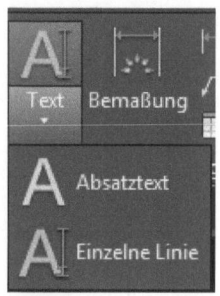

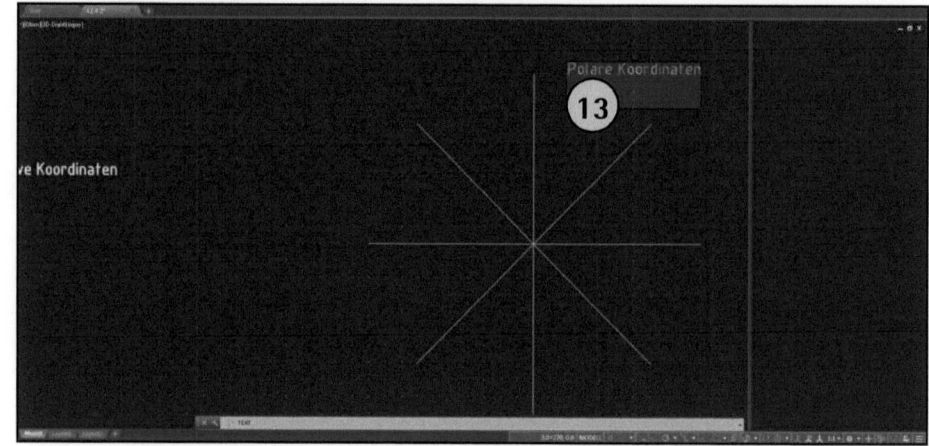

Text
einzeilige Linie

4.2.8.2 Layerzuweisung

Die Layerzuweisung erfolgt entsprechend dem Unterkapitel **3.1.5**.

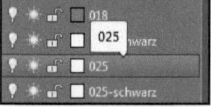

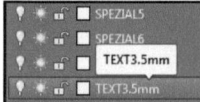

- Zuweisung für die Linien: Layer „**025**" (14).
- Zuweisung für Text in Höhe **3.5** mm: Layer „**Text3.5mm**" (15).

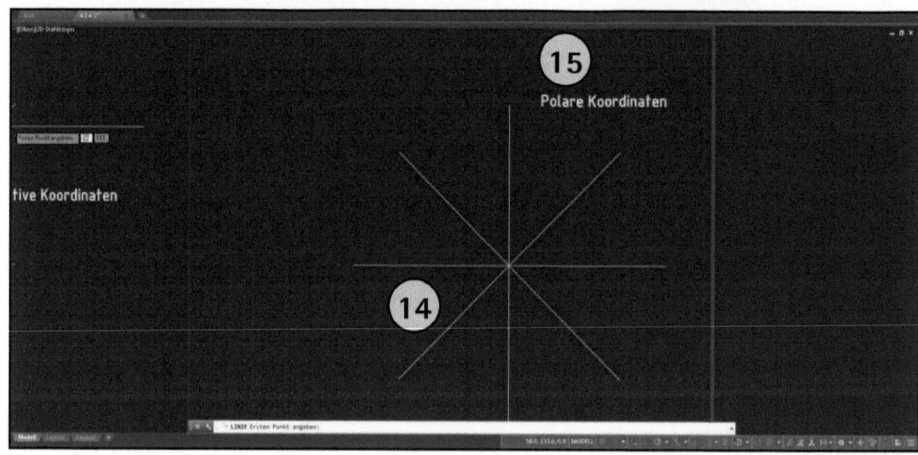

4.2.9 Liniensystem mit polaren Koordinaten, dynamisches Ziehen

4.2.9.1 Eingabe des Linien

Sie können polare Koordinaten, also Abstand und Winkel bestimmen, indem Sie mit der Ziehfunktion der Maus die Vektorrichtung vorgeben und den Abstandswert mit Tastatur eingeben.

 Linie

Linie
von Punkt (1) : ⑨⓪,⑦⑤ ↵

Richtung **0°** mit Maus ziehen

Endpunkt (2) : ⑤⓪ ↵ ↵

 Linie

Linie
von Punkt (1) : ⑨⓪,⑦⑤ ↵

Richtung **90°** mit Maus ziehen

Endpunkt (3) : ⑤⓪ ↵ ↵

 Linie

Linie
von Punkt (1) : ⑨⓪,⑦⑤ ↵

F8 (Ortho aus)

Richtung **30°** mit Maus ziehen

Endpunkt (4): ⑤⓪ ↵ ↵

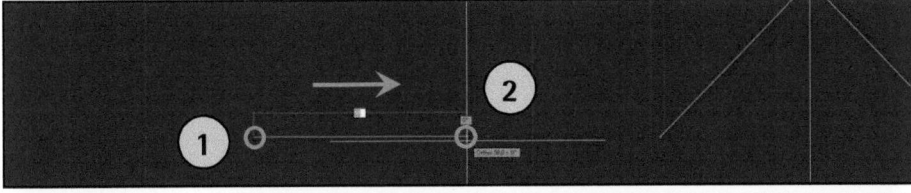

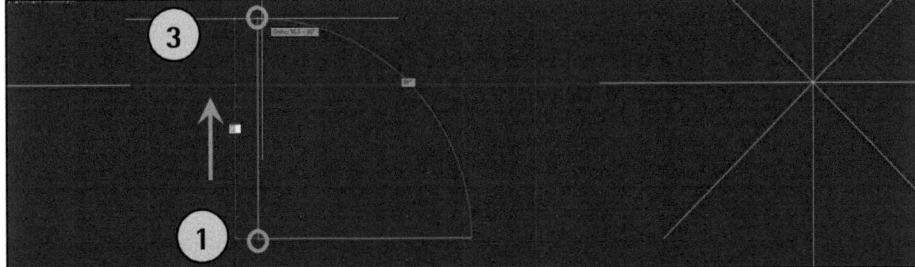

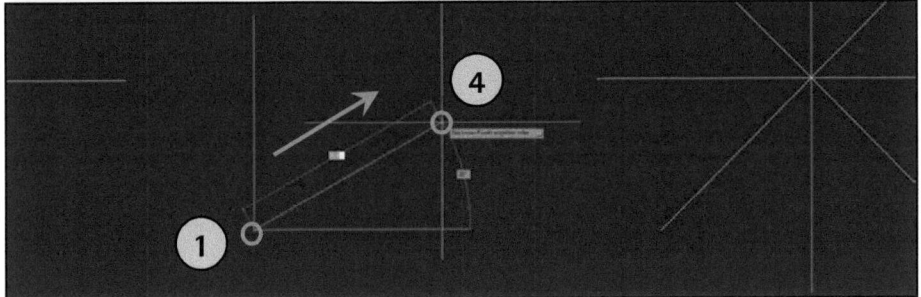

 **Linie**

von Punkt (1)   :   [9][0][,][7][5]   ↵

Richtung **45°** mit Maus ziehen

Endpunkt (5):   [5][0]   ↵   ↵

 Linie

Linie

von Punkt (1)   :   [9][0][,][7][5]   ↵

Richtung **60°** mit Maus ziehen

Endpunkt (6):   [5][0]   ↵   ↵

[F8] (Ortho ein) !!!, wichtig

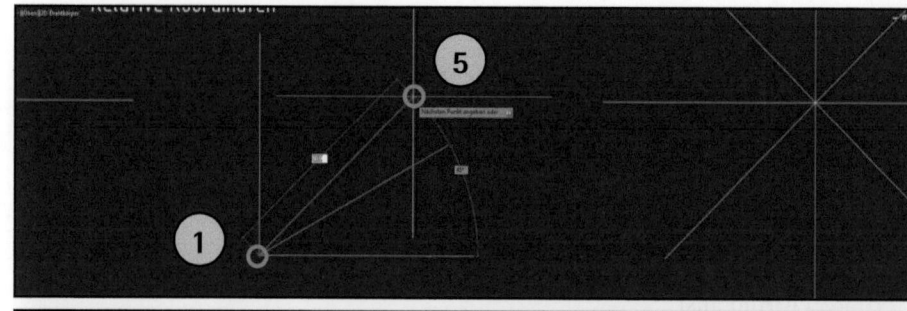

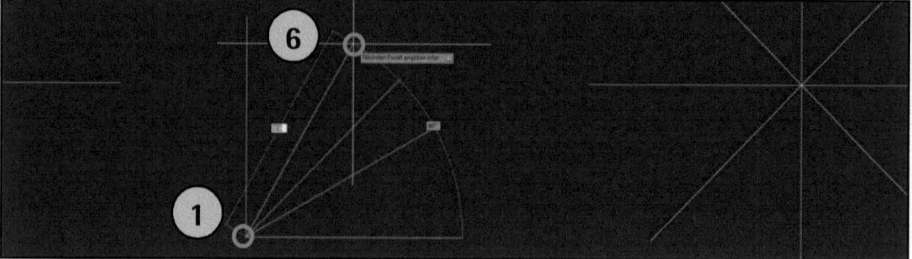

4.2.9.2   Texteingabe

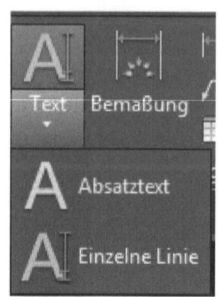

 Text
einzeilige Linie

Text einzeilige Linie Eingabe mit Tastatur:

[2][3][0][,][1][6][0] ↵   [3][.][5] ↵   [0] ↵

[D][Y][N][A][M][I][S][C][H][E] [E][I][N][G][A][B][E]   ↵   ↵ (7)

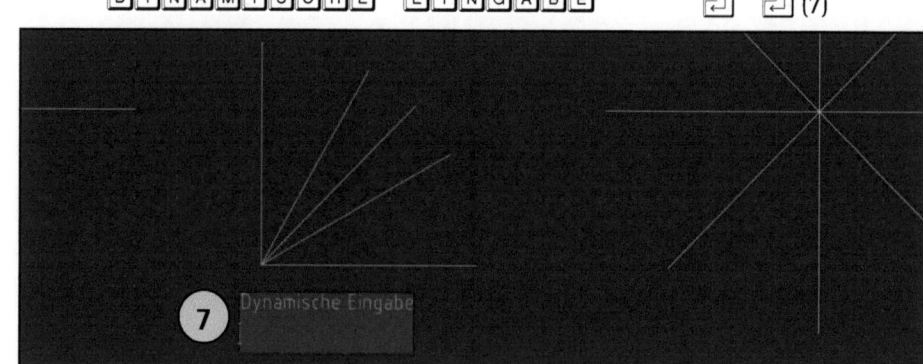

4.2.9.3 Layerzuweisung

Die Layerzuweisung erfolgt entsprechend dem Unterkapitel **3.1.5**.

- Zuweisung für die Linien: Layer „**025**" (8).
- Zuweisung für Text in Höhe **3.5** mm: Layer „**Text3.5mm**" (9).

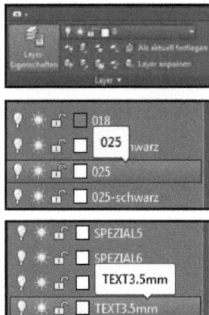

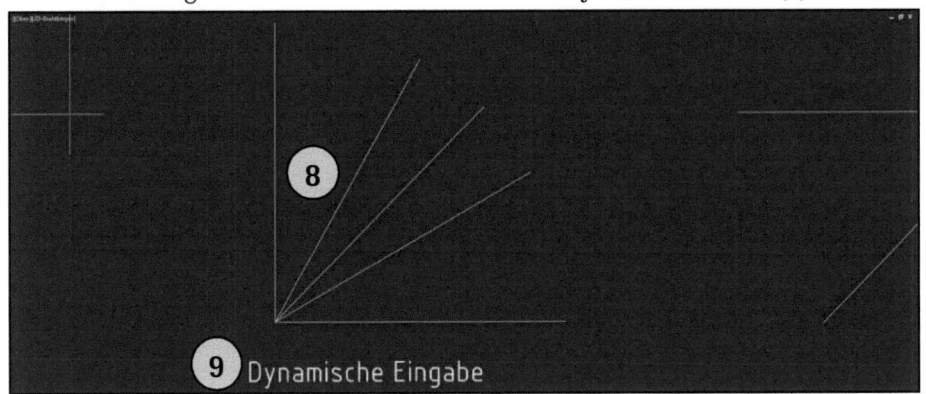

4.2.10 Bearbeiten von „Text einzeilige Linie"

Sie können Inhalt, Formatierung und Eigenschaften von
„**Text einzeilige Linie**" verändern.

      Doppelklicken Sie auf ein einzeiliges Textobjekt (10).

      Geben Sie im integrierten Texteditor den neuen Text ein (11):

      ⌨ KOORDINATENEINGABE (12) Abschluss mit ⏎ (13).

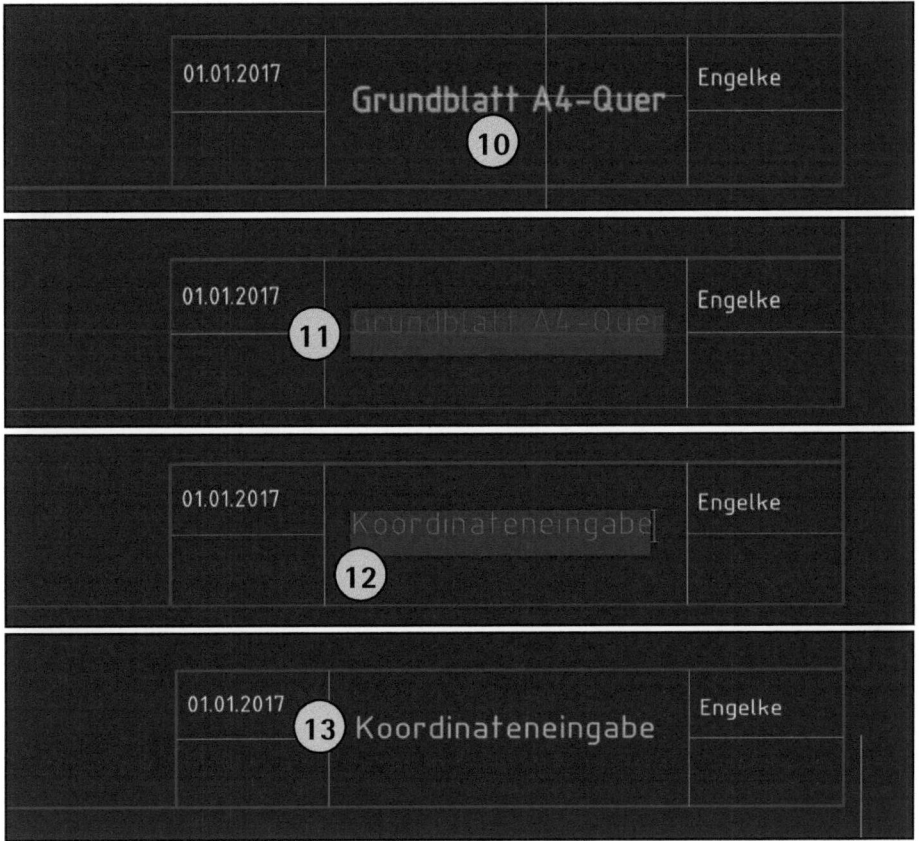

4.2.11 Datensicherung als Zeichnungsdatei und Ausgabe auf dem Systemdrucker

4.2.11.1 Datensicherung als Zeichnungsdatei

 Speichern unter

 **Speichern unter** (Schnellzugriff-Werkzeugkasten)

Tragen Sie einen gewünschten Namen ein, hier:

 K O O R D I N A T E N E I N G A B E

Der Nachname „**.dwg**" wird automatisch angehängt.

Schließen Sie mit dem Button: **Speichern**.

4.2.11.2 Ausgabe auf dem Systemdrucker

 Plot

Der Befehl zum Ausgeben einer Zeichnung lautet „**Plot**", Sie können über den Schnellzugriffs-Werkzeugkasten auf diesen zugreifen.

Klicken Sie in das Feld „**Seiteneinrichtung**", wählen Sie „**A4-Querformat**" (29).

Die Einstellungen für die Seiteneinrichtung sind bereits, entsprechend **Support-Kapitel 7 Unterkapitel 7-10 Buch-DVD**, eingetragen worden.

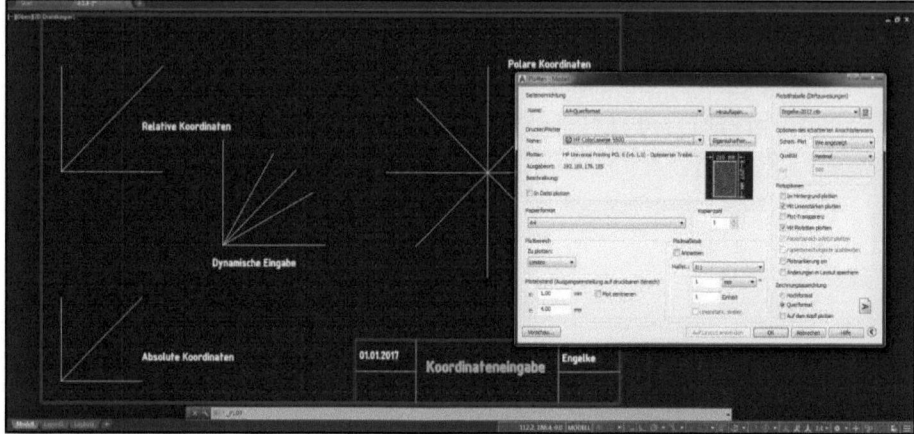

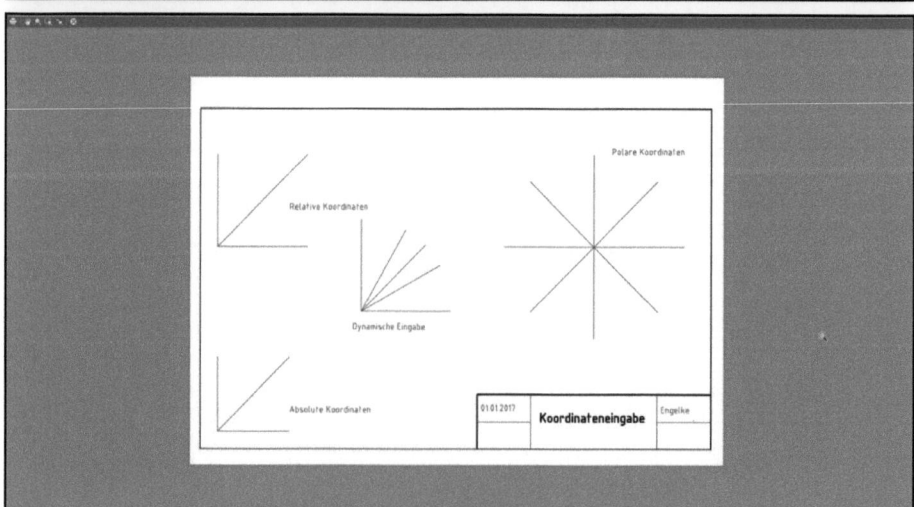

Lernsituation V:

2D-Objektfang

Beschreibung:

Der Objektfang ermöglicht es, genaue Positionen auf Objekten anzugeben, wenn Sie aufgefordert werden, einen Punkt in einem Befehl anzugeben.

Auf dem gespeichertem Vorlagenblatt werden die verschiedenen Möglichkeiten der Objektfang-Verbindungen dargestellt.

4.3 2D-Objektfang

4.3.1 2D-Objektfang, Grundlagen

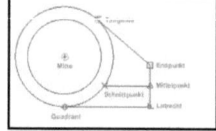

Die bei weitem wichtigste Möglichkeit zum Angeben präziser Positionen auf Objekten besteht in der Verwendung von Objektfängen. In der nebenstehenden Abbildung werden verschiedene Arten von Objektfängen durch Markierungen dargestellt.

Der Objektfang kann immer verwendet werden, wenn Sie zur Eingabe eines Punkts aufgefordert werden. Vorgabemäßig werden eine Markierung und eine QuickInfo angezeigt, wenn sich der Cursor auf einer Objektfangposition eines Objekts befindet. Die Funktion „**AutoSnap**" bietet eine visuelle Orientierungshilfe, die anzeigt, welcher Objektfangmodus aktiviert ist.

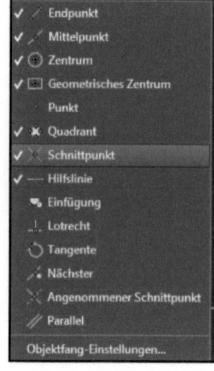

Wenn Sie einen Objektfang immer wieder benötigen, können Sie den „**fortlaufenden Objektfang**" aktivieren.

Bei jeder Eingabeaufforderung für einen Punkt können Sie einen einzelnen Objektfang festlegen, der alle anderen Objektfang-Einstellungen überschreibt.

Halten Sie die „**Umschalttaste**" gedrückt, klicken Sie mit der rechten Maustaste in den Zeichenbereich, und wählen Sie einen Objektfang aus dem Menü „**Objektfang**". Bewegen Sie dann den Cursor, um eine Position auf einem Objekt auszuwählen.

Stellen Sie sicher, dass Sie ausreichend vergrößern, um Fehler zu vermeiden. In einem Modell mit hoher Datendichte führt das Fangen eines falschen Objekts zu einem Fehler, der sich im gesamten Modell fortsetzen kann.

Wenn mehrere fortlaufende Objektfänge aktiviert sind, können Sie an einer gegebenen Position mehrere Objektfänge auswählen. Sie können mit der „**Tabulator**"-Taste durch alle Möglichkeiten navigieren, bevor Sie den Punkt angeben.

4.3.2 Erstellen eines Grundblattes, für Objektfang-Möglichkeiten, Größe A4 Querformat

4.3.2.1 Voreinstellungen laden

Neu

Laden Sie die neu erstellte Vorlagendatei über (1):

Neu / 2D-Grundblatt-Quer.dwt / Öffnen

Richten Sie das Blatt maximal auf dem Desktop aus.

Eingabe mit Tastatur (2):  ┌Z┐┌O┐┌O┐┌M┐ ⏎ ┌A┐┌L┐┌L┐┌E┐┌S┐ ⏎

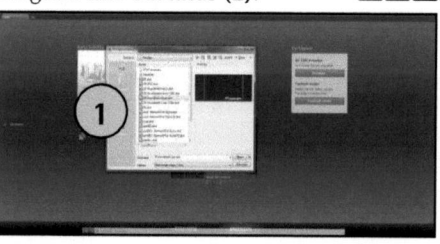
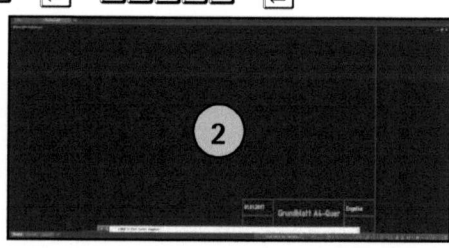

4.3.3 Das Grundblatt, für Objektfang-Möglichkeiten, erstellen

4.3.3.1 Eingabe der Linien, mit Tastatur

Linie
von Punkt   `2` `5` `,` `1` `6` `0`   ↵

Richtung **0°** mit Maus ziehen

Endpunkt   `7` `0`   ↵   ↵ (1)

Linie

Linie
von Punkt   `6` `0` `,` `1` `3` `0`   ↵

Richtung **0°** mit Maus ziehen

Endpunkt   `7` `0`   ↵   ↵ (2)

Linie
von Punkt   `2` `0` `5` `,` `1` `1` `0`   ↵

`F8` (Ortho aus), Richtung **45°** mit Maus ziehen

Endpunkt   `7` `0`   ↵   ↵ (3)

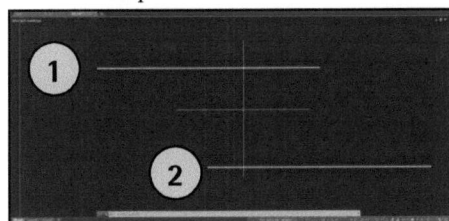

4.3.3.2 Kreis, Radius, absoluten Koordinaten als Mittelpunkt, Tastatureingabe

Kreis, Radius
von Punkt   `4` `5` `,` `8` `0`   ↵

Radius   `3` `0`   ↵   ↵   (Befehlswiederholung) (4)

von Punkt   `1` `3` `0` `,` `7` `0`   ↵

Radius   `3` `0`   ↵   (5)

Kreis

4.3.3.3 Rechteck mit absoluten Koordinaten, Tastatureingabe

Rechteck
Startpunkt   `2` `0` `0` `,` `5` `0`   ↵

Endpunkt   `2` `6` `0` `,` `9` `0`   ↵ (6)

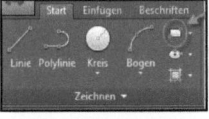

Rechteck

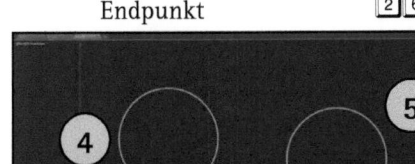
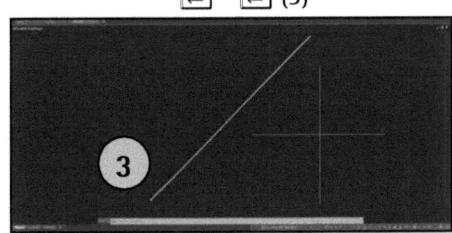

4.3.4 Bearbeiten von „Text einzeilige Linie"

Doppelklicken Sie auf ein einzeiliges Textobjekt.

Geben Sie im integrierten Texteditor den neuen Text ein:

⊡⃞B⃞J⃞E⃞K⃞T⃞F⃞A⃞N⃞G⃞   Abschluss mit ⌐ (7).

4.3.5 Layerzuweisung

Die Layerzuweisung erfolgt entsprechend dem Unterkapitel **3.1.5**.

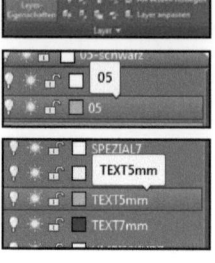

- Zuweisung für die Linien: Layer „**05**" (8).
- Zuweisung für Text in Höhe **5** mm: Layer „**Text5mm**" (9).

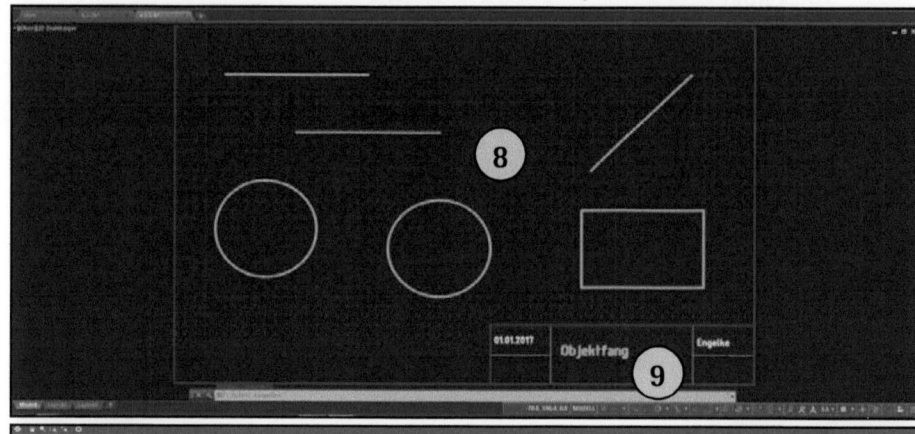

Plot

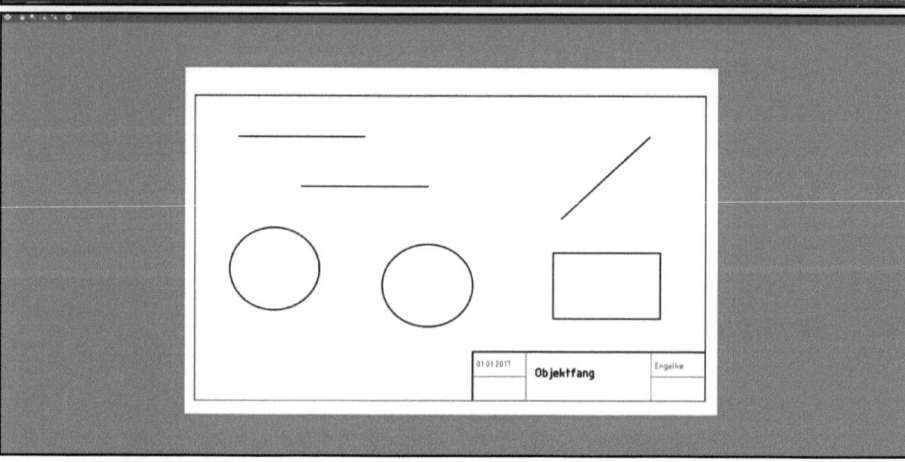

4.3.5.1 Datensicherung als Zeichnungsdatei

Speichern
unter

 **Speichern unter** (Schnellzugriff-Werkzeugkasten)

Tragen Sie einen gewünschten Namen ein, schließen Sie mit **Speichern**.

4.3.6 2D-Objektfang-Möglichkeiten

4.3.6.1 2D-Objektfang-Möglichkeit, Endpunkt-Endpunkt

 Linie

von Punkt, QuickInfo anzeigen, „**Endpunkt**" (1).
nach Punkt, QuickInfo anzeigen, „**Endpunkt**" (2, 3) und Punkt klicken.

 Linie

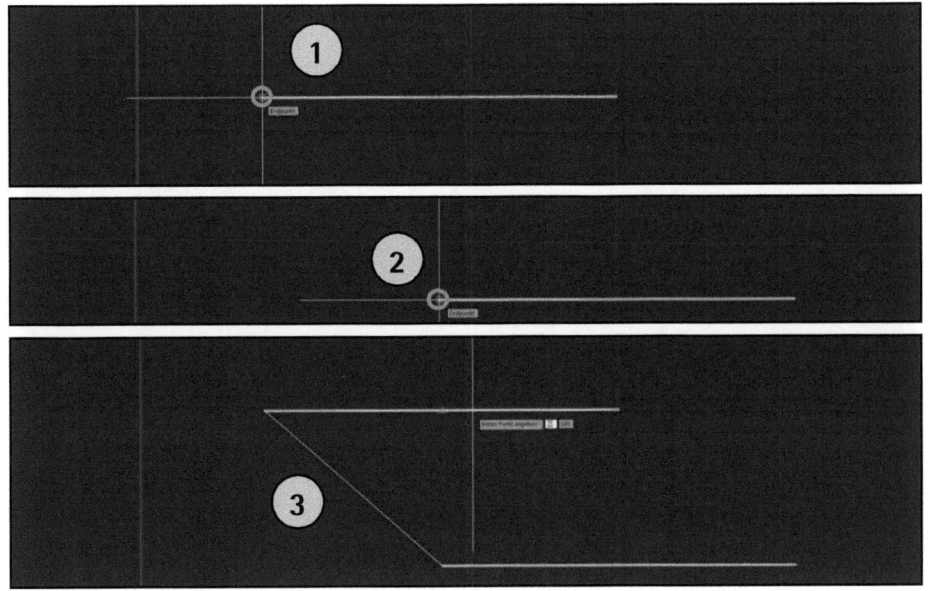

4.3.6.2 2D-Objektfang-Möglichkeiten, Mittelpunkt-Mittelpunkt

 Linie

von Punkt, QuickInfo anzeigen, „**Mittelpunkt**" (4).
nach Punkt, QuickInfo anzeigen, „**Mittelpunkt**" (5, 6) und Punkt klicken.

 Linie

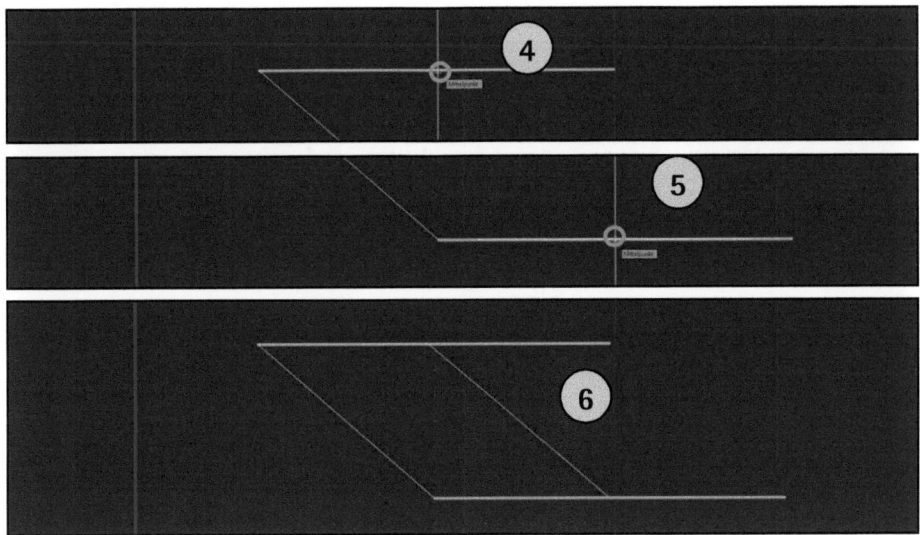

4.3.6.3 2D-Objektfang-Möglichkeiten, Lot und Schnittpunkt

Linie

Linie

von Punkt   `2 0 0 , 1 6 5`   (7)

nach Punkt, mit Tastatur   `L O T`   (8)

QuickInfo anzeigen, „**Lotrecht**" und Linie klicken (9).

Linie

Linie

von Punkt, mit Tastatur `S C H N`   (10)

nach Punkt, QuickInfo anzeigen, „**Schnittpunkt**"

Linie mit Länge ca. **70** mm klicken (11).

4.3.6.4 2D-Objektfang-Möglichkeiten, Zentrum-Zentrum

 Linie

von Punkt, QuickInfo anzeigen, „**Zentrum**" (12).
nach Punkt, QuickInfo anzeigen, „**Zentrum**" (13, 14) und Punkt klicken.

 Linie

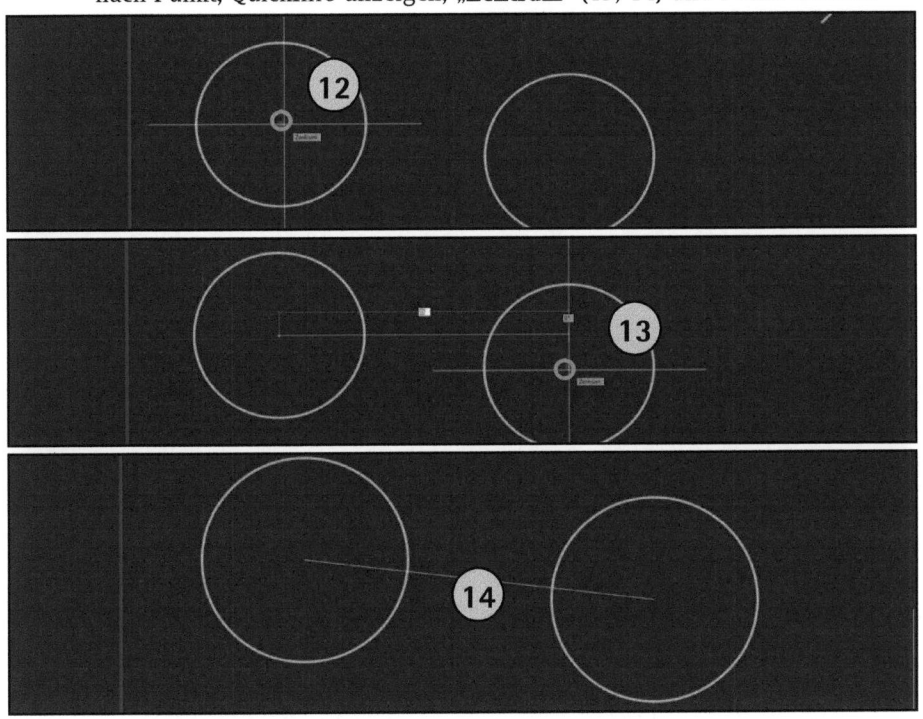

4.3.6.5 2D-Objektfang-Möglichkeiten, Tangente-Tangente

 Linie

| von Punkt, mit Tastatur | T A N | ⏎ | (15, 16) |
| nach Punkt, mit Tastatur | T A N | ⏎ | (17, 18) |

 Linie

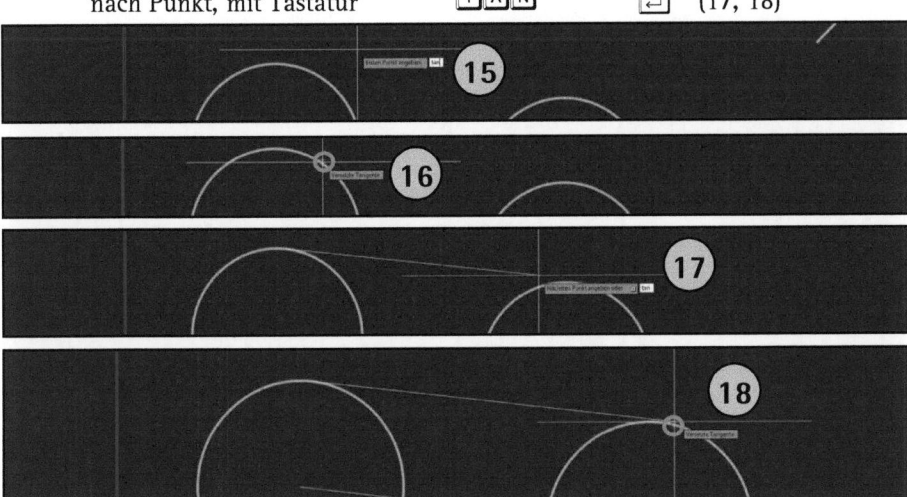

Linie

4.3.6.6   2D-Objektfang-Möglichkeiten, Quadrant-Quadrant

Linie

von Punkt, QuickInfo anzeigen, „**Quadrant**" (19).
nach Punkt, QuickInfo anzeigen, „**Quadrant**" (20) und Punkt klicken.

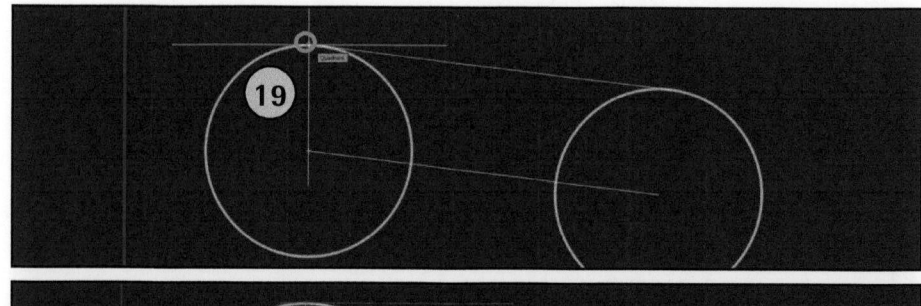

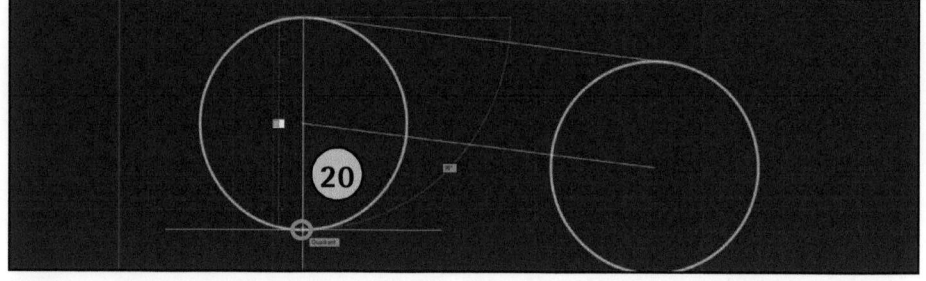

4.3.6.7   2D-Objektfang-Möglichkeiten, geometrisches Zentrum-Schnittpunkt

Linie

Linie

von Punkt, QuickInfo anzeigen, „**Geometrisches Zentrum**" (21).
nach Punkt, QuickInfo anzeigen, „**Mittelpunkt**" (22) und Punkt klicken.

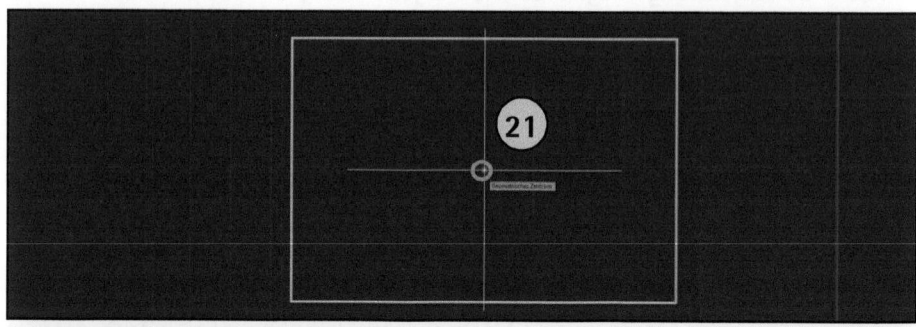

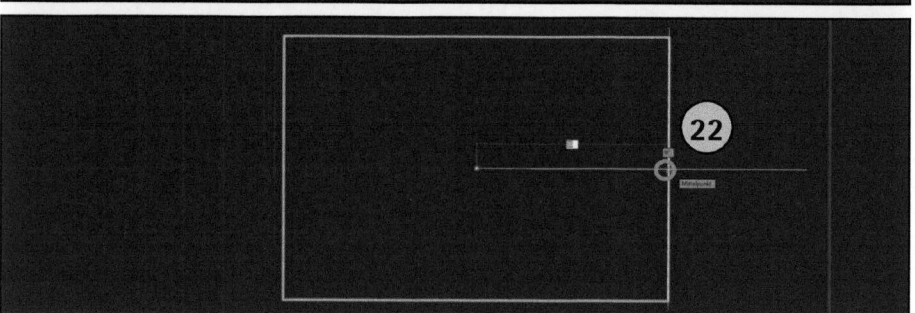

4.3.7 Datensicherung als Zeichnungsdatei und Ausgabe auf dem Systemdrucker

4.3.7.1 Datensicherung als Zeichnungsdatei

 Speichern unter (Schnellzugriff-Werkzeugkasten)

Tragen Sie einen gewünschten Namen ein, hier:

OBJEKTFANG

Der Nachname „**.dwg**" wird automatisch angehängt.

Schließen Sie mit dem Button: **Speichern**.

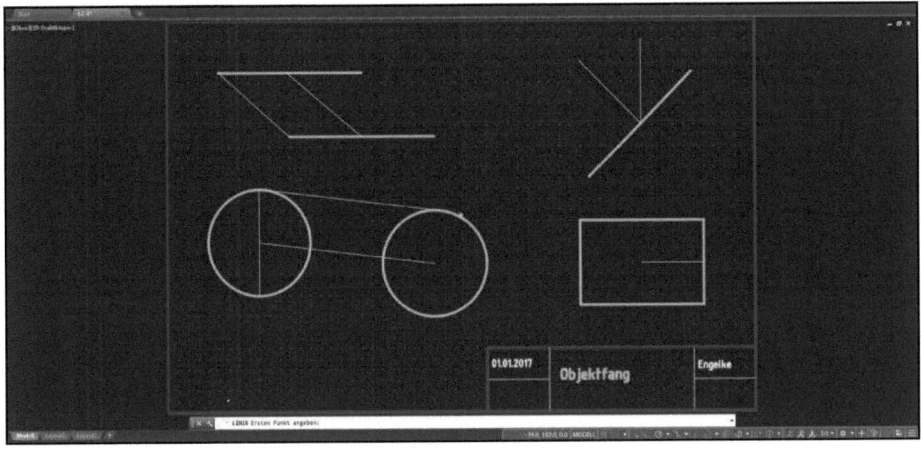

4.3.7.2 Ausgabe auf dem Systemdrucker

Klicken Sie in das Feld „**Seiteneinrichtung**", wählen Sie „**A4-Querformat**".

 Plot

Die Einstellungen für die Seiteneinrichtung sind bereits, entsprechend **Support-Kapitel 7 Unterkapitel 7-10 Buch-DVD**, eingetragen worden.

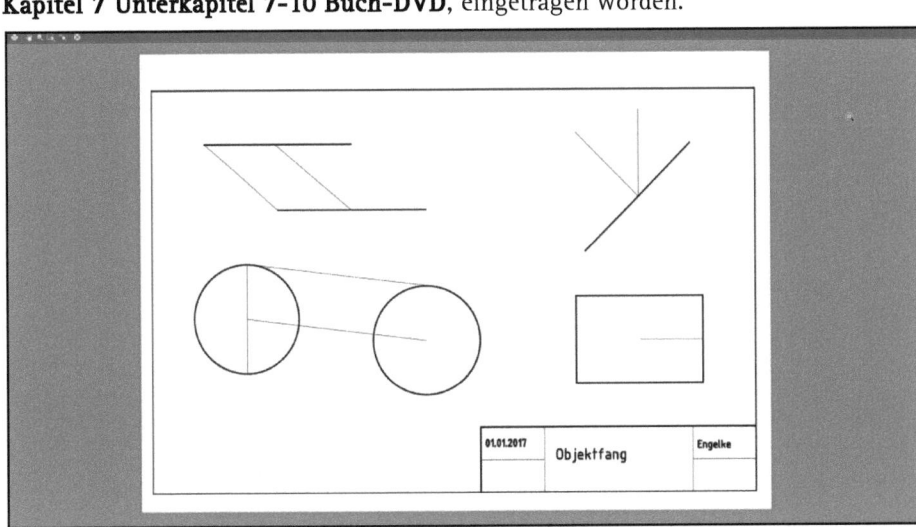

Lernsituation VI:

Texteintragungen, Möglichkeiten

Beschreibung:

Für die Darstellung der Beschriftungen ist eine Reihe von bestimmenden Normen einzuhalten.

Beschriftungen werden entsprechend DIN EN ISO 3098-2, vertikale Schriftform B ausgeführt, dementsprechend ist ein Fontsatz dieser Form als Standard zu wählen, AutoCAD hat hierzu den Schriftsatz isocp.shx in der Vorlagendatei gesetzt.

Eine weitere Hauptregel ist das Verhältnis von gewählter Liniengruppe zur Texthöhe. Als Regel gilt hier die Norm „Linien auf Layern" nach DIN ISO 128-20/21/24 mit Liniengruppe 0,5 mm, die daraus resultierende Schrifthöhe von 3,5 mm und der Linienbreite von 0,35 mm, Schrifthöhe von 5 mm und der Linienbreite von 0,5 mm.

Mittellinien kennzeichnen symmetrische, spiegelbildgleiche Ansichten und Kreisdarstellungen. Sie werden als schmale strichpunktierte Linien, entsprechend DIN 406, gekennzeichnet.

Die gültigen Regeln für Linien in technischen Zeichnungen sind in der DIN ISO 128-20 und DIN ISO 128-20 beschrieben.

4.4 Texteintragungen, Text einzeilige Linie

4.4.1 Grundregeln für die Ausführung von Schriften in technischen Zeichnungen nach DIN EN ISO 3098-0

Eine Normschrift ist eine zur Verwendung in technischen Zeichnungen standardisierte Schrift. In der heutigen Zeit, in der viele technische Zeichnungen mit dem Computer erstellt werden, ist es nicht mehr zwingend notwendig, das Beschriften mit der Hand, in Normschrift, zu beherrschen. Jedoch sollte man dennoch mit den Grundlagen vertraut sein, um beispielsweise bei Handskizzen ein sauberes Schriftbild zu erhalten.

In Deutschland wurde die ältere DIN 6776-1 durch die DIN EN ISO 3098 im November 2000 ersetzt.

Als wesentliche Merkmale für die Beschriftung technischer Zeichnungen gelten Lesbarkeit, Einheitlichkeit, Eignung für die Mikroverfilmung und sonstige fotografische Reproduktionsverfahren sowie für numerisch gesteuerte Zeichensysteme.

Die neue Schrift nach DIN EN ISO 3098 hat keine im spitzen Winkel zusammenlaufenden Linien und eignet sich daher besser für die Mikroverfilmung.

Um diese Anforderungen zu erreichen, sind folgende Regeln zu beachten:

> Die Zeichen sollen sich klar voneinander abheben, um Verwechselungen zu vermeiden.

> Für die Lesbarkeit ist es erforderlich, dass der Abstand zwischen zwei benachbarten Linien oder der Zwischenraum zwischen Buchstoben und Ziffern mindestens das Zweifache der Linienbreite beträgt.

> Für Klein- und Großbuchstoben wird die gleiche Linienbreite angewandt.

> Die Nenngröße der Schriftzeichen ist die Höhe h der Großbuchstaben.

Vorwiegend wird die Schrif1form B vertikal angewendet, für das Beschriften von technischen Zeichnungen ist eben die vertikale Schriftform B zu bevorzugen.

4.4.2 Erstellen eines Grundblattes für Texteintragungen, Größe A4 Querformat

4.4.2.1 Voreinstellungen laden

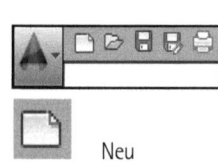

Neu

Laden Sie die neu erstellte Vorlagendatei über (1):

Neu / 2D-Grundblatt-Quer.dwt / Öffnen

Richten Sie das Blatt maximal auf dem Desktop aus.

Eingabe mit Tastatur (2):

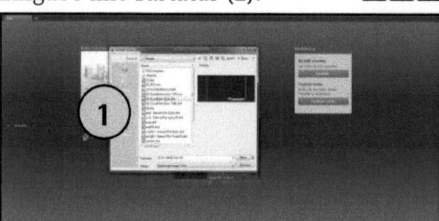
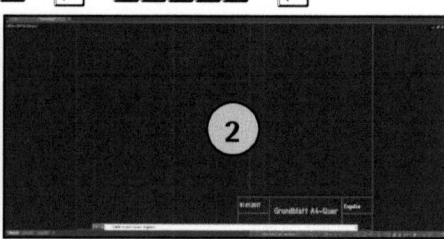

4.4.3 Das Grundblatt für Texteintragungen erstellen

4.4.3.1 Vorgaben:

- Erstellen Sie einen Kreis mit Mittelpunkt **50,140** mm, Radius **30** mm.
- Erstellen Sie einen Kreis mit Mittelpunkt **130,140** mm, Durchmesser **30** mm.
- Erstellen Sie ein Rechteck mit Startpunkt **50,40** mm und Endpunkt **100,70** mm.
- Erstellen Sie eine Linie mit Startpunkt **150,70** mm und Länge **90** mm in Richtung **0°**.
- Erstellen Sie ein Rechteck mit Startpunkt **165,110** mm, einer Länge **100** mm und einer Breite von **50** mm.

4.4.3.2 Kreis mit absoluten Koordinaten als Mittelpunkt, Radien-Eingabe

Kreis, Radius

von Punkt	5 0 , 1 4 0	⏎	
Radius	3 0	⏎	(1)

Kreis

4.4.3.3 Kreis mit absoluten Koordinaten als Mittelpunkt, Durchmesser-Eingabe

Kreis, Durchmesser

von Punkt	5 0 , 1 4 0	⏎	
Durchmesser	D		
Wert	3 0	⏎	(2)

Kreis

4.4.3.4 Rechteck mit absoluten Koordinaten, dazu Länge und Breite

Rechteck

Startpunkt	1 6 5 , 1 1 0	⏎
Abmessungen	A	⏎
Länge	1 0 0	⏎
Breite	5 0	⏎

Rechteck

Legen Sie die Lage des Rechtecks durch Klicken der gezeigten Position fest (3).

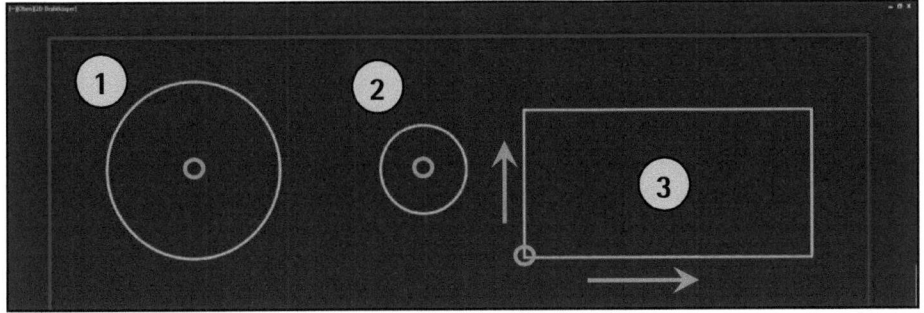

4.4.3.5 Rechteck mit absoluten Koordinaten als Endpunkte

Rechteck

Rechteck

Startpunkt   7 0 , 4 0   ⏎

Endpunkt   1 0 0 , 7 0   ⏎ (4)

4.4.3.6 Linien mit absoluten Start-Koordinaten, Länge 90 mm in Vektorrichtung 0°

Linie

Linie

von Punkt (1)   1 5 0 , 7 0   ⏎

Richtung **0°** mit Maus ziehen

Endpunkt (3)   9 0   ⏎ ⏎ (5)

Linie

Linie

von Punkt (1)   1 5 0 , 5 0   ⏎

Richtung **0°** mit Maus ziehen

Endpunkt (3)   9 0   ⏎ ⏎ (6)

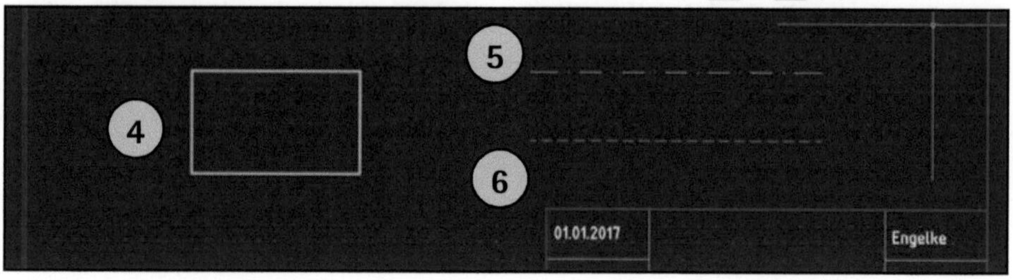

4.4.3.7 Layerzuweisung

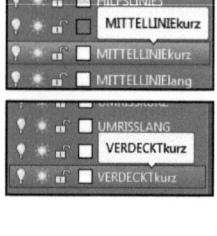

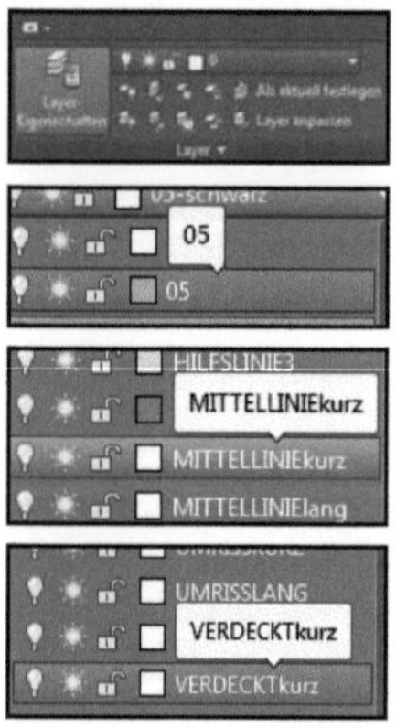

Die Layerzuweisung erfolgt entsprechend dem Unterkapitel **3.1.5**.

- Zuweisung für die oberen Elemente: Layer „**05**" (7).
- Zuweisung für das untere Rechteck: Layer „**05**" (8).
- Zuweisung für die obere Linie: Layer „**Mittellinienkurz**" (9).
- Zuweisung für die untere Linie: Layer „**Verdecktkurz**" (10).

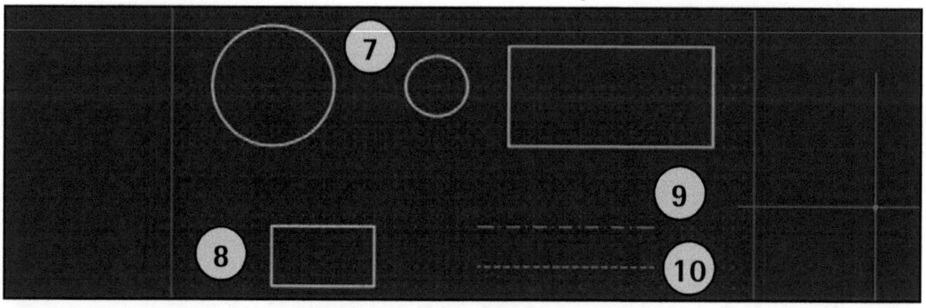

4.4.3.8 Datensicherung als Zeichnungsdatei

Speichern unter

Speichern unter (Schnellzugriff-Werkzeugkasten)

Tragen Sie einen gewünschten Namen ein, Schließen Sie mit **Speichern**.

4.4.4 Texteintragung im Schriftfeld, Absatztext

4.4.4.1 Löschen des vorhandenen Texteintrages

- Klicken Sie den vorhandenen Texteintrag an (1).
- Drücken Sie die **ENTF**-Taste.

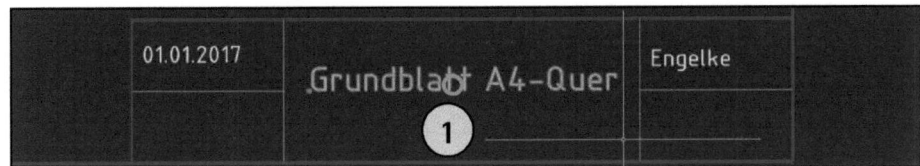

4.4.4.2 Texteinpassung Absatztext

 Absatztext

Wählen Sie die gezeigten Punkte durch Klicken (2, 3) um die Schreibfeld-größe zu definieren.
Tragen Sie den gewünschten, mehrzeiligen Text ein (4).
Schließen Sie den Texteditor über „**Texteditor schließen**".
Weisen Sie dem Text den Layer „**Text5mm**" zu (5).

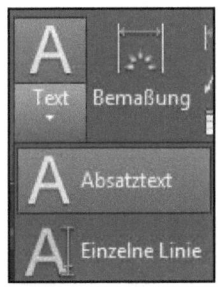

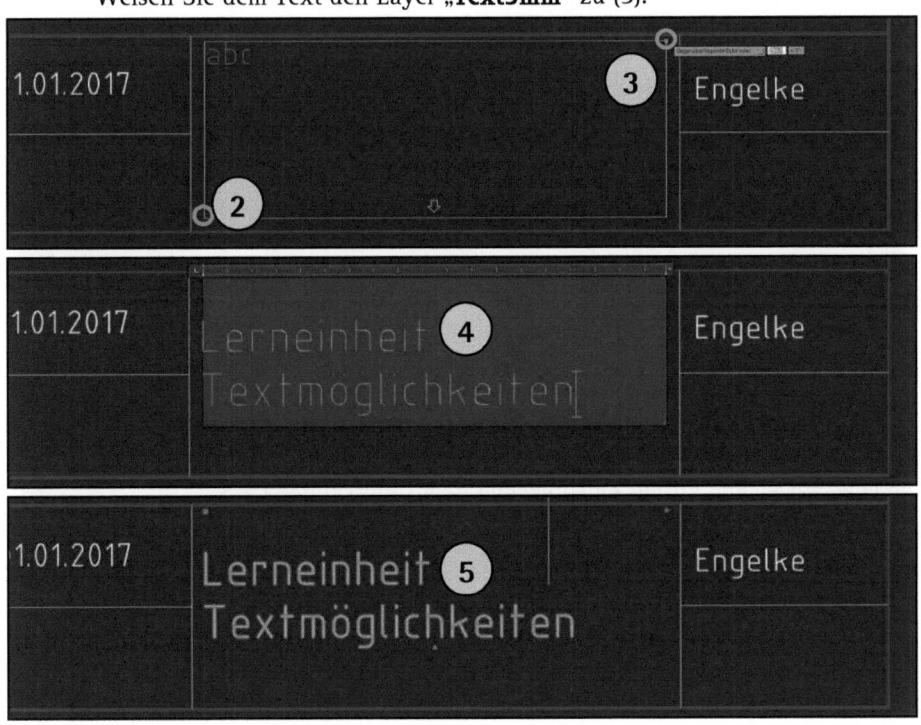

4.4.4.3 Datensicherung als Zeichnungsdatei

 Speichern unter (Schnellzugriff-Werkzeugkasten)

Tragen Sie einen gewünschten Namen ein.

Schließen Sie mit **Speichern**.

 Speichern unter

4.4.5 Texteintragung, einfache Eingabe der Texteinstellungen

Entgegen dem bisherigen Befehlsablauf wird der Textstartpunkt nicht eingegeben, sondern geklickt.

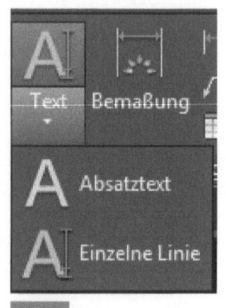

Text
einzeilige Linie

Text einzeilige Linie

Startpunkt (ungefähr Punkt 1 klicken)

3 . 5 ⏎   0 ⏎

Texteintrag mit Tastatur 5 0 , 7 0   ⏎
Startpunkt (ungefähr Punkt 2 klicken)

Texteintrag mit Tastatur 1 0 0 , 7 0   ⏎
Startpunkt (ungefähr Punkt 3 klicken)

Texteintrag mit Tastatur 5 0 , 4 0   ⏎
Startpunkt (ungefähr Punkt 4 klicken)

Texteintrag mit Tastatur 1 0 0 , 4 0   ⏎

Abschluss der verkürzten Texteingabe mit: ⏎

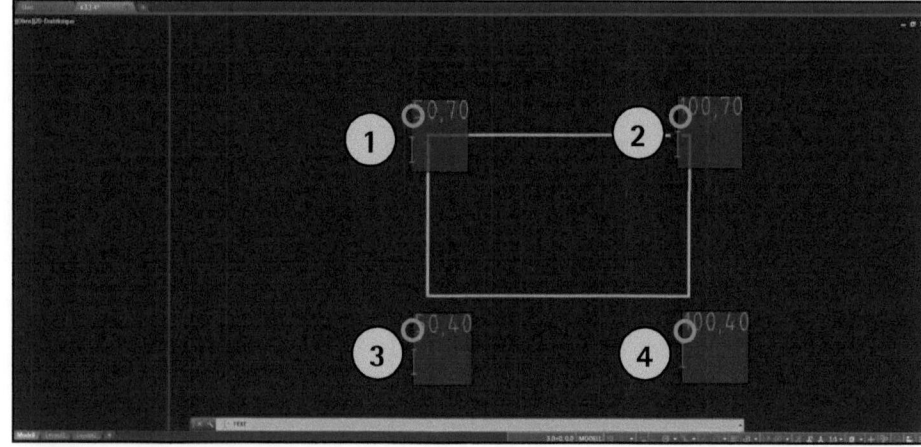

4.4.5.1 Layerzuweisung

Die Layerzuweisung erfolgt entsprechend dem Unterkapitel **3.1.5**.

- Zuweisung für Text in Höhe **3.5** mm: Layer „**Text3.5mm**" (5).

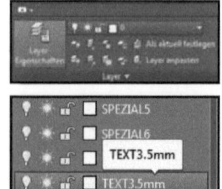

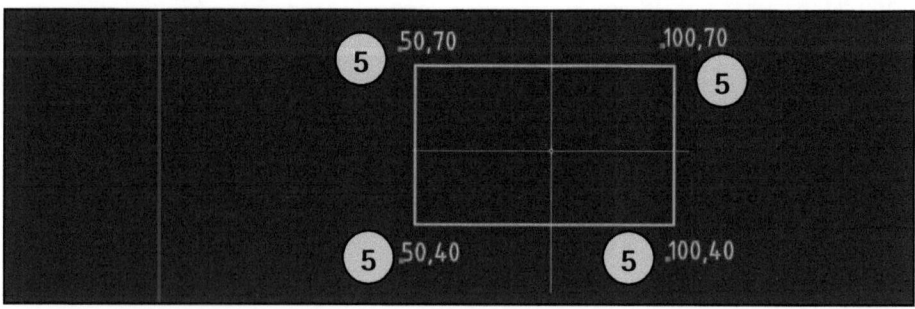

4.4.6 Zentrumspunkte und Mittellinien

4.4.6.1 Zentrumspunkte und Mittellinien, Grundlagen

Zentrumspunkte und Mittellinien sind Bemaßungsreferenzen auf Mittelpunkte von Bohrungen und Achsen von Symmetrien.
Zentrumspunkte und Mittellinien sind mit Objekten verknüpft. Wenn Sie die verknüpften Objekte verschieben oder ändern, werden die Zentrumspunkte und Mittellinien entsprechend angepasst. Sie können die Verknüpfung zwischen Zentrumspunkten und Mittellinien von Objekten trennen oder sie mit ausgewählten Objekten verknüpfen. Sie können einen Zentrumspunkt erstellen und damit angeben, wo sich der Mittelpunkt eines Kreises oder eines Bogens befindet.

4.4.6.2 Zentrumspunkte und Mittellinien, Erstellung

Mittelpunktmarkierung (Register **Beschriftung / Mittellinien**)
Wählen Sie den entsprechenden Kreis an (1).
Die Mittelachsen werden, mit zugewiesenem Layer, entsprechend Einstellungen aus Support-Unterkapitel **7.8.2** (Buch-DVD), automatisch gesetzt (2).

Mittelpunkt-markierung

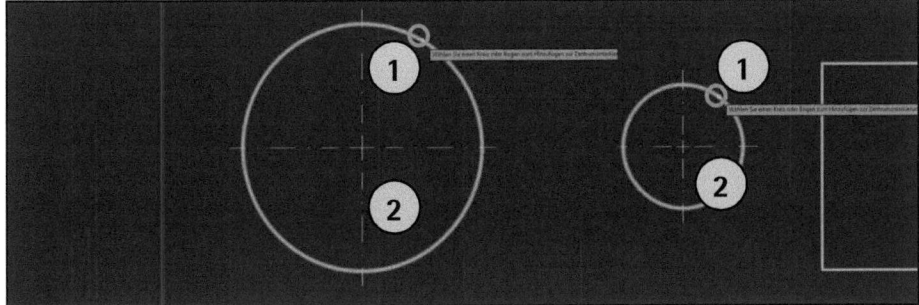

Mittellinie (Register **Beschriftung / Mittellinien**)
Wählen Sie nacheinander die gezeigten Linien an (3, 4).
Die Mittelachsen werden, mit entsprechenden Layer, entsprechend Einstellungen aus Unterkapitel **7.8.2**, gesetzt (5).

Mittellinie

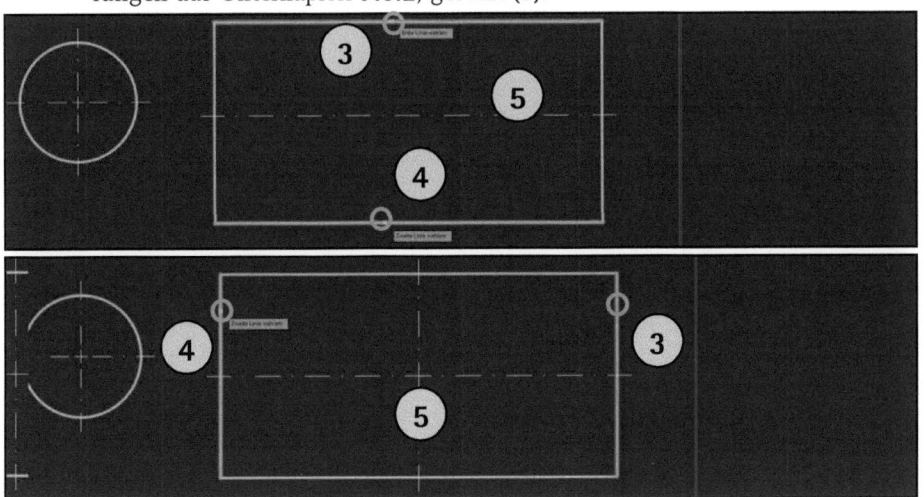

ID Punkt

4.4.7 Geometriedaten auslesen, Grundlagen

Der Befehl „**ID Punkt**" zeigt die BKS-Koordinaten einer angegebenen Position an.

„**ID Punkt**" führt die X-, Y- und Z-Werte des angegebenen Punktes auf und speichert die Koordinate dieses Punktes als letzten Punkt.

Sie können sich auf den letzten Punkt beziehen, indem Sie an der nächsten Eingabeaufforderung, an der Sie zur Eingabe eines Punkts aufgefordert werden, das Zeichen „**@**" eingeben.

Die Anzeige des Koordinatenwertes erscheint am Fadenkreuz und in der Befehlszeile.

4.4.7.1 Geometriedaten auslesen, Erstellung

 ID Punkt

ID Punkt (Register **Start** / **Dienstprogramme**)

Wählen Sie mit Objektfang den Kreis-„**Quadrant**" (1).

Die Anzeige des Koordinatenwertes erscheint am Fadenkreuz und in der Befehlszeile (2).

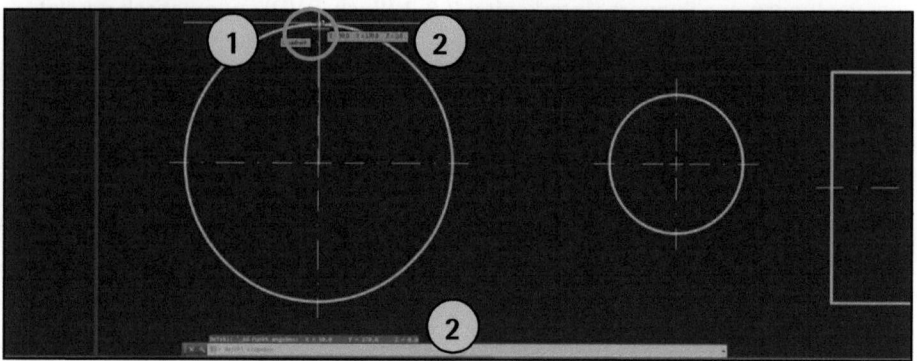

 ID Punkt

ID Punkt (Register **Start** / **Dienstprogramme**)

Wählen Sie mit Objektfang den Kreis-„**Mittelpunkt**" oder „**Zentrum**" (3).

Die Anzeige des Koordinatenwertes erscheint am Fadenkreuz und in der Befehlszeile (4).

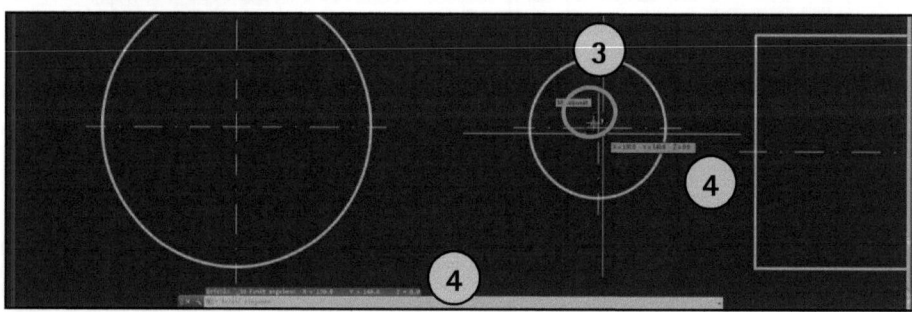

4.4.7.2 Texteintragungen aus dem Befehl „ID Punkt"

 Text einzeilige Linie

Startpunkt (ungefähr Punkt 5 klicken)

⌨ 3 . 5 ↵   ⌨ 0 ↵

Texteintrag mit Tastatur   ⌨ 5 0 , 1 7 0   ↵

Startpunkt (ungefähr Punkt 6 klicken)

Texteintrag mit Tastatur   ⌨ 1 3 0 , 1 4 0   ↵ ↵

Text
einzeilige Linie

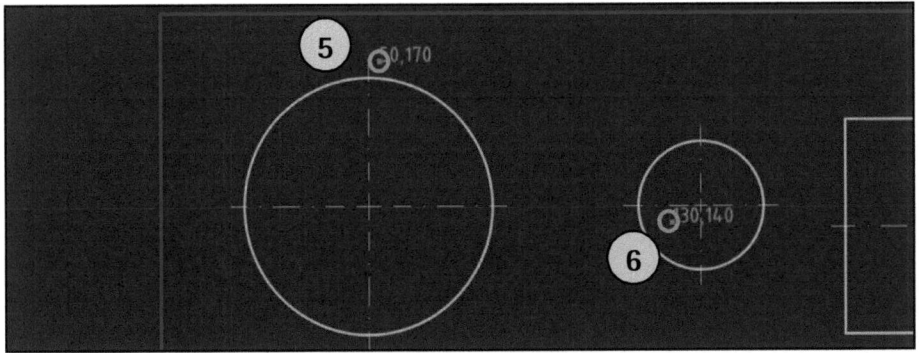

4.4.7.3 Layerzuweisung

Die Layerzuweisung erfolgt entsprechend dem Unterkapitel **3.1.5**.

- Zuweisung für Text in Höhe **3.5** mm: Layer „**Text3.5mm**" (7).

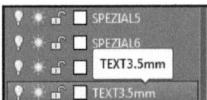

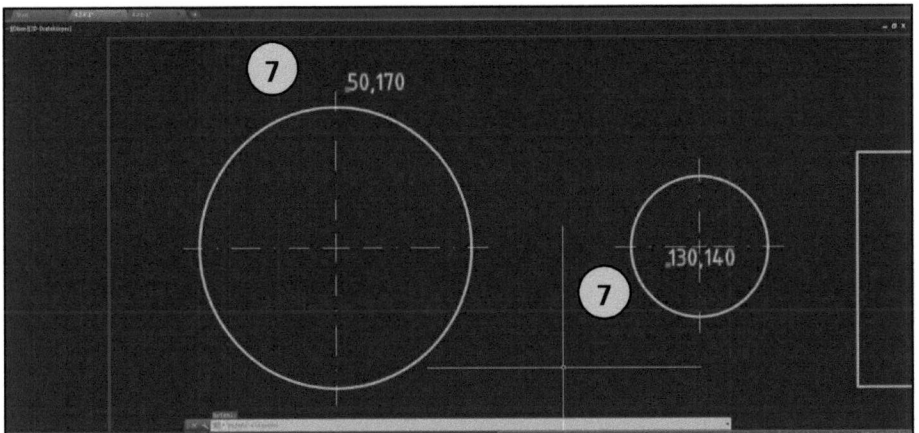

4.4.8 Datensicherung als Zeichnungsdatei und Ausgabe auf dem Systemdrucker

4.4.8.1 Datensicherung als Zeichnungsdatei

Speichern
unter

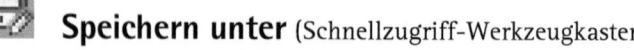

Speichern unter (Schnellzugriff-Werkzeugkasten)

Tragen Sie einen gewünschten Namen ein.

Schließen Sie mit **Speichern**.

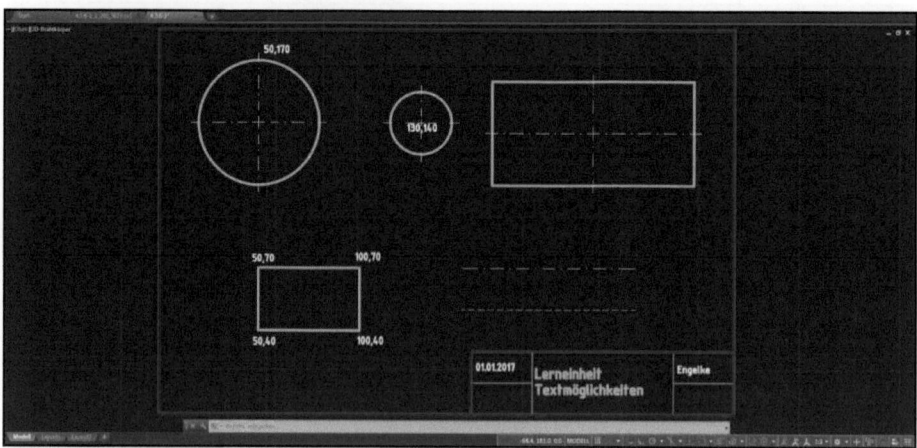

4.4.8.2 Zeichnungsausgabe auf dem Systemdrucker

Plot

Klicken Sie in das Feld „**Seiteneinrichtung**", wählen Sie „**A4-Querformat**".

Die Einstellungen für die Seiteneinrichtung sind bereits, entsprechend **Support-Kapitel 7 Unterkapitel 7-10 Buch-DVD**, eingetragen worden.

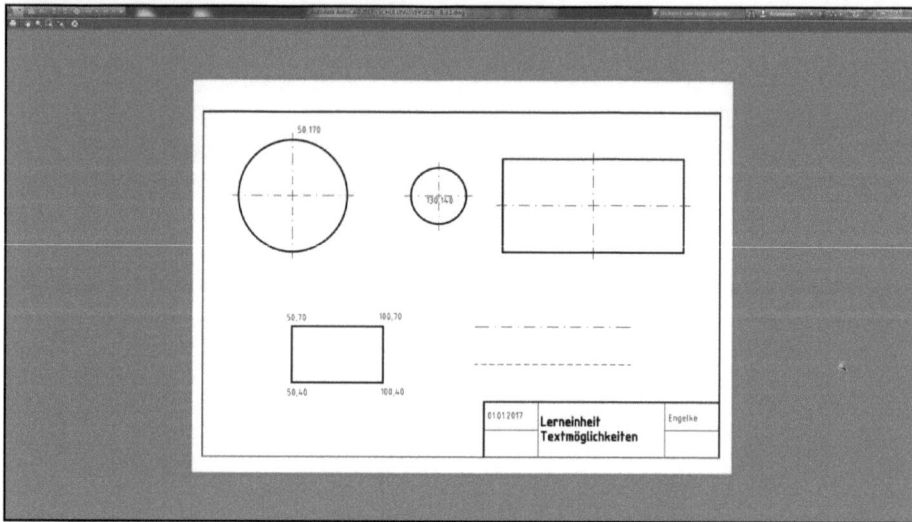

Lernsituation VII

Schraffur-Darstellungen
nach DIN ISO 128-50

Beschreibung:

Erstellen Sie geschlossene Flächen oder ausgewählte Objekte mit einem Schraffurmuster, einer kompakten Füllung oder einer Abstufungsfüllung.

Im Schnitt dargestellt werden Werkstücke mit Bohrungen und Durchbrüchen, damit man die innere Form klar erkennen kann. Man denkt sich bei der Schnittdarstellung einen Teil des Werkstückes weggeschnitten. Die durch den Schnitt sichtbar werdenden inneren Körperkanten sind als breite Volllinien zu zeichnen. Dort, wo der gedachte Schnitt durch den Werkstoffführt, sind die Flächen zu schraffieren

4.5 Schraffur-Darstellungen nach DIN ISO 128-50

4.5.1 Schraffur-Darstellungen, Grundlagen

Eine **Schraffur** (italienisch sgraffiare, „kratzen") ist die Gesamtheit vieler feiner, gerader, paralleler Linien, die in Zeichnungen, Plänen, Karten oder Illustrationen eine Fläche herausheben.

In der Kunst wird die Technik der Schraffur verwendet, um mittels eng aneinandergesetzter Linien Grauwerte, Farbtöne und Schattierungen darzustellen. Neben der einfachen parallelen Schraffur wird hier auch häufig die Technik der Kreuzschraffur verwendet. Über eine erste Lage von parallelen Strichen wird eine zweite Lage derart gezeichnet, dass sich die Linien in einem Winkel kreuzen. Einer der ersten, die die Kreuzschraffur beim Kupferstich verwendete, war der um 1450 lebende Kupferstecher „Meister E.S", von dem fast nichts überliefert worden ist.

In der Heraldik dienen heraldische Schraffuren anhand von Punkten und Strichen zur Darstellung von heraldischen Tinkturen bei schwarz-weißen Bildern von Wappen.

4.5.2 Schraffur-Darstellungen nach DIN ISO 128-50

Im Schnitt dargestellt werden Werkstücke mit Bohrungen und Durchbrüchen, damit man die innere Form klar erkennen kann. Man denkt sich bei der Schnittdarstellung einen Teil des Werkstückes weggeschnitten. Die durch den Schnitt sichtbar werdenden inneren Körperkanten sind als breite Volllinien zu zeichnen. Dort, wo der gedachte Schnitt durch den Werkstoffführt, sind die Flächen zu schraffieren, Hohlräume dagegen nicht.

Die Schraffurlinien werden durch parallel laufende schmale Volllinien unter 45° zu den Hauptumrissen oder zur Symmetrieachse in gleichmäßigem Abstand gezeichnet. Der Abstand der Schraffurlinien hängt von der Größe der Werkstücke und dem Maßstab ab und sollte nicht zu eng gewählt werden. Treffen Schnittflächen mehrerer Teile zusammen, so sind die Schraffurlinien der verschiedenen Schnittflächen entgegengesetzt unter 45° bzw. -45° und der Abstand außerdem entsprechend enger bzw. weiter zu zeichnen.

Bei Maßzahlen und Beschriftungen sind die Schraffurlinien zu unterbrechen.

Schmale Schnittflächen werden voll geschwärzt gezeichnet.

4.5.2.1 Schraffur-Darstellungen nach DIN ISO 128-50, Auszug

Schraffuren nach DIN ISO 128-50 werden nur dann zur Kennzeichnung der verschiedenen Werkstoffe angewendet, wenn dadurch die Werkstoffarten besser erkennbar sind, das entbindet jedoch nicht von der genauen Angabe der Werkstoffe in Schriftfeld und Stückliste.

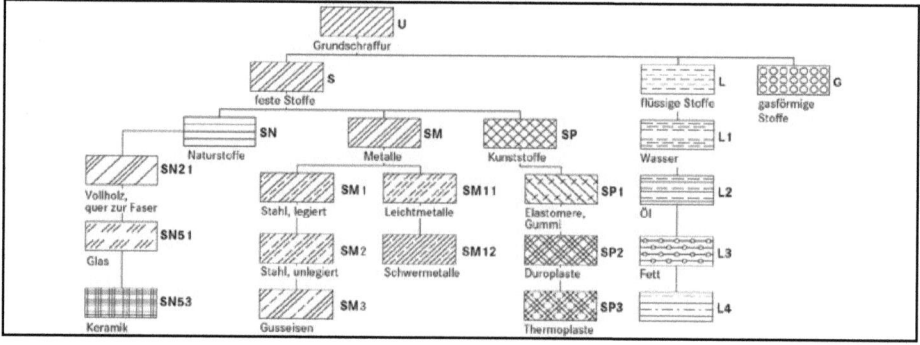

4.5.3 Schraffuren und Füllungen mit AutoCAD

Sie können vorhandene Objekte oder geschlossene Bereiche mit Schraffurmustern, kompakten Farbfüllungen oder Abstufungen füllen oder neue Schraffurobjekte erstellen.

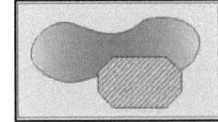

4.5.3.1 Schraffuren und Füllungen mit AutoCAD, Optionen

Wählen Sie unter folgenden Optionen aus:

Vordefinierte Schraffurmuster:

Es stehen über 70 Schraffurmuster zur Verfügung, die ANSI, ISO und anderen Industriestandards entsprechen. Sie können auch Schraffurmuster-Bibliotheken von anderen Unternehmen hinzufügen.

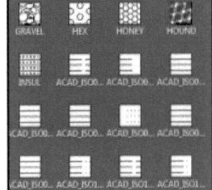

Benutzerdefinierte Schraffurmuster:

Definieren Sie Ihre eigenen Schraffurmuster auf der Grundlage des aktuellen Linientyps, mit Abstand, Winkel, Farbe und anderen Eigenschaften, die Sie festlegen. Schraffurmuster werden in den Dateien „**acad.pat**" und „**acadiso.pat**" definiert. Sie können benutzerdefinierte Schraffurmusterdefinitionen zu diesen Dateien hinzufügen.

Flächenfüllung:

Füllen Sie eine Fläche mit einer kompakten Farbe, Mustertyp „**Solid**".

Abstufungsfüllung:

Füllt eine geschlossene Fläche mit einer abgestuften Farbe. Abstufungen können auf eine Tönung, eine Farbe gemischt mit Weiß, eine Schattierung, eine Farbe gemischt mit Schwarz, oder einen nahtlosen Übergang zwischen zwei Farben angewendet werden.

4.5.3.2 Schraffur-Umgrenzungen und Assoziativität

Vorgabemäßig sind umgrenzte Schraffuren assoziativ, was bedeutet, dass das Schraffurobjekt den Schraffurumgrenzungen zugeordnet ist und Änderungen der Umgrenzungen automatisch auf die Schraffur angewendet werden. Schraffurassoziativität ist vorgabemäßig aktiviert und wird durch die Systemvariable „**HPASSOC**" gesteuert. Sie können die Assoziativität einer Schraffur mit der Schaltfläche „**Verbinden**" in der Palette „**Optionen**", der Eigenschaftenpalette oder im Dialogfeld „**Schraffur**" bearbeiten.

4.5.3.3 Schraffurinseln

Geschlossene Flächen oder Textobjekte innerhalb von Umgrenzungen werden als Inseln behandelt. Wenn Sie den internen Auswahlpunkt angeben, bleiben die Inseln bei der normalen Inselerkennung unschraffiert, während die Inseln innerhalb der Inseln schraffiert werden. Bei Verwenden des gleichen Auswahlpunkts werden die Ergebnisse der Optionen unten verglichen.

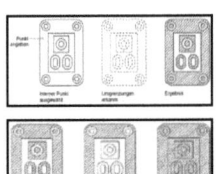

4.5.3.4 Schraffur-Darstellung, die Multifunktionsleiste

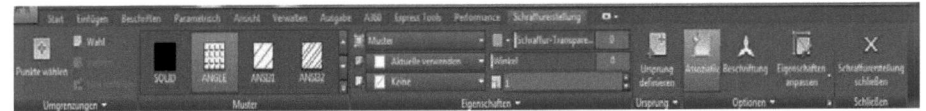

4.5.4 Voreinstellungen laden

Laden Sie die neu erstellte Vorlagendatei über (1):

Neu / 2D-Grundblatt-Quer.dwt / Öffnen

Richten Sie das Blatt maximal auf dem Desktop aus.

Eingabe mit Tastatur (2): Z O O M ⏎ A L L E S ⏎

Neu

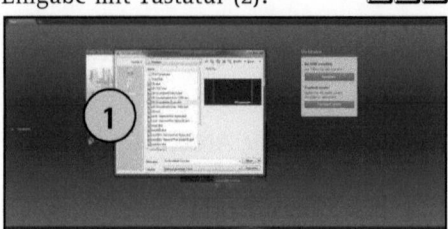

4.5.5 Das Grundblatt, für die Schraffur-Möglichkeiten, erstellen

Rechteck

Rechteck

Startpunkt	2 0 , 2 5	⏎	Endpunkt	1 2 0 , 1 3 5	⏎	(3)
Startpunkt	9 5 , 8 5	⏎	Endpunkt	2 0 5 , 1 5 5	⏎	(4)
Startpunkt	1 8 5 , 8 5	⏎	Endpunkt	2 6 0 , 1 7 5	⏎	(5)

Text
einzeilige Linie

Text einzeilige Linie Eingabe mit Tastatur:

2 3 0 , 1 6 0 ⏎   3 . 5 ⏎   0 ⏎

Tragen Sie den Text S C H R A F F U R I N S E L ein (6).

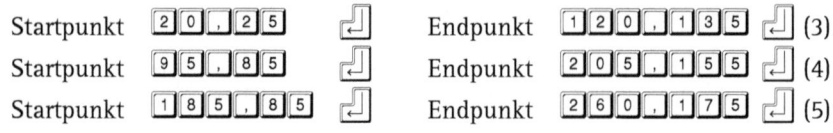

- Löschen Sie den eingetragenen Schriftfeldtext (7).

Absatztext

Absatztext

Tragen Sie den gewünschten, mehrzeiligen Text ein (8).
(entsprechend Unterkapitel **4.4.4.2**)

Die Layerzuweisung erfolgt entsprechend dem Unterkapitel **3.1.5**.

- Weisen Sie den Linien den Layer „**05**" zu (9).
- Weisen Sie den Texteintragungen den Layer „**Text5mm**" zu (10).

4.5.6 Die Schraffur-Erstellung

4.5.6.1 Vordefinierte Schraffurmuster

- Klicken Sie auf die „**Layerbox**" und aktivieren Sie den Layer „**Schraffur**" durch Klicken.

 Schraffur

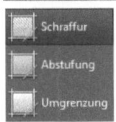

Einstellungen:

Musterauswahl: **Kompakt**

Schraffurmuster-Skalierung: **1**
(ISO und ANSI-Standard verlangen unterschiedliche Faktoren)

Umgrenzungen; **Assoziativ**

Schraffurmuster: **ANSI31**

Inselerkennung: **Normale Inselerkennung**

Schraffurplatzierung: **hinter Umgrenzung stellen**

Schraffurfarbe: **Vonlayer**

Internen Punkt wählen, ca. **150, 125** klicken (11).

Abschluss mit:

 Schraffur

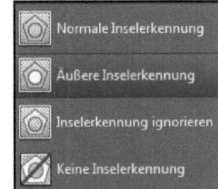

Schraffurtyp

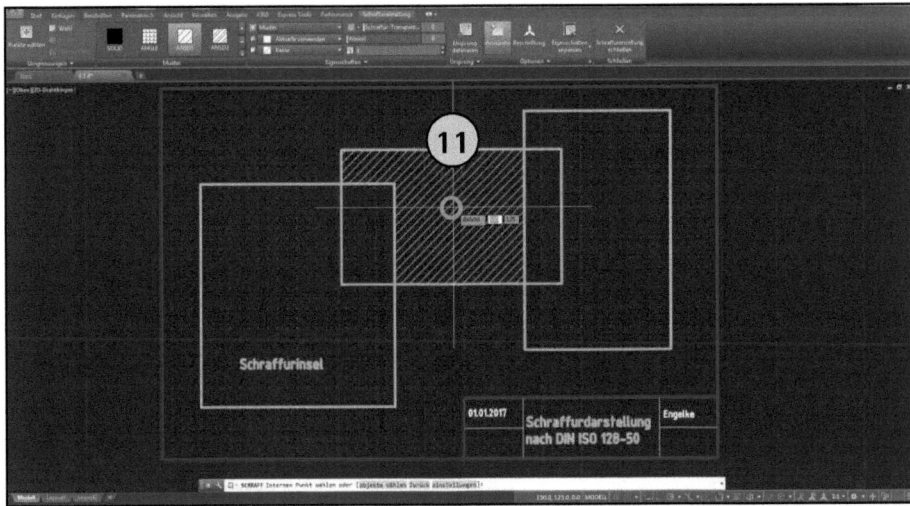

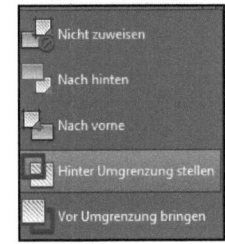

Schraffur

205,32,39

4.5.6.2 Flächenfüllung

Schraffur

Einstellungen, wie vorher nur:

Schraffurfarbe, wahlweise: **205,32,39**

Interne Punkte wählen, ca. **104, 123** (12) und **195, 127** (13) klicken.

Abschluss mit:

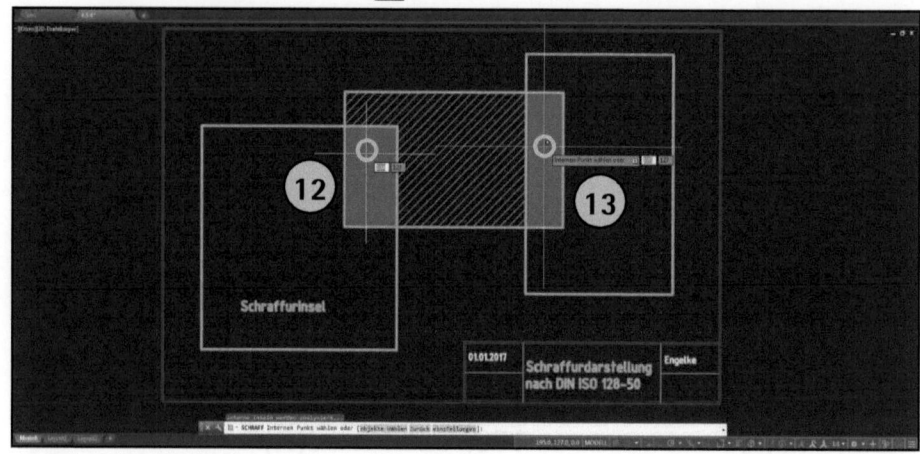

4.5.6.3 Abstufungsfüllung

Abstufung

Schraffur-
Muster

Abstufung

Einstellungen, wie vorher nur:

Schraffurmuster: **GR_CYLIN**

Interne Punkt wählen, ca. **223, 123** klicken (14).

Abschluss mit:

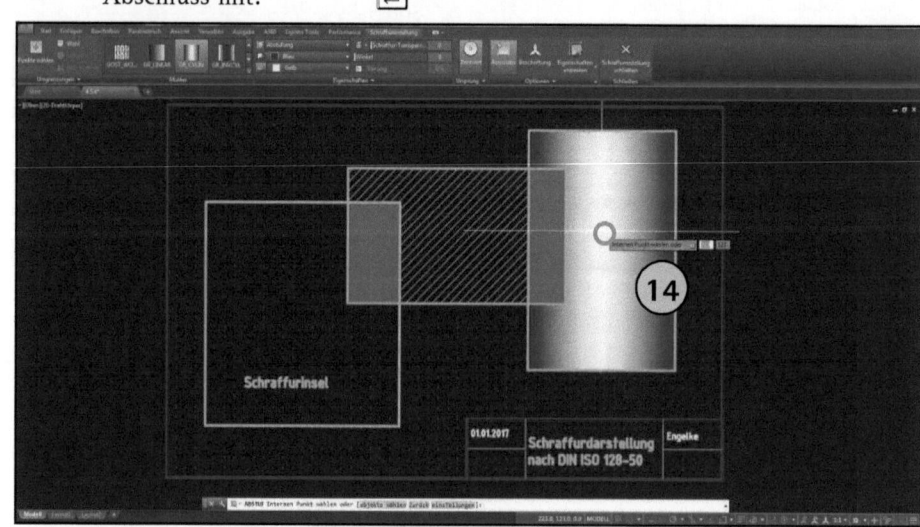

4.5.6.4 Schraffur-Inseln

Schraffur

Einstellungen, wie vorher nur:

Schraffurmuster: **AR-B816**

Schraffurmuster-Skalierung: **0,01**
(ISO und ANSI-Standard verlangen unterschiedliche Faktoren)

Interne Punkt wählen, ca. **51, 113** klicken (15).

Abschluss mit:

Schraffur

Schraffur-
Muster

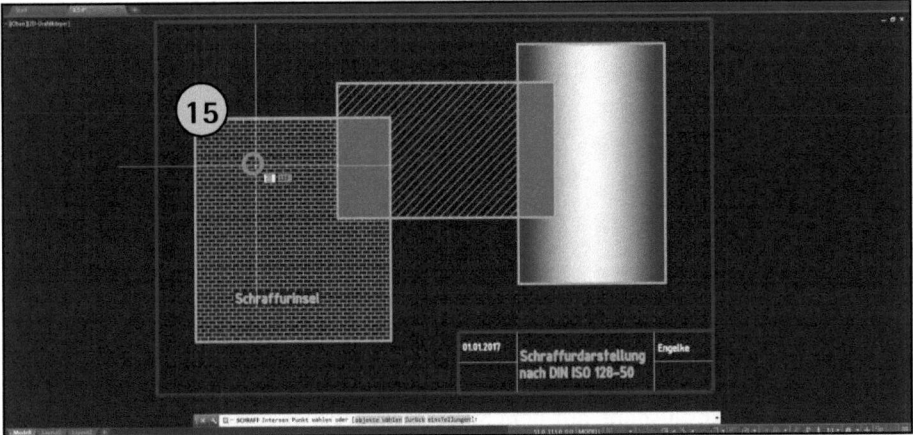

Die Schraffur bildet auf der gewählten Fläche automatisch um die Beschriftung eine
Inselfläche ohne Schraffur (16).

4.5.7 Datensicherung als Zeichnungsdatei und Ausgabe auf dem Systemdrucker

4.5.7.1 Datensicherung als Zeichnungsdatei

Speichern unter

Speichern unter (Schnellzugriff-Werkzeugkasten)

Tragen Sie einen gewünschten Namen ein.

Schließen Sie mit **Speichern**.

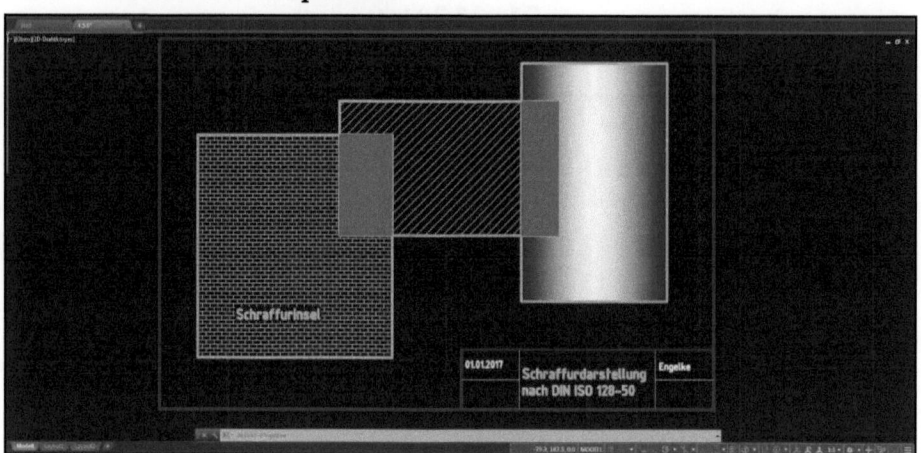

4.5.7.2 Zeichnungsausgabe auf dem Systemdrucker

Plot

Klicken Sie in das Feld „**Seiteneinrichtung**", wählen Sie „**A4-Querformat**".

Die Einstellungen für die Seiteneinrichtung sind bereits, entsprechend **Support-Kapitel 7 Unterkapitel 7-10 Buch-DVD**, eingetragen worden.

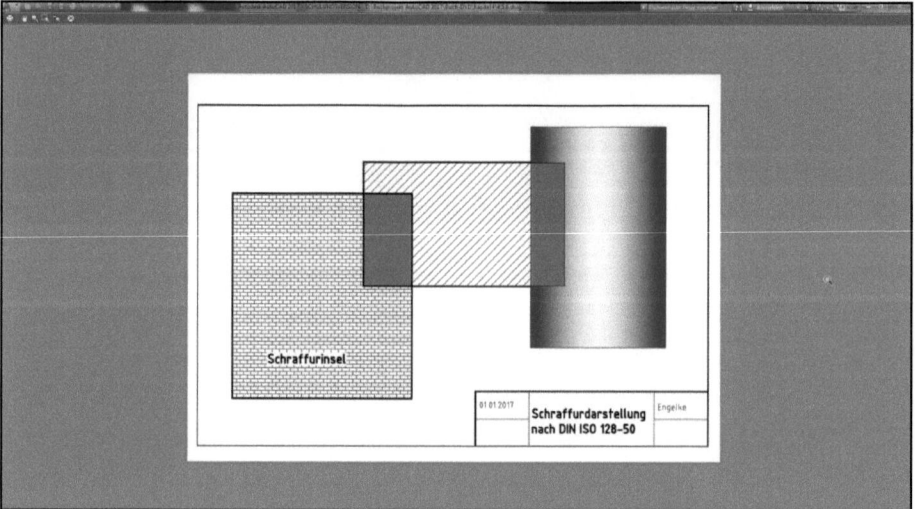

Lernsituation VIII

Maßeintragungen, verschiedene Aufgabenstellungen

Beschreibung:

Die Lernsituation soll nur die Maßeintragungs-Problematik darstellen und eine Einführung bieten.

Die DIN 406 Blatt 10 bis 13 erläutert die Grundlagen der Maßeintragung wie Maßarten, Elemente, Symbole und Systeme der Maßeintragung.

Eine funktionsbezogene Maßeintragung liegt vor, wenn die Auswahl, Eintragung und Tolerierung der Maße nach den Gesichtspunkten des funktionellen und reibungslosen Zusammenwirkens aller Teile eines Erzeugnisses vorgenommen wird.

Für die Darstellung der Beschriftungen ist eine Reihe von bestimmenden Normen einzuhalten.

Auch hier wird die Beschriftung entsprechend **DIN EN ISO 3098-2**, **vertikale Schriftform B** ausgeführt, und die Norm **Linien auf Layern nach DIN ISO 128-20/21/24** mit Liniengruppe 0,5mm, die daraus resultierende Schrifthöhe von 3,5 mm und der Linienbreite von 0,35mm.

.

4.6   Multi-Führungslinien

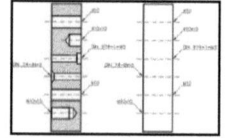

4.6.1   Hinweislinien, nach DIN 406 und DIN ISO 128-22, Grundlagen

4.6.1.1   Hinweislinien

Hinweislinien zum Eintragen von Maßen sind als schmale Volllinien schräg aus dem Bauteil zu ziehen und enden mit einem Pfeil an einer Körperkante oder mit einem Punkt in einer Fläche und ohne Begrenzung an allen anderen Linien, wie z. B. Maßlinien und Mittellinien.

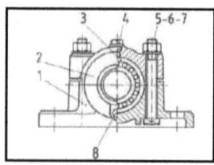

Um technische Zeichnungen zu vereinfachen, müssen die Hinweislinien auf der Seite, von der gefertigt werden soll, liegen und mit einem schmalen Pfeil (15°) auf die Mittellinie der zu bemaßenden Bohrung zeigen. Tiefenangaben können hinter die Bohrungsangaben geschrieben werden, damit man sich eine zweite Bemaßung sparen kann.

4.6.1.2   Hinweislinien für Positionsnummern

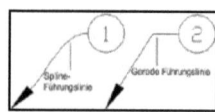

Jedes Bauteil in einer technischen Zeichnung kann mittels einer Positionsnummer über die Stückliste zugeordnet werden. Für Positionsnummern gilt die Norm DIN ISO 6433 und bezeichnet die jeweilige Baugruppe, welcher der Bauteil und die Unterbaugruppe zugeordnet sind.

Die Positionsnummer eines jeden Bauteils wird erkennbar gemacht, indem sie in der Baugruppenzeichnung den Bauteilen mithilfe von Hinweislinien und Positionsnummer-Symbolen zugewiesen wird. Jene Hinweislinien können am Ende mit einem Pfeilsymbol oder einem Punktsymbol versehen sein.

4.6.2   Multi-Führungslinien, AutoCAD-Grundlagen

Sie können von jedem Punkt oder Zeichnungselement aus eine Führungslinie erstellen und deren Aussehen während der Zeichensitzung steuern. Führungslinien können Segmente mit geraden Linien oder geglätteten Splines sein.

Ein Multi-Führungslinien-Objekt beinhaltet eine Führungslinie und eine Anmerkung. Es kann mit Pfeilspitze zuerst, Fuß zuerst oder Inhalt zuerst erstellt werden. Wurde ein Multi-Führungslinienstil verwendet, kann die Multi-Führungslinie anhand dieses Stils erstellt werden.

Multi-Führungslinienobjekte können mehrere Führungslinien enthalten, von denen jede mehrere Segmente umfasst, sodass eine Anmerkung auf mehrere Punkte in Ihrer Zeichnung verweisen kann Die Eigenschaften von Führungsliniensegmenten können Sie in der Palette Eigenschaften ändern.

Beschriftungsbezogene Multi-Führungslinien, die mehrere Führungsliniensegmente enthalten, können in jeder Maßstabsdarstellung unterschiedliche Kopfpunkte haben. Horizontale Verlängerungen und Pfeilspitzen können je nach Maßstabsdarstellung unterschiedlich groß sein, und Verlängerungslücken können unterschiedliche Abstände aufweisen. Das Erscheinungsbild der horizontalen Verlängerung innerhalb einer Multi-Führungslinie sowie der Typ der Führungslinie und die Anzahl der Führungsliniensegmente bleiben in allen Maßstabsdarstellungen unverändert

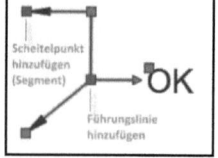

Griffmenüs werden angezeigt, wenn Sie den Cursor über die Pfeilspitze und die Führungsliniengriffe bewegen. Über diese Menüs können Sie Führungsliniensegmente oder zusätzliche Führungslinien hinzufügen

4.6.3 Voreinstellungen laden

Laden Sie die neu erstellte Vorlagendatei über:

Neu / 2D-Grundblatt-Quer.dwt / Öffnen

Richten Sie das Blatt maximal auf dem Desktop aus.

Eingabe mit Tastatur:

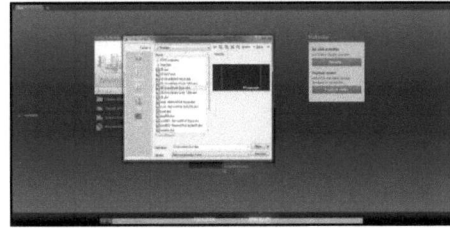 

4.6.4 Das Grundblatt, für die Multi-Führungslinien, erstellen

 Rechteck

 Rechteck

$\boxed{8}\boxed{0}\boxed{,}\boxed{8}\boxed{0}$ ↵ (1) $\boxed{A}$ ↵

$\boxed{1}\boxed{0}\boxed{0}$ ↵ $\boxed{5}\boxed{0}$ ↵ (2, 3)

Die Lage des Rechtecks festlegen durch Klicken der gewünschten Position.

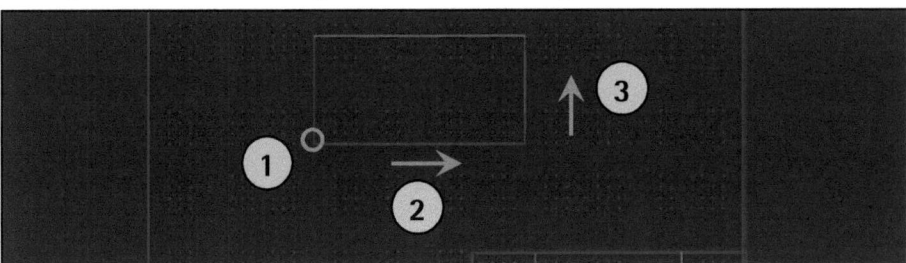

 Kreis

 Kreis

$\boxed{8}\boxed{0}\boxed{,}\boxed{1}\boxed{3}\boxed{0}$ ↵ $\boxed{5}$ ↵ (4)

 Kreis

 Kreis

$\boxed{1}\boxed{8}\boxed{0}\boxed{,}\boxed{8}\boxed{0}$ ↵ $\boxed{5}$ ↵ (5)

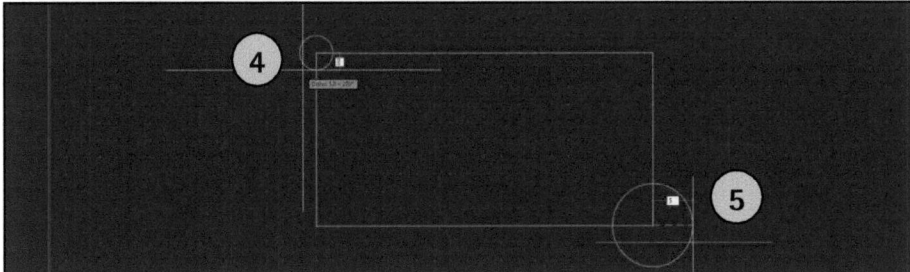

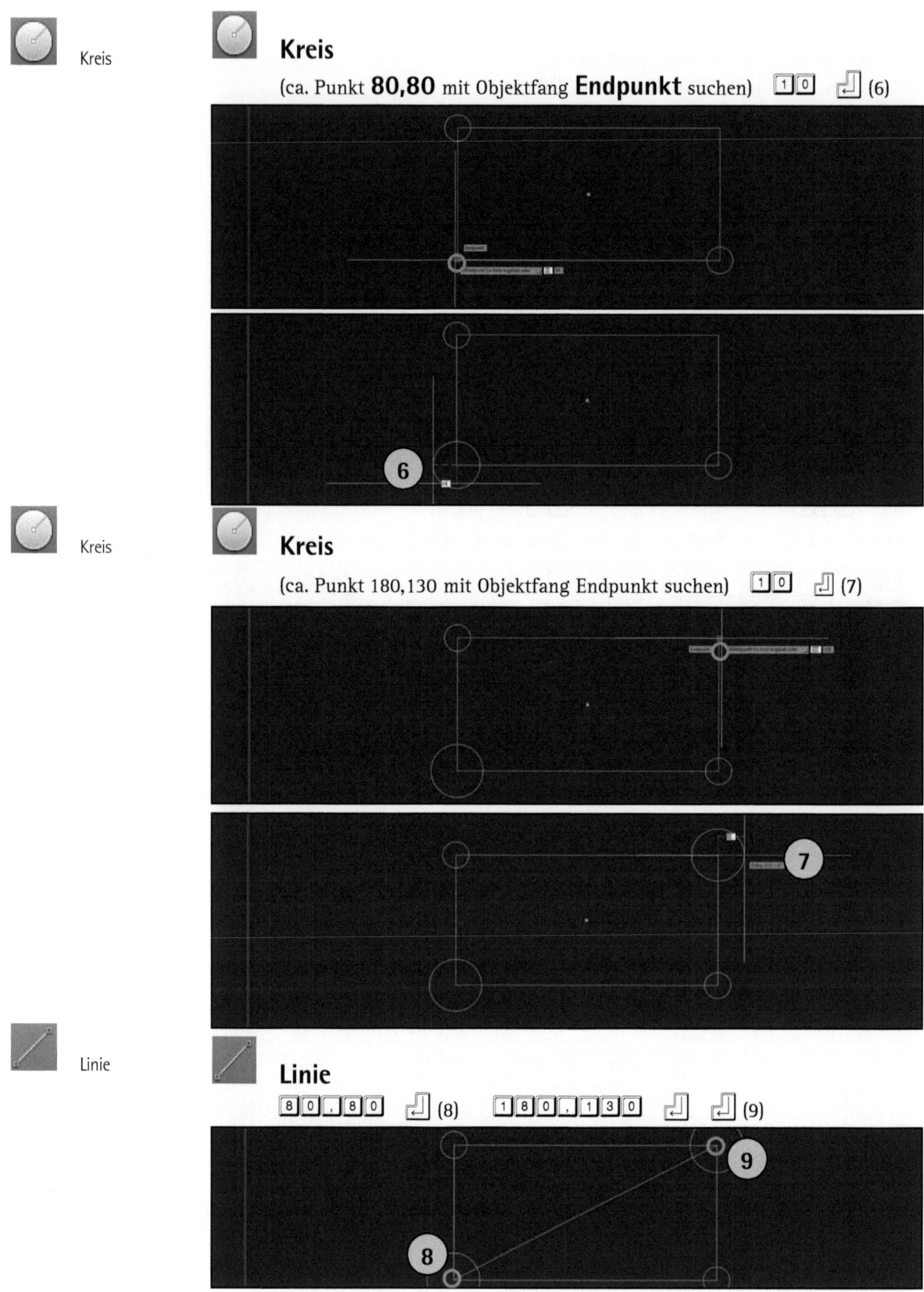

Kreis

Kreis

(ca. Punkt **80,80** mit Objektfang **Endpunkt** suchen) ⊞⊡ ⏎ (6)

Kreis

Kreis

(ca. Punkt 180,130 mit Objektfang Endpunkt suchen) ⊞⊡ ⏎ (7)

Linie

Linie

⊞⊡,⊞⊡ ⏎ (8)   ⊞⊞⊡,⊞⊞⊡ ⏎ ⏎ (9)

Linie

 Linie

(ca. Punkt **180,130** mit Objektfang **Endpunkt** suchen) (10)

(den Endpunkt mit Objektfang **Endpunkt** suchen) (11)

Abschluss mit ⏎

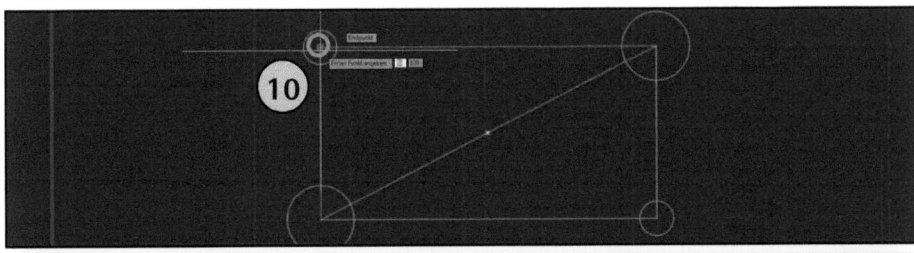

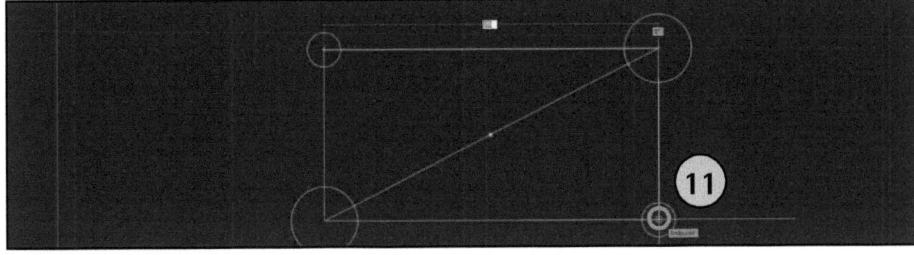

 ## Kreis

 Kreis

(Mittelpunkt mit Objektfang **Mittelpunkt** suchen) (12)

⌷2⌷⌷5⌷ ⏎ (13)

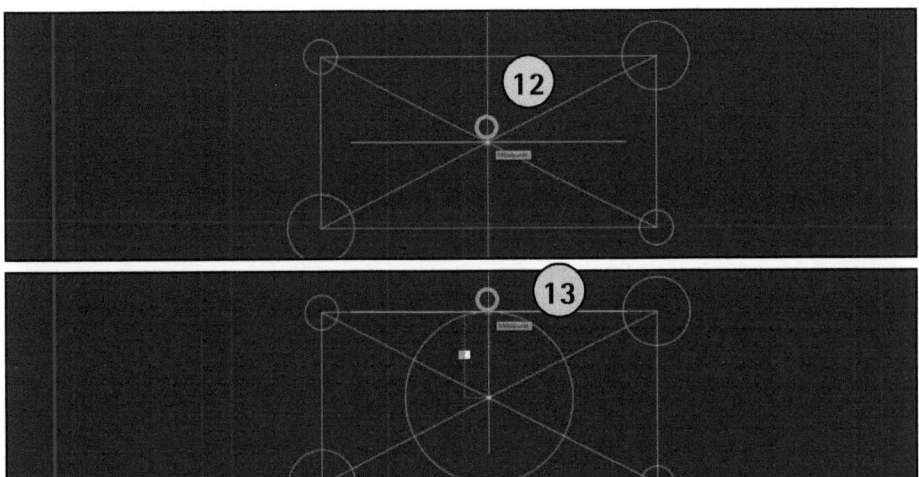

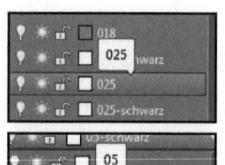

4.6.4.1 Layerzuweisung

Die Layerzuweisung erfolgt entsprechend dem Unterkapitel **3.1.5**.

- Weisen Sie den schmalen Linien den Layer „**025**" zu (14).
- Weisen Sie den breiten Linien den Layer „**05**" zu (15).

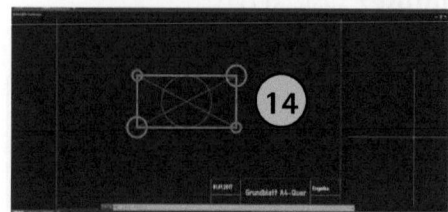 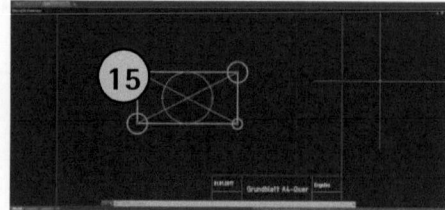

4.6.4.2 Benennung im Schriftfeld

- Löschen Sie den eingetragenen Schriftfeldtext (7).

Absatztext

Absatztext

Tragen Sie den gewünschten, mehrzeiligen Text ein (16).
(entsprechend Unterkapitel **4.4.4.2**)

- Weisen Sie dem Text in Höhe **5** mm den Layer „**Text5mm**" (17).

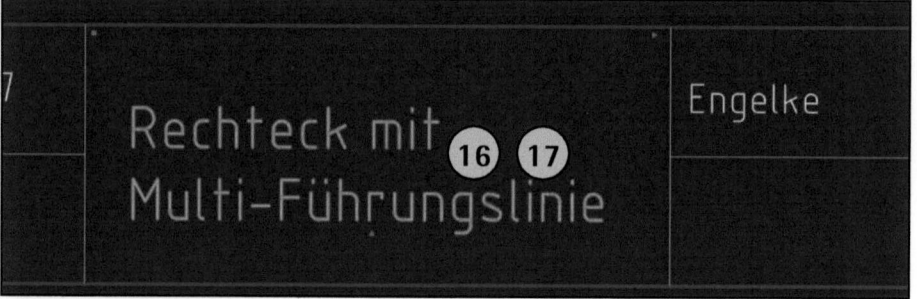

4.6.5 Datensicherung als Zeichnungsdatei

Speichern unter

Speichern unter (Schnellzugriff-Werkzeugkasten)

Tragen Sie einen gewünschten Namen ein.
Schließen Sie mit **Speichern**.

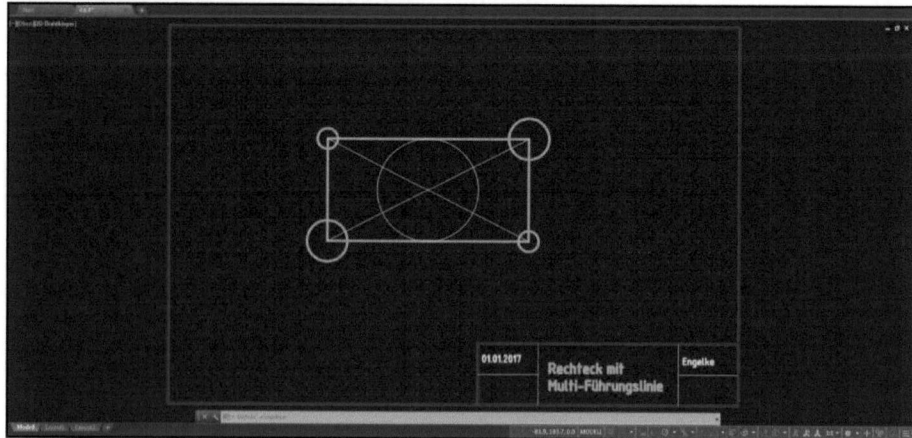

4.6.6 Texteintragungen mit Multi-Führungslinie

4.6.6.1 Texteintragungen mit Multi-Führungslinie, rechtwinklige Lage

Multi-Führungslinie (Register **Text**)
Startpunkt

(ca. Punkt **130,105** mit Objektfang **Mittelpunkt** suchen) (1)

Nächster Punkt (ungefähr Punkt 2 klicken)

(in das Textfenster eingeben) ⌈1⌉⌈3⌉⌈0⌉⌈.⌉⌈1⌉⌈2⌉⌈0⌉ (3)

Schließen Sie den Texteditor über „**Texteditor schließen**".

Multi-
Führungslinie

Schließen

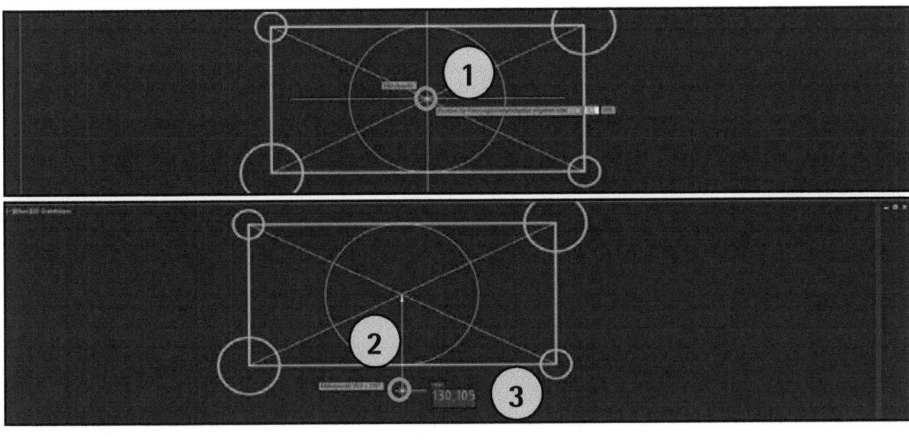

4.6.6.2 Texteintragungen mit Multi-Führungslinie, schräge Anordnung

Multi-Führungslinie (Register „**Text**")
Startpunkt (ca. Punkt **130,105** mit Objektfang **Mittelpunkt**) (4)

(Ortho-Modus **AUS**) mit Taste ⌈F8⌉

Nächster Punkt (ungefähr Punkt 5 klicken)

(in das Textfenster eingeben) ⌈1⌉⌈8⌉⌈0⌉⌈.⌉⌈1⌉⌈3⌉⌈0⌉ (6)

Schließen Sie den Texteditor über „**Texteditor schließen**".

Der Orthogonal-Modus wird mit Taste ⌈F8⌉ wieder eingeschaltet.

Multi-
Führungslinie

Schließen

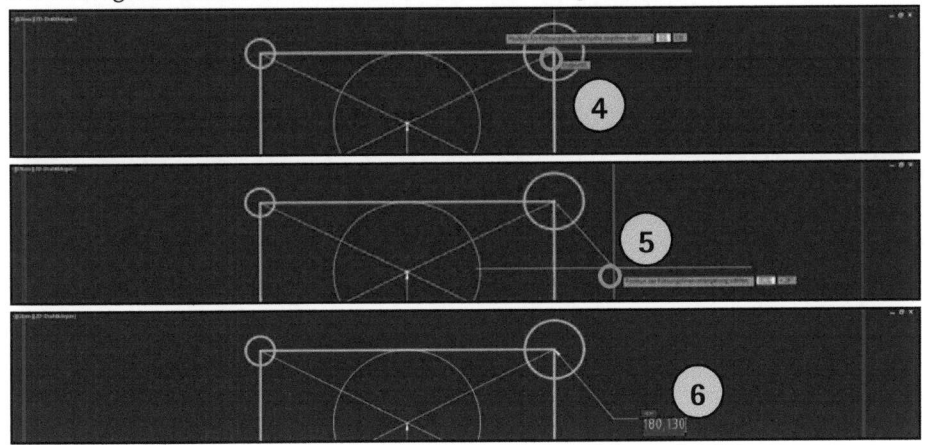

4.6.6.3 Texteintragungen mit Multi-Führungslinie, Durchmesser-Eingabe

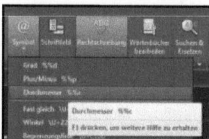

Multi-
Führungslinie

Multi-Führungslinie (Register „**Text**")

Startpunkt (ca. Punkt **80,70** mit Objektfang **Quadrant**) (7)
(Ortho-Modus **AUS**) mit Taste [F8]
Nächster Punkt (ungefähr Punkt 8 klicken)

Symbol

Symbol (Register „**Text**" / „**Einfügen**")

Wählen Sie aus dem PullDown-Menü: **Durchmesser** (9)

(weitere Eingabe im Textfenster) [=][2][0][M][M] (10)
Schließen Sie den Texteditor über „**Texteditor schließen**".

Der Orthogonal-Modus wird mit Taste [F8] wieder eingeschaltet.

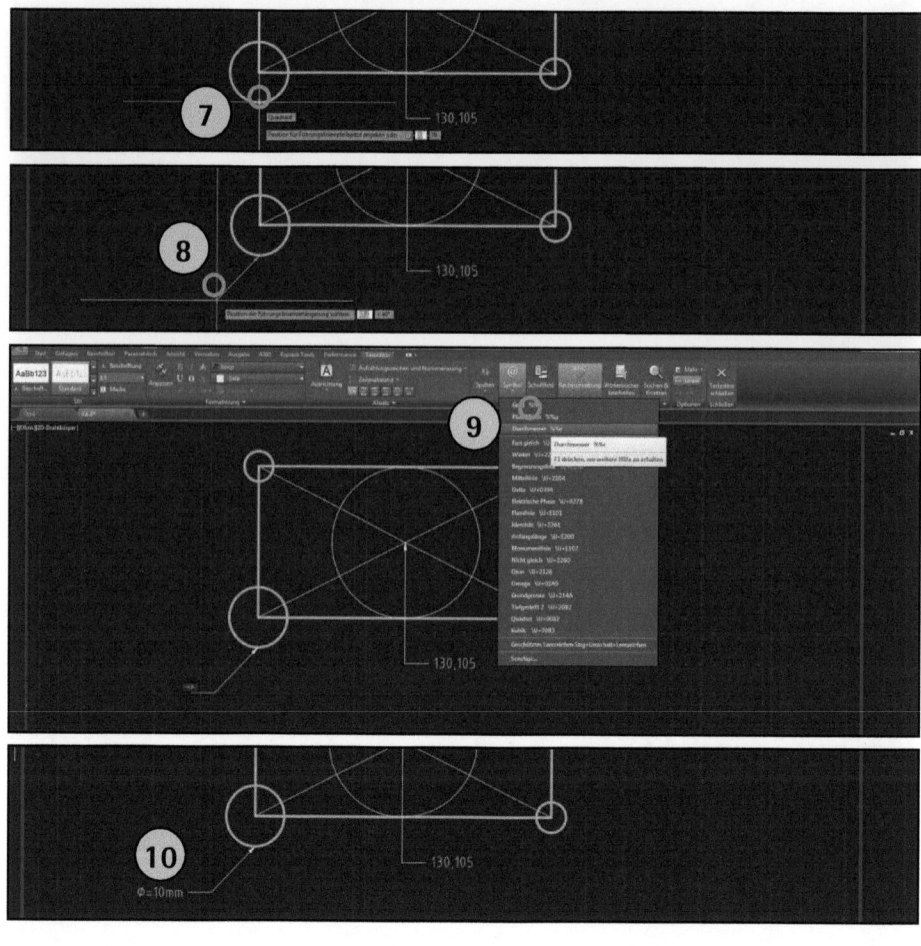

4.6.7 Datensicherung als Zeichnungsdatei und Ausgabe auf dem Systemdrucker

4.6.7.1 Datensicherung als Zeichnungsdatei

 Speichern unter (Schnellzugriff-Werkzeugkasten)

Tragen Sie einen gewünschten Namen ein.

Schließen Sie mit **Speichern**.

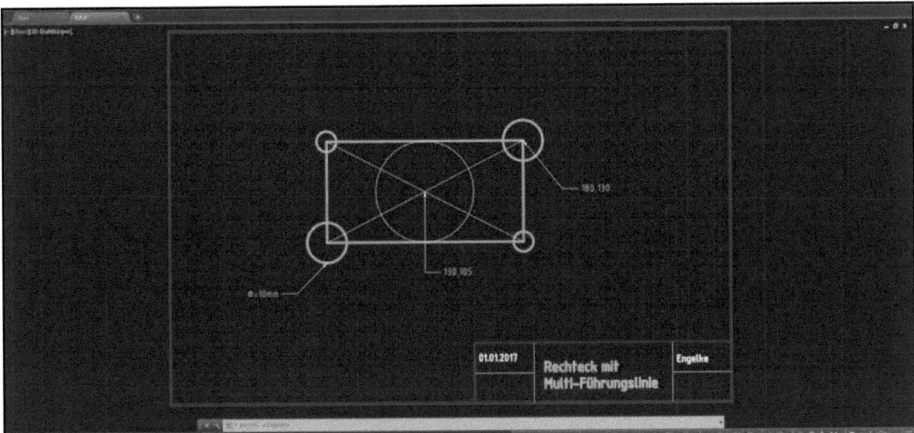

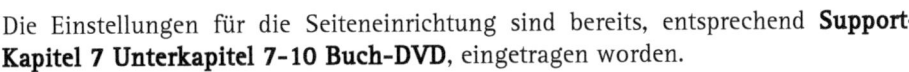

4.6.7.2 Zeichnungsausgabe auf dem Systemdrucker

Klicken Sie in das Feld „**Seiteneinrichtung**", wählen Sie „**A4-Querformat**".

Die Einstellungen für die Seiteneinrichtung sind bereits, entsprechend **Support-Kapitel 7 Unterkapitel 7-10 Buch-DVD**, eingetragen worden.

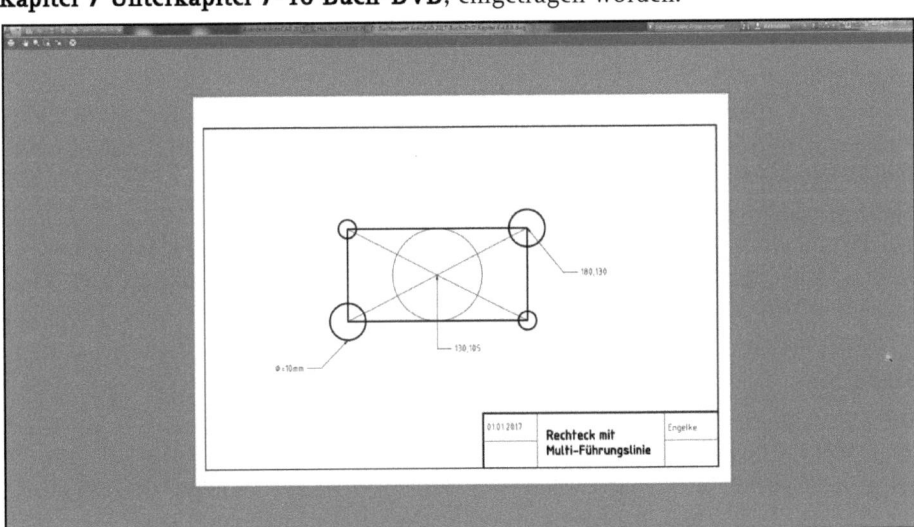

4.7   Maßeintragungen

4.7.1   Maßeintragungen nach DIN 406, Grundlagen

Eine **Technische Zeichnung** muss alle Sachinformationen enthalten, die für die Herstellung des dargestellten Werkstückes notwendig sind. Die **Zeichnungsnormen** enthalten Regeln, die von dem Zeichnenden beachtet werden müssen, damit die Zeichnung eindeutig und unmissverständlich von Dritten gelesen werden kann.

Gleichbedeutend mit der geometrisch richtigen Darstellung eines Bauteils ist auch die richtige Eintragung der notwendigen Maße. **Maßeintragungen** sind ein wesentliches Element in der international genormten Darstellung von Zeichnungen.

Eindeutigkeit und Folgerichtigkeit der Maßeintragungen müssen sicherstellen, dass das Werkstück ohne Schwierigkeiten angefertigt werden kann. Die Maßangaben sollen nicht zum Rechnen zwingen, sondern möglichst unmittelbar aus der Darstellung abzulesen sein. Unnötige Maße sind zu vermeiden, denn diese führen nur zu zusätzlicher Zeichenarbeit und machen die Zeichnung unübersichtlich. Form und Maß sollten dort eingetragen werden wo sie die Form des Werkstückes definieren.

4.7.1.1   Elemente der Maßsymbolik, nach DIN 406

Die Maßangaben beschreiben den fertigen Zustand des Werkstückes und werden in mm angegeben.

Zu einer Maßeintragung gehören die Maßhilfslinie, die Maßlinie, die Maßlinienbegrenzung und die Maßzahl.

Maß- und Maßhilfslinien:

Maß- und Maßhilfslinien werden nach DIN ISO 128-20/21/24 als schmale Volllinie gezeichnet. Beide Linien stehen rechtwinklig zueinander.

Maßhilfslinien werden direkt über die zu bemaßenden Körperkanten hinausgezogen und enden ca. 2 mm über der letzten Maßlinienbegrenzung. Maßhilfslinien begrenzen die zu bemaßende Strecke. Als Maßhilfslinie dürfen auch Mittellinien benutzt werden, diese müssen aber außerhalb der Körperkanten als dünne Volllinie ausgezogen sein.

Maßlinien verlaufen parallel zu den zu bemalenden Körperkanten und werden vorzugsweise durchgezogen. Der Abstand zwischen Körperkante und Maßlinie soll mindestens 10 mm betragen.

Maßlinienbegrenzung:

Als Maßlinienbegrenzung wird überwiegend ein Maßpfeil gezeichnet, der mit seiner Spitze an die Maßhilfslinie stößt. Die Länge des Maßpfeiles beträgt etwa das Zehnfache der breiten Volllinie, wie sie für die Körperkanten verwendet wird. Maßpfeile werden vollschwarz unter einem Winkel von 15° gezeichnet.

Maßzahl:

Die Maßzahl gibt stets das Maß am fertigen Werkstück an und wird in Normschrift nach DIN EN ISO 3098-2 ca. 1 mm über die Maßlinie geschrieben. Die Schreibrichtung für die Maßeintragung verläuft wie die dazugehörige Maßlinie. Alle Maßzahlen sind so einzutragen, dass sie von unten oder von rechts lesbar sind. Jedes Maß ist nur einmal einzutragen, und zwar in der Ansicht, in der die Zuordnung von Darstellung und Maß am deutlichsten erkennbar ist. Bei dicht übereinanderliegenden Maßlinien sind die Maße möglichst versetzt anzuordnen.

4.7.2 AutoCAD Maßeintragungen, Grundlagen

Sie können verschiedene Bemaßungstypen für eine Vielzahl von Objekttypen in vielen verschiedenen Richtungen und Ausrichtungen erstellen.

Die grundlegenden Typen der Bemaßung sind Linear-, Radial-, Winkel-, Koordinaten- und Bogenlängen. Verwenden Sie den Befehl BEM, um Bemaßungen automatisch entsprechend dem Objekttyp zu erstellen, den Sie bemaßen möchten.

Die Darstellung von Bemaßungen kann gesteuert werden, indem Bemaßungsstile festgelegt oder in bestimmten Fällen einzelne Bemaßungen bearbeitet werden. Mit Bemaßungsstilen können Sie Ihre Konventionen schnell und einfach angeben und die Bemaßungen an Branchen- oder Projektstandards anpassen

4.7.2.1 Linearbemaßungen

Linearbemaßungen können horizontal, vertikal oder ausgerichtet sein. Sie können mit dem Befehl „**BEM**" eine ausgerichtete, horizontale oder vertikale Bemaßung erstellen, je nachdem, wie Sie den Cursor beim Einfügen des Texts bewegen.

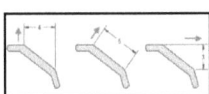

4.7.2.2 Radialbemaßungen

Eine Radialbemaßung bemaßt den Radius oder Durchmesser von Bogen und Kreisen mithilfe einer optionalen Mittellinie oder eines optionalen Zentrumspunkts. Mehrere Optionen sind in der Abbildung dargestellt.

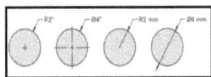

4.7.2.3 Winkelbemaßungen

Bei Winkelbemaßungen wird der Winkel zwischen zwei geometrischen Objekten oder drei Punkten gemessen. Von links nach rechts zeigt das Beispiel Winkelbemaßungen mit einem Scheitelpunkt und zwei Punkte, einem Bogen und zwei Linien.

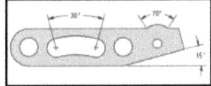

4.7.2.4 Assoziative Bemaßungen

Bemaßungen können assoziativ sein, was bedeutet, dass sie sich automatisch an Änderungen der von ihnen bemaßten geometrischen Objekte anpassen.

Die Assoziativität von Bemaßungen legt das Verhältnis zwischen geometrischen Objekten und den Bemaßungen fest, die deren Abstände und Winkel angeben. Zwischen geometrischen Objekten und Bemaßungen sind verschiedene Typen von Beziehungen möglich. Führungslinien- und Multi-Führungslinienobjekte können ebenfalls assoziativ sein.

Die Werte für Positionen, Ausrichtungen und Maße von Assoziativbemaßungen werden bei Änderung der zugehörigen Objekte automatisch angepasst.

4.7.3 Voreinstellungen laden

Laden Sie die neu erstellte Vorlagendatei über:

Neu / 2D-Grundblatt-Quer.dwt / Öffnen

Richten Sie das Blatt maximal auf dem Desktop aus.

Eingabe mit Tastatur: Z O O M ↵ A L L E S ↵

Neu

Rechteck

4.7.4 Das Grundblatt, für die Bemaßungsmöglichkeiten, erstellen

Rechteck

Startpunkt 3 5 , 1 1 0 ↵   Abmessungen A ↵

Länge 1 0 0 ↵   Breite 5 0 ↵ (1)

Lage entsprechend der Darstellung klicken.

Rechteck

Startpunkt 1 6 5 , 1 1 0 ↵   Abmessungen A ↵

Länge 1 0 0 ↵   Breite 5 0 ↵ (2)

Lage entsprechend der Darstellung klicken.

Linie

Linie

(ca. Punkt **165,110** mit Objektfang **Endpunkt** suchen) (3)

(den Endpunkt mit Objektfang **Endpunkt** suchen) (4)

Abschluss mit ↵

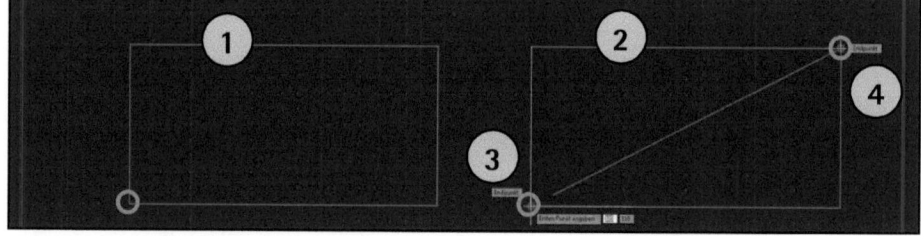

4.7.4.1 Layerzuweisung

Die Layerzuweisung erfolgt entsprechend dem Unterkapitel **3.1.5**.

* Weisen Sie den breiten Linien den Layer „**05**" zu (5).

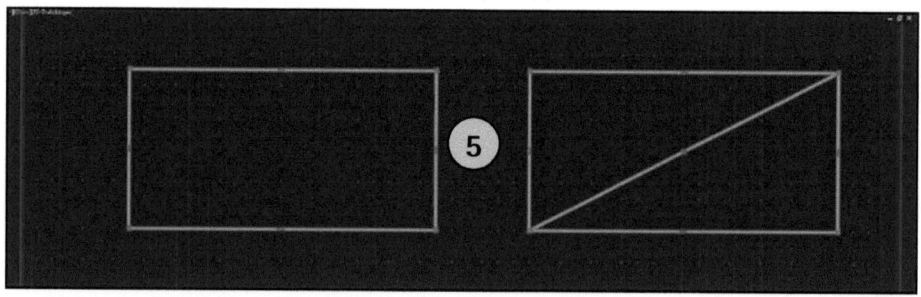

Kreis, Radius

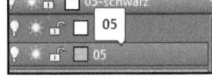

Kreis

von Punkt	4 0 , 6 0	↵	
Radius	2 0	↵ ↵	(Befehlswiederholung) (6)
von Punkt	1 0 0 , 6 0	↵	
Radius	2 0	↵ ↵	(Befehlswiederholung) (7)
von Punkt	1 5 5 , 6 0	↵	
Radius	2 0	↵ ↵	(Befehlswiederholung) (8)
von Punkt	2 2 5 , 6 0	↵	
Radius	2 0	↵ ↵	(Befehlswiederholung) (9)

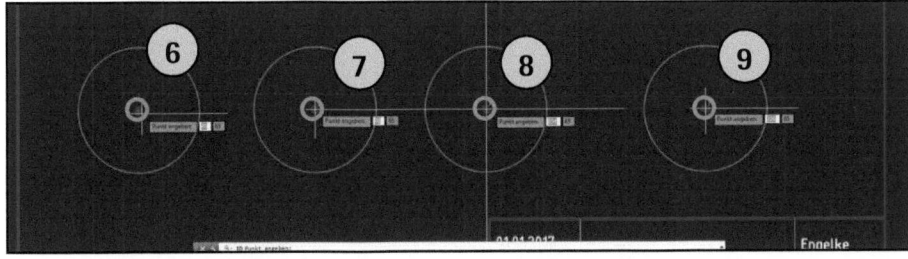

- Weisen Sie den breiten Linien den Layer „**05**" zu (10).

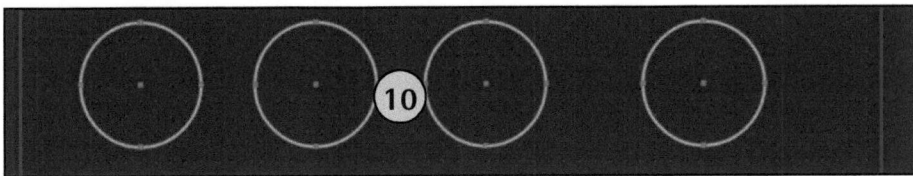

Absatztext

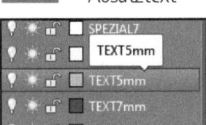

Absatztext

Tragen Sie den gewünschten, mehrzeiligen Text ein (11).
(entsprechend Unterkapitel **4.4.4.2**)
- Weisen Sie den Texteintragungen den Layer „**Text5mm**" zu (12).

4.7.5 Maßeintragungen mit AutoCAD

4.7.5.1 Lineare Maßeintragung

Linear

Startpunkt (ungefähr Punkt 1 klicken)
Nächster Punkt (ungefähr Punkt 2 klicken)
Maßlage festlegen (ungefähr Punkt 3 klicken)

Linear

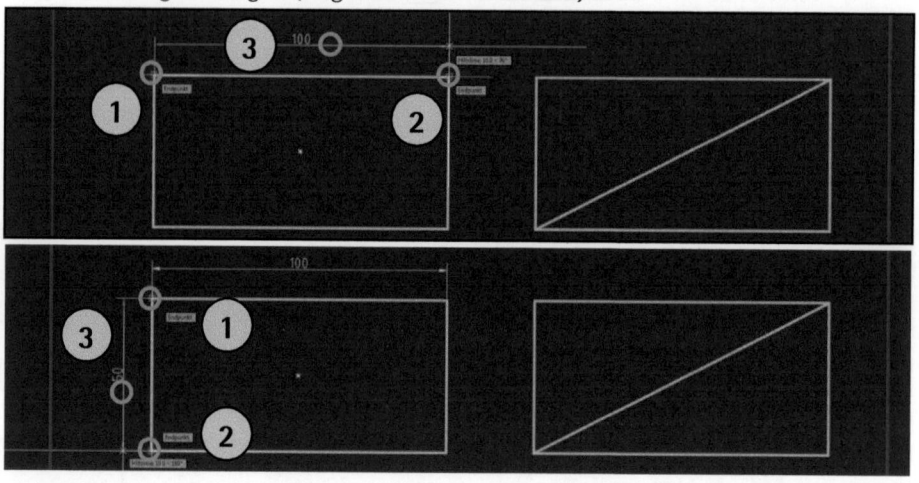

4.7.5.2 Bemaßung einer schrägen Linie, „Wahre Länge"

Ausgerichtet

Ausgerichtet

Startpunkt (ungefähr Punkt 4 klicken)
Nächster Punkt (ungefähr Punkt 5 klicken)
Maßlage festlegen (ungefähr Punkt 6 klicken)

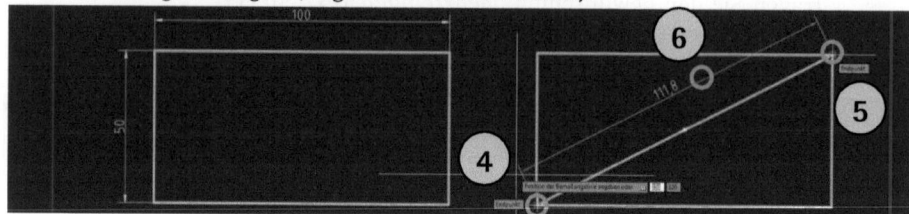

4.7.5.3 Winkel-Maßeintragung

Winkel

Winkel

Schenkel 1 wählen (ungefähr Punkt 7 klicken)
Schenkel 2 wählen (ungefähr Punkt 8 klicken)
Maßlage festlegen (ungefähr Punkt 9 klicken)

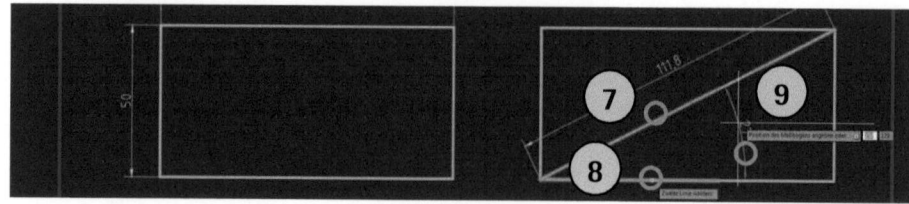

4.7.5.4 Durchmesser-Bemaßung

 Durchmesser

Startpunkt (ungefähr Punkt 9 klicken)
Maßlage festlegen (ungefähr Punkt 10 klicken)
Das Maß muss auf der Linie stehen.

 Durchmesser

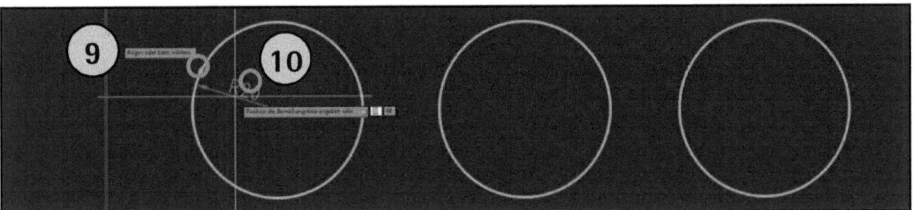

4.7.5.5 Radien-Bemaßung

 Radius

Startpunkt (ungefähr Punkt 11 klicken)
Maßlage festlegen (ungefähr Punkt 12 klicken)
Das Maß muss auf der Linie stehen.

Radius

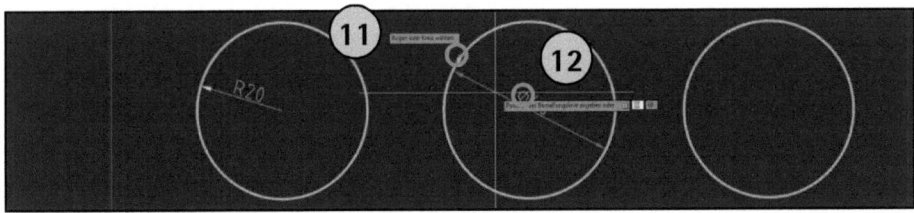

4.7.5.6 Durchmesser-Bemaßung als Hinweislinie

 Multi-Führungslinie (Register **Text**)

Startpunkt (ca. Punkt **165,60** mit Objektfang **Quadrant**) (13)
(Ortho-Modus **AUS**) mit Taste ⌨F8
Nächster Punkt (ungefähr Punkt 14 klicken)

 Multi-Führungslinie

 Symbol (Register **Text / Einfügen**)

Wählen Sie aus dem PullDown-Menü: **Durchmesser**

(weitere Eingabe im Textfenster) ø⌨4⌨0 (15)
Schließen Sie den Texteditor über „**Texteditor schließen**".

Der Orthogonal-Modus wird mit Taste ⌨F8 wieder eingeschaltet.

 Symbol

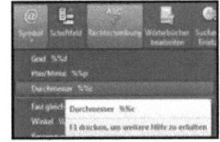

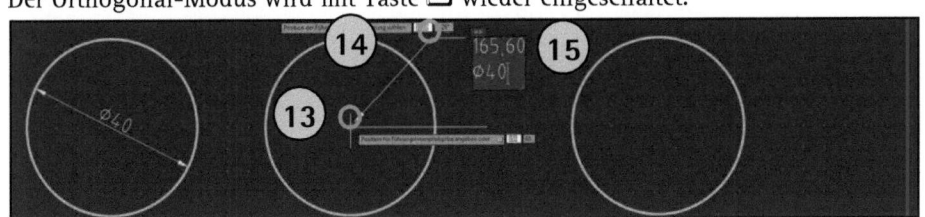

Linear

4.7.5.7 Durchmesser-Bemaßung als lineare Bemaßung

Linear
Startpunkt (ungefähr Punkt 16 klicken)
Nächster Punkt (ungefähr Punkt 17 klicken)
Maßlage festlegen (ungefähr Punkt 18 klicken)

Durchmesser-Maßeintragungen sind immer mit einem Ø-Symbol zu versehen, daher muss die auch hier diese Änderung eingetragen werden.

Doppelklick auf die Maßzahl (19)

Symbol

Symbol (Register **Text** / **Einfügen**)

Wählen Sie aus dem PullDown-Menü: **Durchmesser**
Schließen Sie den Texteditor über **„Texteditor schließen"**.

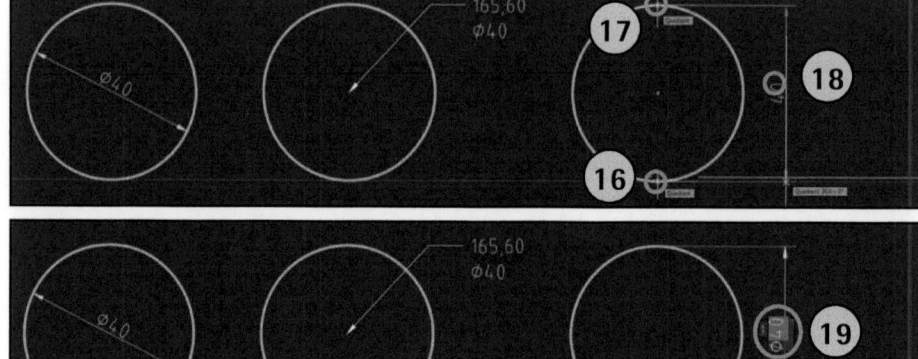

4.7.5.8 Layerzuweisung

Die Layerzuweisung erfolgt entsprechend dem Unterkapitel **3.1.5**.
- Weisen Sie den Maßeintragungen den Layer **„Bemaßung"** zu (20).

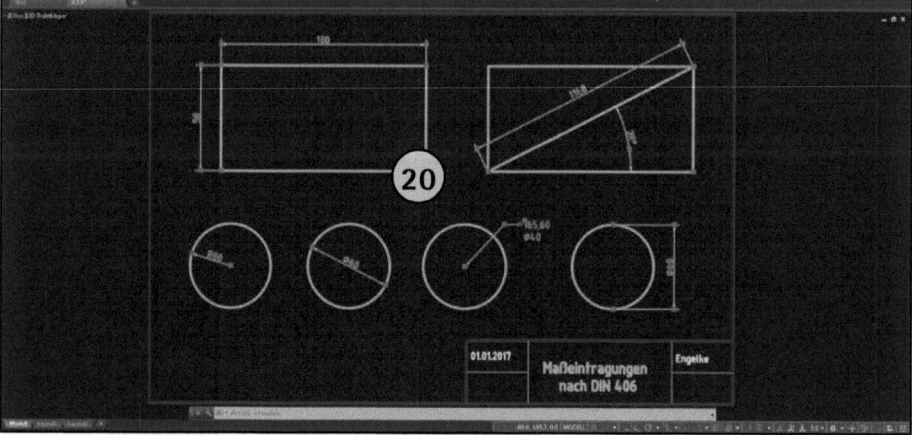

4.7.6 Datensicherung als Zeichnungsdatei und Ausgabe auf dem Systemdrucker

4.7.6.1 Datensicherung als Zeichnungsdatei

 Speichern unter (Schnellzugriff-Werkzeugkasten)

Speichern unter

Tragen Sie einen gewünschten Namen ein.

Schließen Sie mit **Speichern**.

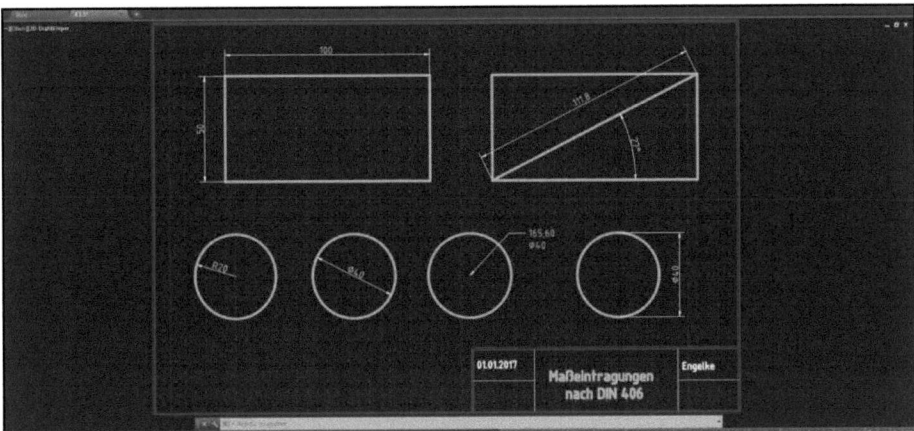

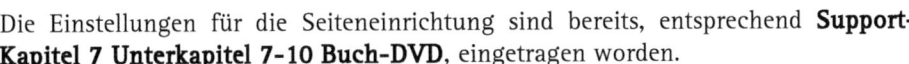

4.7.6.2 Zeichnungsausgabe auf dem Systemdrucker

Klicken Sie in das Feld „**Seiteneinrichtung**", wählen Sie „**A4-Querformat**".

Plot

Die Einstellungen für die Seiteneinrichtung sind bereits, entsprechend **Support-Kapitel 7 Unterkapitel 7-10 Buch-DVD**, eingetragen worden.

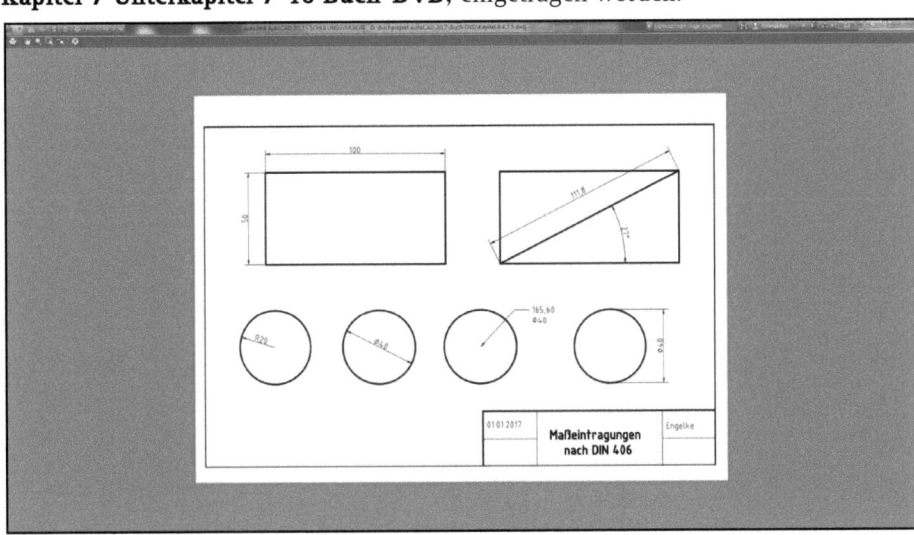

Lernsituation IX

Konstruktionen ändern

Beschreibung:

Konstruktionen unterliegen einem ständigen Wandel in der Darstellung, sei es, um zu Verändern und zu Optimieren, oder auch zur Fehlerkorrektur.

Häufige Bauteilanpassungen resultieren auch aus Berechnungen oder der Anpassung an neue Normen oder Gesetzvorschriften.

Die aufgezeigte Gruppe von Änderungsbefehlen sind Basisbefehle, die nicht nur in CAD-Programmen eine Verwendung finden.

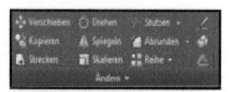

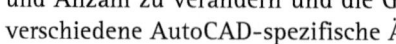

4.8 Änderungsmöglichkeiten Teil 1

4.8.1 Änderungsmöglichkeiten Teil 1, Grundlagen, Schieben, Kopieren, Spiegeln, Drehen, Skalieren, Reihe

Mit diesen Befehlen wird der AutoCAD-Anwender in die Lage versetzt, ohne aufwändige Neukonstruktion Änderungen oder Fehler zu bereinigen, Objekte in Lage und Anzahl zu verändern und die Geometriegröße zu korrigieren, außerdem werden verschiedene AutoCAD-spezifische Änderungsmöglichkeiten dargestellt.

4.8.1.1 Verschieben von Objekten

Verschieben

Sie können Objekte um eine angegebene Entfernung und Richtung von den Originalen verschieben. Sie können Objekte mit Genauigkeit verschieben, indem Sie Koordinaten, Rasterfänge und andere Werkzeuge verwenden. Sie können ein Objekt verschieben, indem Sie einen Basispunkt, Entfernung und Richtung vorgeben.

4.8.1.2 Kopieren von Objekten

Kopieren

Kopiert Objekte um einen bestimmten Abstand in eine angegebene Richtung. Mithilfe von Koordinaten, Rasterfängen, Objektfängen und anderen Werkzeugen können Sie die Objekte mit Genauigkeit kopieren. Sie können ein Objekt kopieren, indem Sie einen Basispunkt und einen zweiten Punkt festlegen, die Entfernung und Richtung vorgeben.

4.8.1.3 Spiegeln von Objekten

Spiegeln

Erstellt eine gespiegelte Kopie der ausgewählten Objekte. Sie können Objekte erstellen, die die Hälfte der Zeichnung darstellen. Wählen Sie die Objekte aus, und spiegeln Sie sie über eine festgelegte Linie, um die andere Hälfte zu erstellen. Sie können Objekte um eine festgelegte Achse kippen, um ein symmetrisches Spiegelbild zu erstellen. Beim Spiegeln kippen Sie das Objekt um eine Achse, die als Spiegelachse bezeichnet wird.

4.8.1.4 Drehen von Objekten

Drehen

Sie können Objekte in Ihrer Zeichnung um einen festgelegten Basispunkt drehen. Um den Drehwinkel festzulegen, können Sie einen Winkelwert eingeben, mit dem Cursor ziehen oder einen Referenzwinkel zur Ausrichtung an einem absoluten Winkel angeben.

4.8.1.5 Skalieren von Objekten

Skalieren

Vergrößert oder verkleinert die ausgewählten Objekte und behält die Proportionen des Objekts nach dem Skalieren bei. Um ein Objekt zu skalieren, müssen Sie einen Basispunkt und einen Skalierfaktor festlegen. Der Basispunkt ist sozusagen der Mittelpunkt des Skalier-Vorgangs und ändert sich nicht.

4.8.1.6 Anordnen von Objekten

Rechteckige
Anordnung

Sie können Kopien ausgewählter Objekte erstellen, um ein Muster zu erstellen, das als Anordnung bezeichnet wird. Assoziative Anordnungen haben den Vorteil, dass sie zu einem späteren Zeitpunkt einfach geändert werden können. Sie können drei verschiedene Anordnungstypen wählen:

Rechteckige Anordnung, Anordnung am Pfad und polare Anordnung.

4.8.2 Das Grundblatt, für Änderungs-Möglichkeit Teil 1, erstellen

Rechteck

Startpunkt	`4 5 , 1 2 0`	⏎ (1)
Endpunkt	`1 0 0 , 1 6 5`	⏎ (2)

Linie

von Punkt	`2 5 , 1 0 0`	⏎ (3)
Richtung **0°** mit Maus ziehen		
Endpunkt	`2 0 0`	⏎ ⏎ (4)

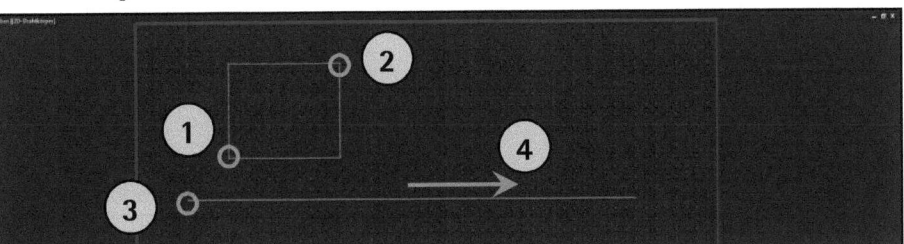

Rechteck

Linie

Absatztext

Tragen Sie den gewünschten, mehrzeiligen Text ein.
(entsprechend Unterkapitel **4.4.4.2**)

• Weisen Sie den Texteintragungen den Layer „**Text5mm**" zu (5).

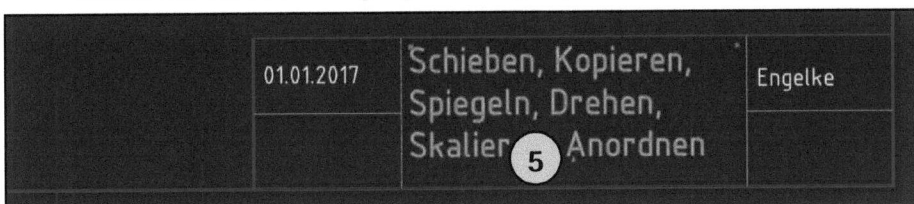

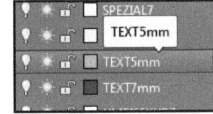

Absatztext

4.8.2.1 Layerzuweisung

Die Layerzuweisung erfolgt entsprechend dem Unterkapitel **3.1.5**.

• Weisen Sie dem Rechteck den Layer „**05**" zu (6).
• Weisen Sie der Spiegelachse den Layer „**Mittelliniekurz**" zu (7).

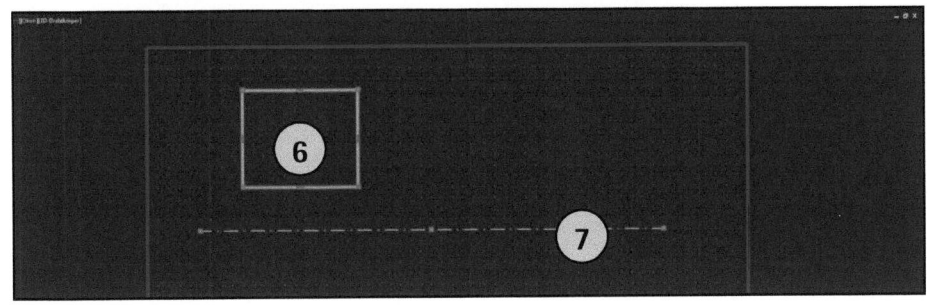

4.8.3   Modifikationsmöglichkeiten, eine Auswahl

4.8.3.1   Modifikationsbefehl „Schieben"

 Verschieben

 Schieben

Objekte wählen (ca. Punkt 1 klicken)

Objektauswahl immer mit ⤶ beenden.

Basispunkt wählen (mit Objektfang **Endpunkt** klicken) (2)

Richtung **0°** mit Maus ziehen (3)

Eingabe mit Tastatur 1 0 0   ⤶

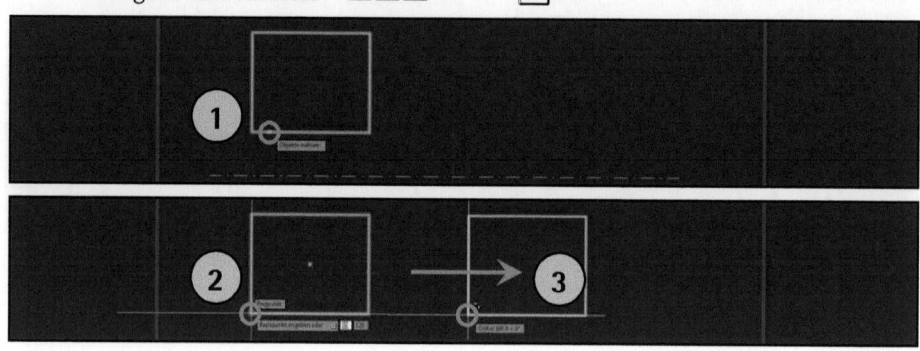

4.8.3.2   Modifikationsbefehl „Kopieren"

 Kopieren

Kopieren

Objekte wählen (ca. Punkt 4 klicken)

Objektauswahl immer mit ⤶ beenden.

Basispunkt wählen (mit Objektfang **Endpunkt** klicken) (5)

Richtung **0°** mit Maus ziehen (6)

Eingabe mit Tastatur 1 0 0   ⤶

Abschluss mit   ⤶

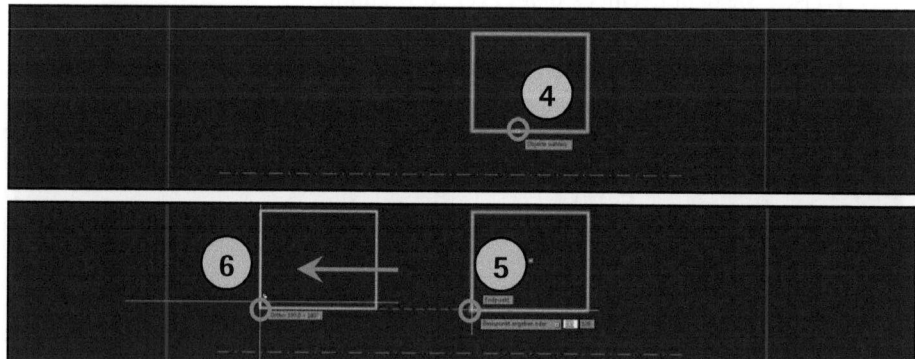

4.8.3.3 Modifikationsbefehl „Spiegeln"

Spiegeln

Spiegeln

Objekte wählen (ca. Punkt (7, 8) klicken) ↵

1. Achspunkt   (mit **Endpunkt** (9) klicken)

2. Achspunkt   (mit **Endpunkt** (10) klicken)

Abschluss mit   ↵ (11)

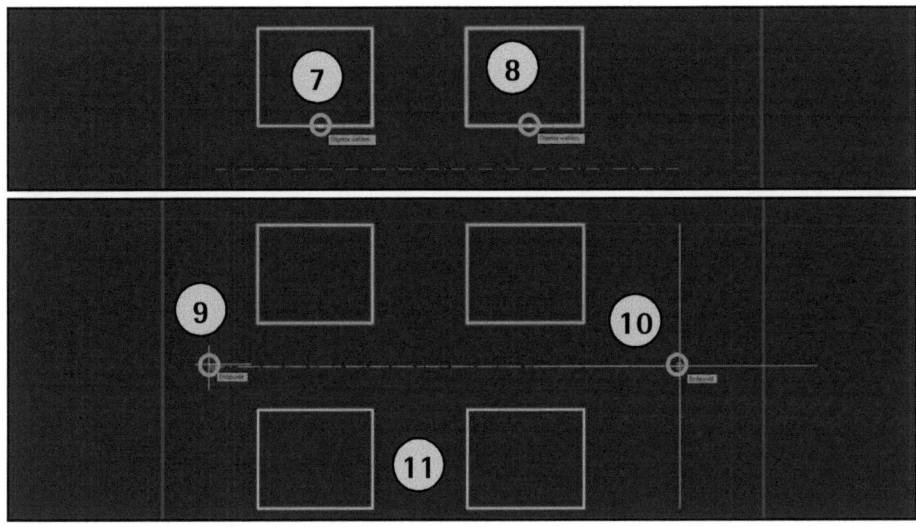

4.8.3.4 Modifikationsbefehl „Drehen"

Drehen

Drehen

Objekte wählen (ca. Punkt 12 klicken)   ↵

Basispunkt wählen (mit **Endpunkt** (13) klicken)

⊟③⓪ ↵ (14)

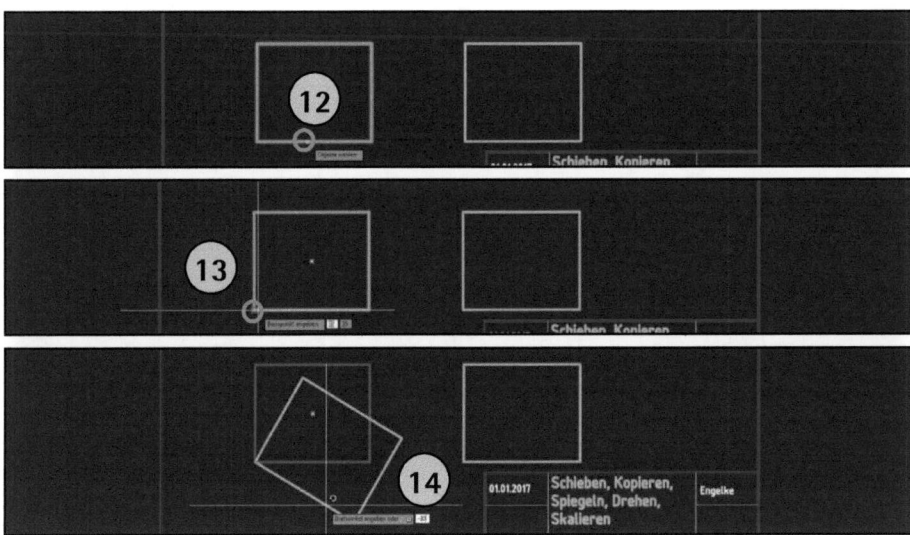

Skalieren

4.8.3.5 Modifikationsbefehl „Skalieren"

Skalieren

Objekte wählen (ca. Punkt 15 klicken)

Basispunkt wählen (**Endpunkt** 16 klicken)

Faktor   0 . 5   (17)

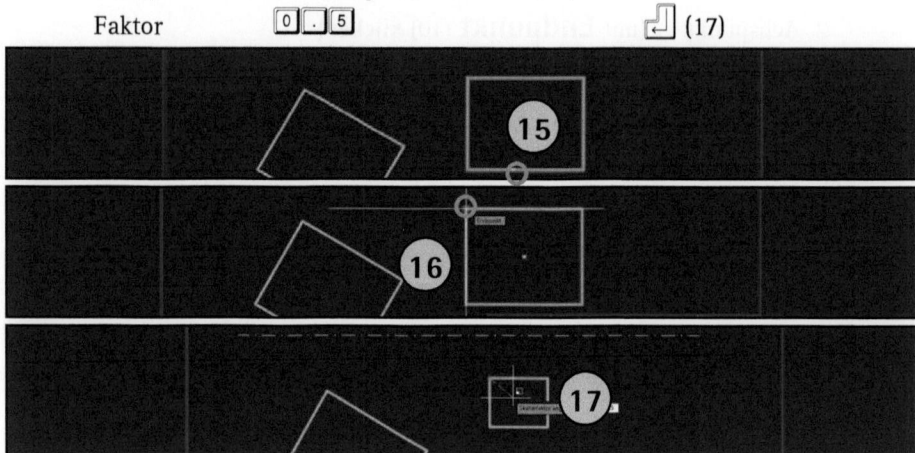

4.8.3.6 Modifikationsbefehl „rechteckiges Anordnen"

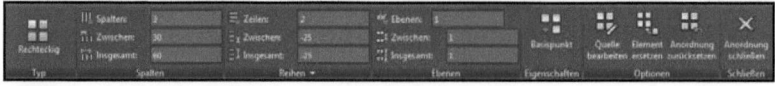

Rechteckige
Anordnung

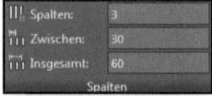

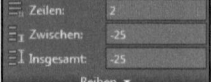

Rechteckige Anordnung

Objekte wählen (ca. Punkt 18 klicken)
Tragen Sie in die Multifunktionsleiste ein:

Spalten: **3**, Zwischen: **30**, Insgesamt: **60**

Zeilen: **2**, Zwischen: **−25**, Insgesamt: **−25**
Wählen Sie den linken oberen Anordnungspunkt (19)

Ziehen Sie die Anordnung um **10** mm nach oben.

Abschluss mit **Anordnung schließen**.

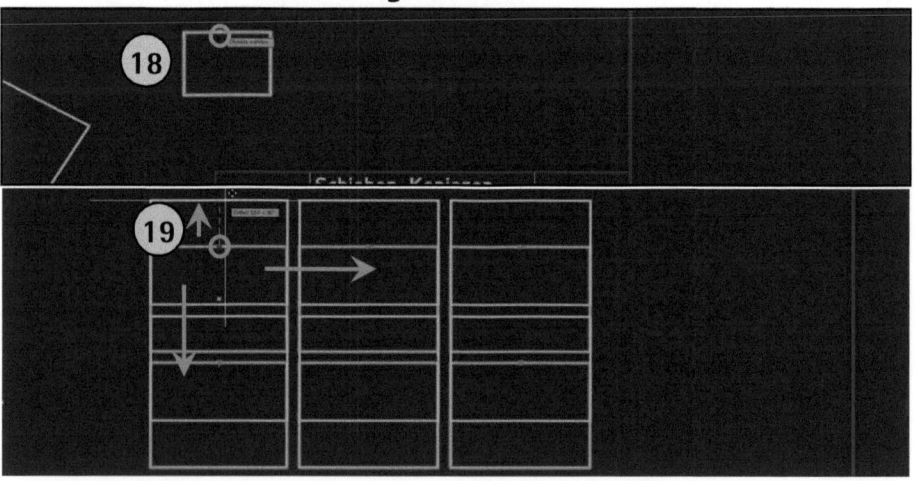

4.8.4 Datensicherung als Zeichnungsdatei und Ausgabe auf dem Systemdrucker

Speichern
unter

4.8.4.1 Datensicherung als Zeichnungsdatei

 Speichern unter (Schnellzugriff-Werkzeugkasten)

Tragen Sie einen gewünschten Namen ein.

Schließen Sie mit **Speichern**.

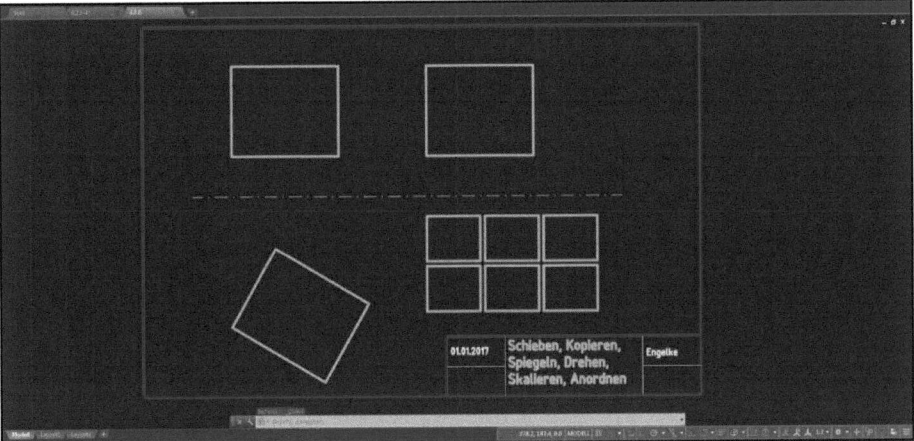

4.8.4.2 Zeichnungsausgabe auf dem Systemdrucker

Plot

Klicken Sie in das Feld „**Seiteneinrichtung**", wählen Sie „**A4-Querformat**".

Die Einstellungen für die Seiteneinrichtung sind bereits, entsprechend **Support-Kapitel 7 Unterkapitel 7-10 Buch-DVD**, eingetragen worden (19).

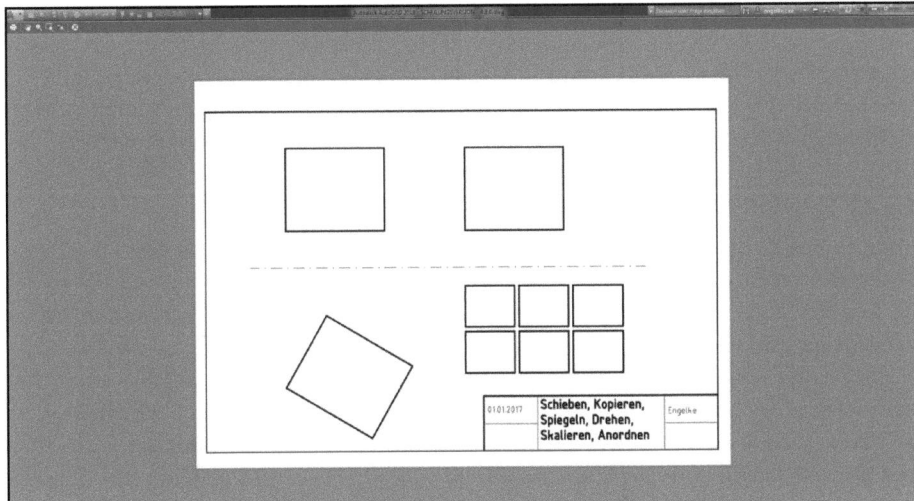

4.9 Änderungsmöglichkeiten, Teil 2

4.9.1 Änderungsmöglichkeiten Teil 2, Grundlagen

Konstruktionen unterliegen einem ständigen Wandel in der Darstellung, sei es, um zu Verändern und zu Optimieren, oder auch zur Fehlerkorrektur. Häufige Bauteilanpassung resultiert auch aus Berechnungen oder der Anpassung an neue Normen oder Gesetzvorschriften.

Mit den zwei aufgezeigten Änderungsbefehle sind wird der AutoCAD-Anwender in die Lage versetzt, ohne aufwändige Neukonstruktion Längen-Änderungen vorzunehmen oder die Geometriegröße zu korrigieren.

Die AutoCAD-Geometrie-Griffe versetzen den Anwender in die Lage, auch ohne aufgerufene Befehle, Geometrie-Längen zu ändern.

4.9.2 AutoCAD-Befehle „Stutzen / Dehnen", AutoCAD-Geometrie-Griffe

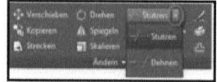

4.9.2.1 Längenänderung von gewählten Objekten, Befehl „Stutzen / Dehnen"

Sie können Objekte auf die Kanten anderer Objekte stutzen oder dehnen.

Objekte, die Sie als Schnittkante oder Grenzkante auswählen, müssen das zu stutzende Objekt nicht unbedingt schneiden. Außerdem können Sie ein Objekt auf eine projizierte Kante stutzen oder dehnen.

Sie können Objekte stutzen, sodass diese exakt auf Grenzkanten stoßen, die von anderen Objekten gebildet werden.

Ein Objekt kann gleichzeitig eine der Schnittkanten und eines der zu stutzenden Objekte sein.

Beim Stutzen mehrerer Objekte können Sie mithilfe der verschiedenen Auswahlmöglichkeiten die richtigen Schnittkanten und Objekte auswählen

Sie können Objekte auch auf ihren nächsten Schnittpunkt mit anderen Objekten stutzen. Dazu wählen Sie nicht die Schnittkanten, sondern drücken die ⏎-Taste. Wenn Sie anschließend die zu stutzenden Objekte auswählen, dienen die am nächsten angezeigten Objekte automatisch als Schnittkanten.

Das Dehnen funktioniert so wie das Stutzen. Sie können Objekte dehnen, sodass diese exakt auf Grenzkanten stoßen, die von anderen Objekten gebildet werden.

4.9.2.2 AutoCAD-Geometrie-Griffe

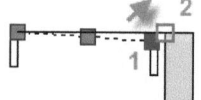

Mithilfe von Griffen können Sie Objekte verschieben, drehen, bearbeiten oder in ihrer Form ändern.

Sie können Objekte mit verschiedenen Grifftypen und -modi auch auf andere Weise verschieben, bearbeiten oder in ihrer Form ändern.

Griffe werden angezeigt, wenn Sie ein Objekt auswählen, ohne dass Sie einen Befehl starten. Griffe werden häufig zur Lichtbearbeitung verwendet. Beispielsweise befindet sich die nachfolgende Linie versehentlich am falschen Endpunkt. Sie können die falsch angeordnete Linie auswählen, auf einen Griff und dann auf die korrekte Position klicken.

Wenn Sie auf einen Griff klicken, wird AutoCAD automatisch in den Modus **„Strecken"** gesetzt, wie im Befehlsfenster angezeigt wird. Wenn Sie weitere Möglichkeiten der Bearbeitung von Objekten mit Griffen kennenlernen möchten, drücken Sie die „⏎-Taste" oder die **„Leertaste"**, um durch verschiedene andere Bearbeitungsmodi zu blättern

4.9.3 Das Grundblatt, für Änderungs-Möglichkeit Teil 2, erstellen

4.9.3.1 Linienkreuz, oben links

Linie

`3 0 , 1 4 5` ↵   `@ 6 0 < 0`   ↵ ↵

Linie

Eine weitere Eingabe der ↵ - Taste führt zu einer Befehlswiederholung des Befehls „**Linie**".

`6 0 , 1 7 5` ↵   `@ 6 0 < 2 7 0`   ↵ ↵ (1)

4.9.3.2 Linienkreuz mit Kreis, oben rechts

Linie

`1 6 0 , 1 4 5` ↵   `@ 6 0 < 0`   ↵ ↵

Linie

↵ (Befehlswiederholung des Befehls „**Linie**")

`1 9 0 , 1 7 5` ↵   `@ 6 0 < 2 7 0`   ↵ ↵

Kreis

Mittelpunkt   `1 9 0 , 1 4 5` ↵   Radius `2 0` ↵ (2)

Kreis

4.9.3.3 Doppeltes Linienkreuz (Gatter)

Linie

`4 5 , 8 0` ↵   `@ 6 0 < 2 7 0`   ↵ ↵

Linie

↵ (Befehlswiederholung des Befehls „**Linie**")

`7 0 , 8 0` ↵   `@ 6 0 < 2 7 0`   ↵ ↵

↵ (Befehlswiederholung des Befehls „**Linie**")

`3 0 , 6 0` ↵   `@ 6 0 < 0`   ↵ ↵

↵ (Befehlswiederholung des Befehls „**Linie**")

`3 0 , 4 0` ↵   `@ 6 0 < 0`   ↵ ↵ (3)

Linie

4.9.3.4 Erstellen einer Linienleiter

Linie

| 2 | 3 | 0 | , | 1 | 0 | 0 | ⏎ | @ | 6 | 0 | < | 2 | 7 | 0 | ⏎ | ⏎ |

⏎ (Befehlswiederholung des Befehls „**Linie**")

| 1 | 9 | 0 | , | 6 | 0 | ⏎ | @ | 3 | 0 | < | 0 | ⏎ | ⏎ |

⏎ (Befehlswiederholung des Befehls „**Linie**")

| 1 | 9 | 0 | , | 5 | 0 | ⏎ | @ | 3 | 0 | < | 0 | ⏎ | ⏎ |

⏎ (Befehlswiederholung des Befehls „**Linie**")

| 1 | 9 | 0 | , | 9 | 0 | ⏎ | @ | 6 | 0 | < | 0 | ⏎ | ⏎ |

⏎ (Befehlswiederholung des Befehls „**Linie**")

| 1 | 9 | 0 | , | 8 | 0 | ⏎ | @ | 6 | 0 | < | 0 | ⏎ | ⏎ |

⏎ (Befehlswiederholung des Befehls „**Linie**")

| 1 | 9 | 0 | , | 7 | 0 | ⏎ | @ | 6 | 0 | < | 0 | ⏎ | ⏎ (4)

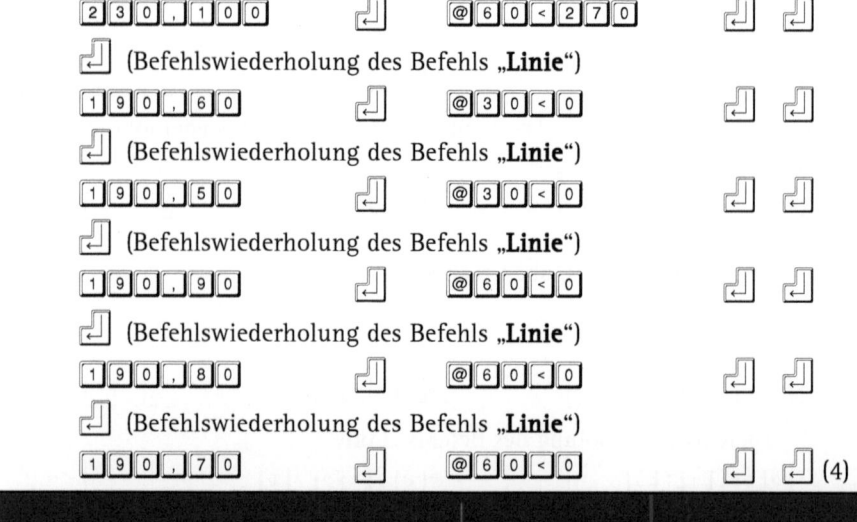

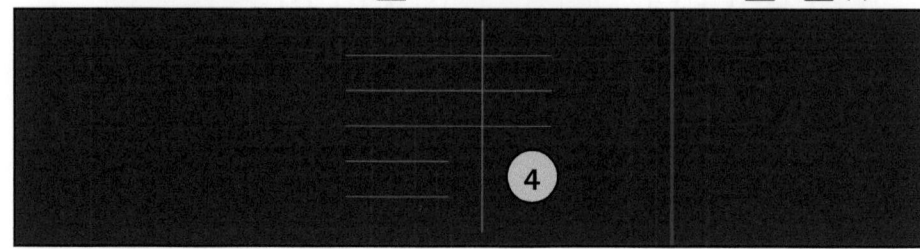

4.9.3.5 Layerzuweisung

Die Layerzuweisung erfolgt entsprechend dem Unterkapitel **3.1.5**.

- Weisen Sie den Linien den Layer „**025**" zu (5).
- Weisen Sie den Kreismittellinien den Layer „**Mittelliniekurz**" zu (6).

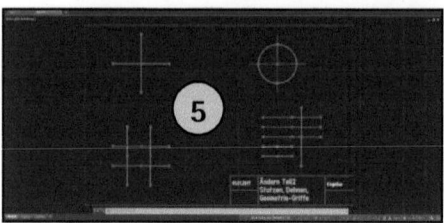

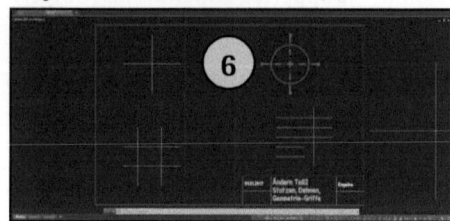

4.9.3.6 Benennung im Schriftfeld

Absatztext

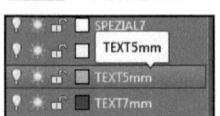

- Tragen Sie den gewünschten, mehrzeiligen Text ein. (entsprechend Unterkapitel **4.4.4.2**)
- Weisen Sie dem Text in Höhe **5** mm den Layer „**Text5mm**" (7).

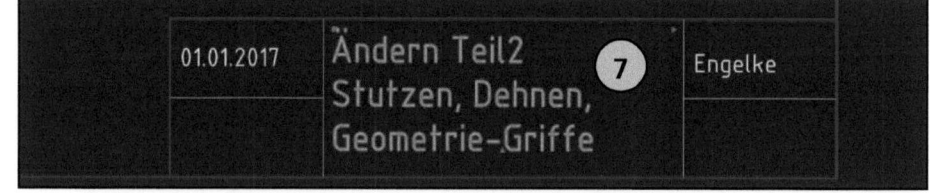

4.9.4 Änderungsmöglichkeiten Teil 2, Befehle „Stutzen", „Dehnen", AutoCAD-Geometrie-Griffe

4.9.4.1 Modifikationsbefehl-Befehl „Stutzen", Eckenbereinigung

Stutzen

Stutzen

Schnittkanten-Objekte wählen   (ca. Punkte 1 klicken)

Zu stutzende Objekte wählen   (ca. Punkte 2 klicken)

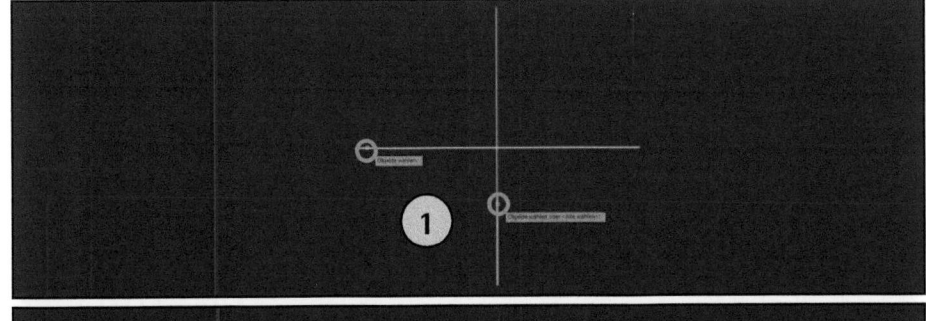

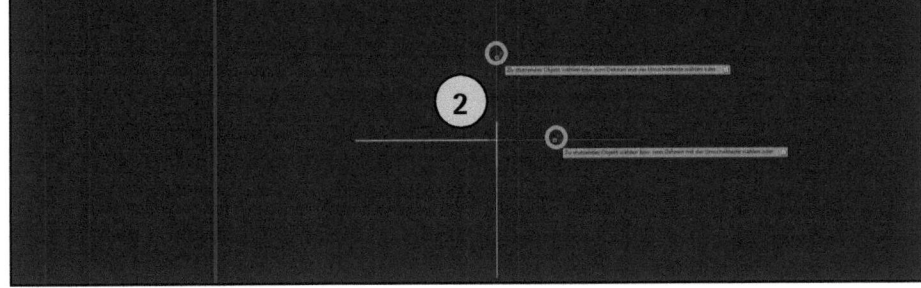

4.9.4.2 Zwischenlinien-Bereinigung

Stutzen

Stutzen

(ohne Objekte zu wählen)

Zu stutzende Objekte wählen   (ca. Punkte 3 klicken)

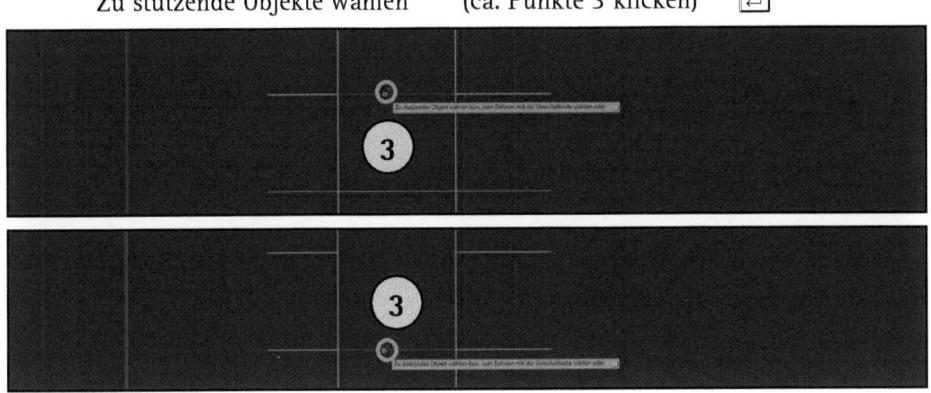

Stutzen

4.9.4.3 Kreishälfte erzeugen

 Stutzen

(ohne Objekte zu wählen) ⏎

Zu stutzende Objekte wählen   (ca. Punkte 4 klicken) ⏎

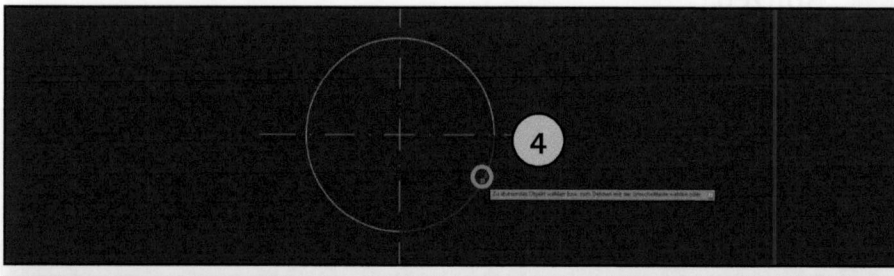

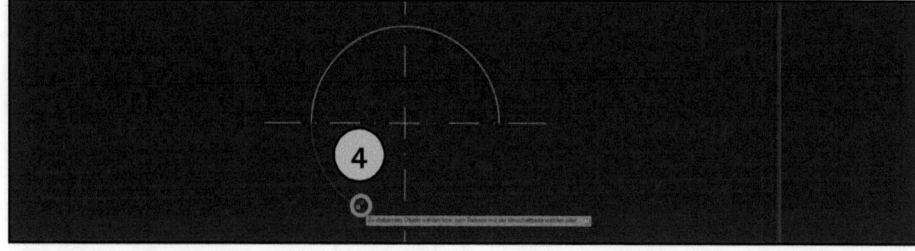

4.9.4.4 Verlängerte Linien über „Dehnen"

Dehnen

Dehnen

(ohne Objekte zu wählen) ⏎

Zu dehnende Objekte wählen   (ca. Punkte 5 klicken) ⏎

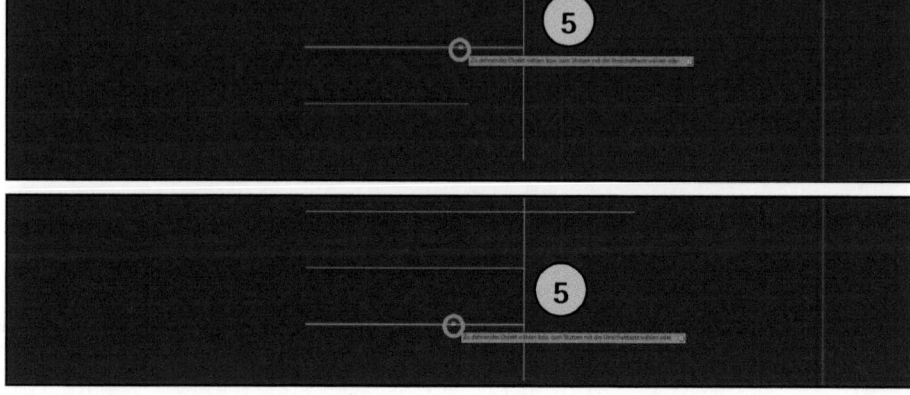

4.9.4.5 Linienlänge über die Geometrie-Griffe ändern

- Zu verändernde Objekte wählen   (Linie 6 klicken)
  (markante Geometriepunkte werden mit einem Quadrat gezeigt)

- Zu verändernden Geometriepunkt anklicken (7)   (Farbveränderung in Rot)

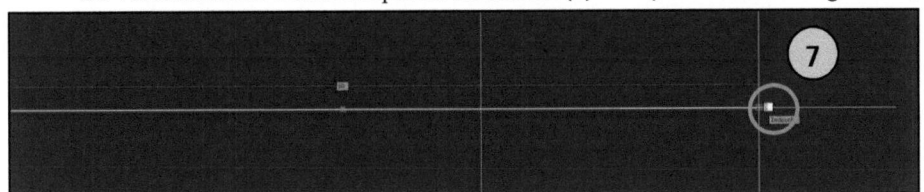

- Zu verändernden Geometriepunkt auf gewünschten **Schnittpunkt**
  ziehen (8)

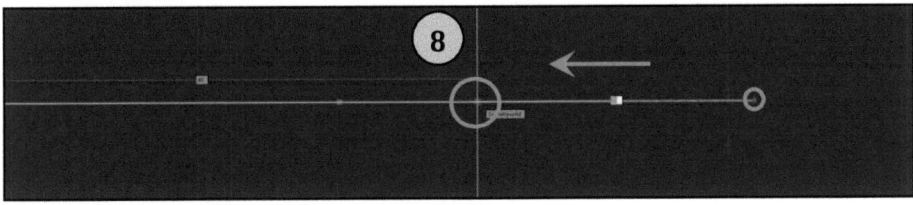

- Auswahl beenden mit   `Esc`   `Esc`

Verfahren Sie mit den beiden letzten Linien entsprechend.

4.9.5 Datensicherung als Zeichnungsdatei und Ausgabe auf dem Systemdrucker

4.9.5.1 Datensicherung als Zeichnungsdatei

Speichern unter (Schnellzugriff-Werkzeugkasten)

Tragen Sie einen gewünschten Namen ein.
Schließen Sie mit **Speichern** (9).

 Speichern unter

4.9.5.2 Zeichnungsausgabe auf dem Systemdrucker

Klicken Sie in das Feld „**Seiteneinrichtung**", wählen Sie „**A4-Querformat**".

Die Einstellungen für die Seiteneinrichtung sind bereits, entsprechend **Support-Kapitel 7 Unterkapitel 7-10 Buch-DVD**, eingetragen worden (10).

 Plot

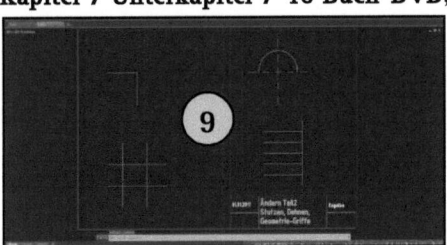
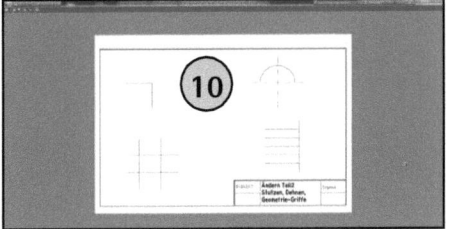

4.10 Änderungsmöglichkeiten, Teil 3

4.10.1 Änderungsmöglichkeiten Teil 3, Grundlagen

Konstruktionen unterliegen einem ständigen Wandel in der Darstellung, sei es, um zu Verändern und zu Optimieren, oder auch zur Fehlerkorrektur.

Häufige Bauteilanpassungen resultieren auch aus Berechnungen oder der Anpassung an neue Normen oder Gesetzvorschriften.

Eine der häufigsten Probleme in der Konstruktionsdarstellung einzelner Geometrien ist die parallele Anordnung mit vorgegebenem Abstand, der Befehl „**Versetzen**" ist hierzu die Lösung.

Eine Forderung für die Darstellung von Kreismittelpunkten nach DIN EN ISO 128-20/24 ist das Schnittpunktkreuz, außerdem müssen die Mittelachsen einen definierten Außenabstand von 2 bis 3 mm haben, die gezeigte Kombination von Änderungsbefehlen stellt hier die Lösung dar, hierzu hat AutoCAD ab Version 2017 einen speziellen Befehl, für ältere AutoCAD-Versionen ist hier diese Lösung dargestellt.

4.10.2 AutoCAD-Befehl „Versetzen" und Mittellinien-Erstellung

Der Befehl „**Versetzen**" erstellt ein geometrisches Objekt, das sich parallel oder konzentrisch zum ausgewählten Objekt in einem bestimmten Abstand befindet.

Sie können ein Objekt versetzen, indem Sie einen Abstand oder einen Punkt festlegen, durch den das Objekt verlaufen soll.

Ein effektives Zeichenverfahren besteht darin, Objekte zu versetzen und anschließend zu stutzen und zu dehnen

Wenn Sie einen Kreis oder Bogen versetzen, wird in Abhängigkeit davon, auf welcher Seite Sie den Versatz angeben, ein größerer oder kleinerer Kreis bzw. Bogen erstellt.

4.10.3 Voreinstellungen laden

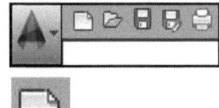

Neu

Laden Sie die neu erstellte Vorlagendatei über:

Neu / 2D-Grundblatt-Quer.dwt / Öffnen

Richten Sie das Blatt maximal auf dem Desktop aus.

Eingabe mit Tastatur: [Z][O][O][M] ↵ [A][L][L][E][S] ↵

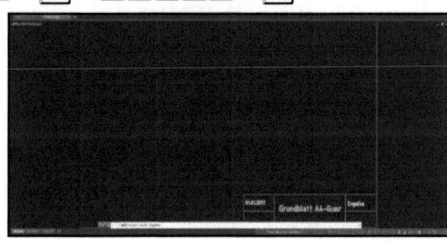

4.10.4 Das Grundblatt, für Änderungs-Möglichkeit Teil 3, erstellen

4.10.4.1 Rechteck, Blattlage oben links

Rechteck

Startpunkt   `4 5 , 1 2 0`   ⏎

Endpunkt   `1 1 0 , 1 5 5`   ⏎ (1)

 Rechteck

4.10.4.2 waagerechte Linie, Blattlage unten rechts.

Linie

`3 0 , 7 0` ⏎   `@ 8 0 < 0` ⏎ ⏎ (2)

Linie

4.10.4.3 Kreis für Mittellinien für AutoCAD 2018

Kreis

Kreis, Radius

von Punkt   `1 7 0 , 1 4 0`   ⏎

Radius   `3 0`   ⏎ ⏎ (3)

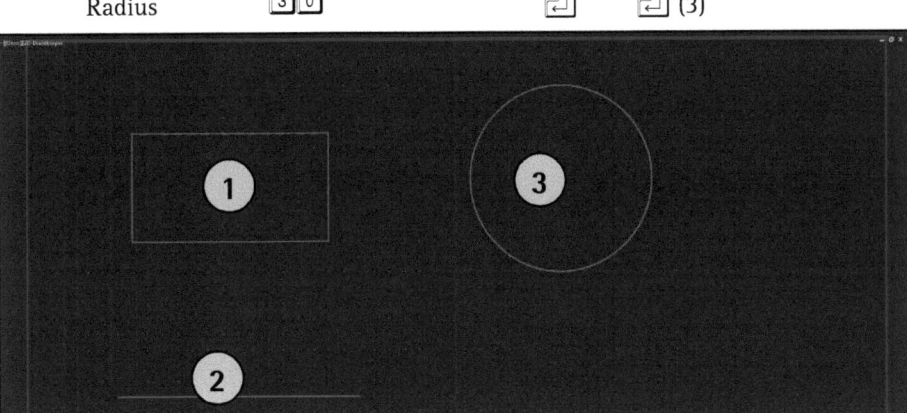

4.10.4.4 Benennung im Schriftfeld

- Tragen Sie den gewünschten, mehrzeiligen Text ein.
  (entsprechend Unterkapitel **4.4.4.2**)
- Weisen Sie dem Text in Höhe **5** mm den Layer „**Text5mm**" (4).

 Absatztext

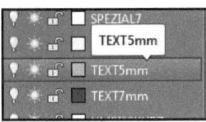

Linie

4.10.4.5 Unregelmäßiges Achsenkreuz mit Kreis, für ältere AutoCAD-Versionen

Linie

| 2 3 0 , 8 0 | ↵ | | @ 4 5 < 0 | ↵ | ↵ (5) |

Eine weitere Eingabe der ↵- Taste führt zu einer Befehlswiederholung des Befehls „**Linie**".

| 2 3 0 , 8 0 | ↵ | | @ 3 5 < 9 0 | ↵ | ↵ (6) |

Eine weitere Eingabe der ↵- Taste führt zu einer Befehlswiederholung des Befehls „**Linie**".

| 2 3 0 , 8 0 | ↵ | | @ 2 5 < 1 8 0 | ↵ | ↵ (7) |

Eine weitere Eingabe der ↵- Taste führt zu einer Befehlswiederholung des Befehls „**Linie**".

| 2 3 0 , 8 0 | ↵ | | @ 4 5 < 2 7 0 | ↵ | ↵ (8) |

Kreis

Kreis, Radius

von Punkt | 2 3 0 , 8 0 | ↵

Radius | 3 0 | ↵ ↵ (9)

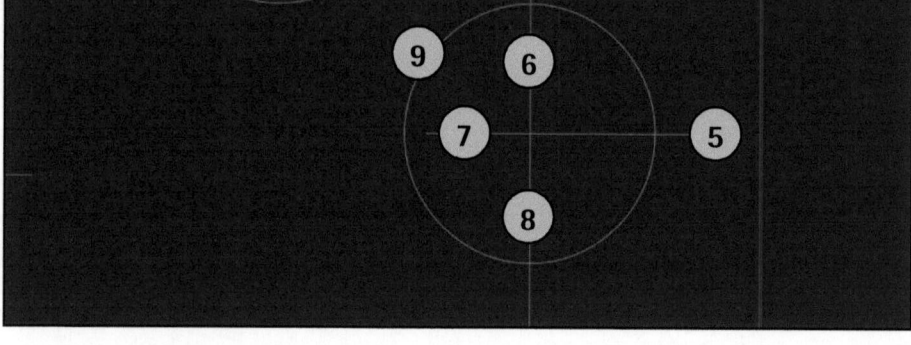

4.10.4.6 Datensicherung

Eine Layerzuweisung sollte hier noch nicht erfolgen, diese Zuweisung geschieht zum Abschluss der Modifikation, um Befehlsunterschiede sichtbar zu machen.

Speichern unter

Speichern unter (Schnellzugriff-Werkzeugkasten)

Tragen Sie einen gewünschten Namen ein.

Schließen Sie mit **Speichern**.

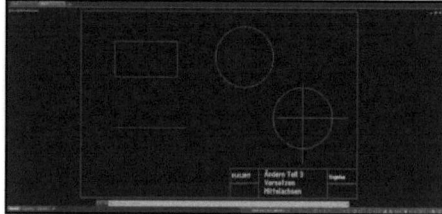

4.10.5 Änderungsmöglichkeiten Teil 3, Befehl „Versetzen", Kreismittelachsen mit AutoCAD

4.10.5.1 Modifikationsbefehl–Befehl „Versetzen", mehrere Rechtecke, mit Abstand 10 mm, aus einem Grundrechteck

 Versetzen

Versetzen

Eingabe mit Tastatur   1 0   ↵
Objekt wählen (ca. Punkt 1 klicken)
Seite nach außen klicken (ca. Punkt 2 klicken)

Objekt wählen
(Wählen Sie das erste Rechteck wieder an, ca. Punkt 1 klicken)
Seite nach innen klicken (ca. Punkt 3 klicken)

Abschluss mit   ↵

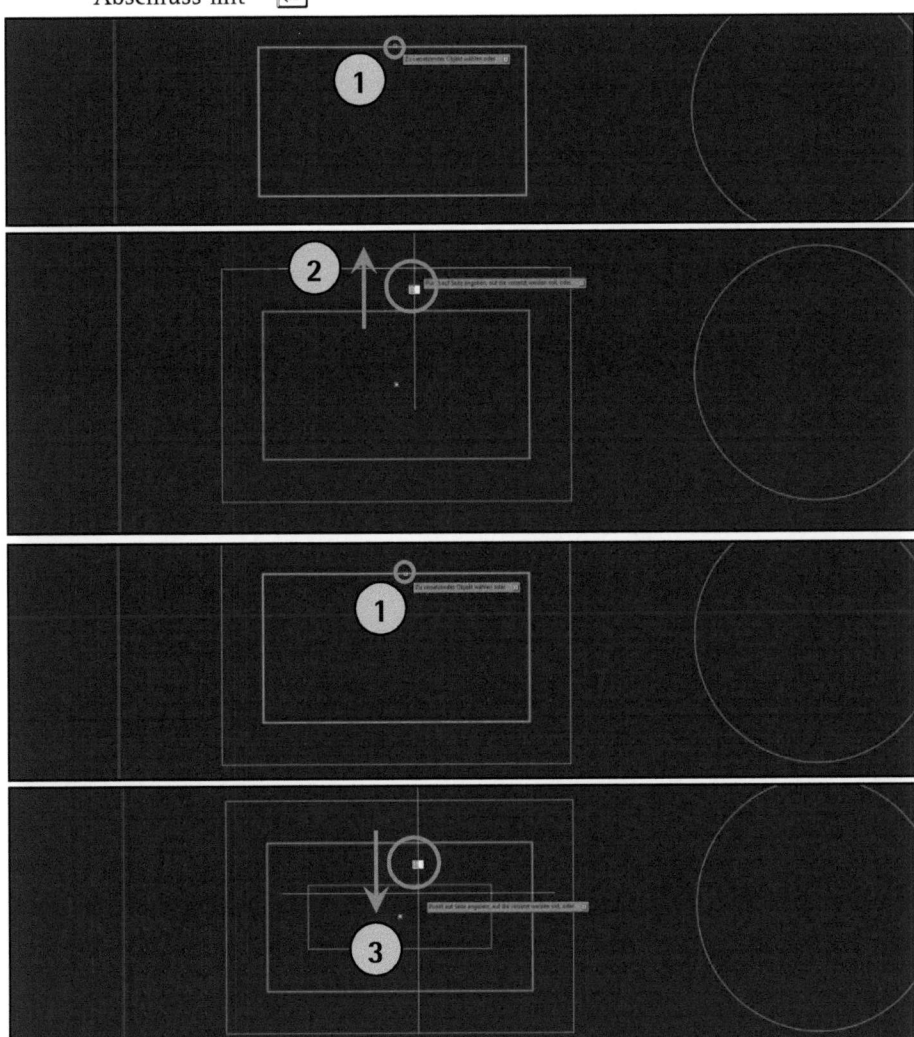

4.10.5.2 Modifikationsbefehl-Befehl „Versetzen", mehrere Linien mit Abstand 10 mm, aus einer Grundlinie

 Versetzen

Versetzen

Eingabe mit Tastatur   1 0 ⏎

Objekt wählen (ca. Punkt 1 klicken)
Seite klicken (ca. Punkt 2 klicken)

Objekt wählen (ca. Punkt 3 klicken)
Seite klicken (ca. Punkt 4 klicken)

Objekt wählen (ca. Punkt 5 klicken)
Seite klicken (ca. Punkt 6 klicken)

Objekt wählen (ca. Punkt 7 klicken)
Seite klicken (ca. Punkt 8 klicken)

Abschluss mit ⏎

4.10.5.3 Regelmäßiges Achsenkreuz mit Kreis, für ältere AutoCAD-Versionen

- **Hilfskreis für Mittellinienbegrenzung**

 Versetzen

 Versetzen

Eingabe mit Tastatur   ③   ↵
Objekt wählen (ca. Punkt 1 klicken)
Seite klicken (ca. Punkt 2 klicken)
Abschluss mit   ↵

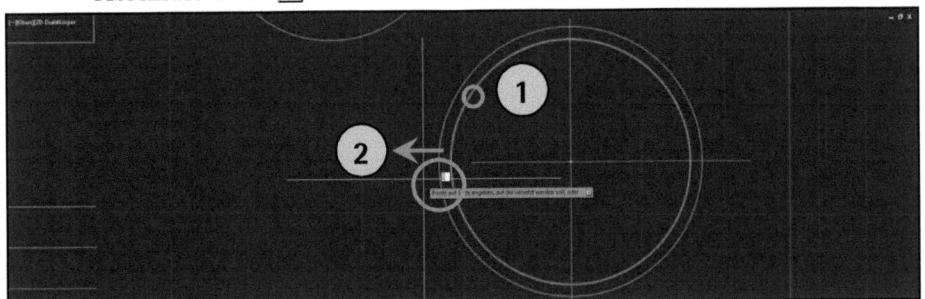

- **Linienlängen über die Geometrie-Griffe ändern**

Zu verändernde Objekte wählen   (Linie 3, 4 klicken).
(Markante Geometriepunkte werden mit einem Quadrat gezeigt)
Zu verändernden Geometriepunkt anklicken (5, 6).

Zu verändernden Geometriepunkt auf gewünschten **Schnittpunkt**
ziehen (7, 8).

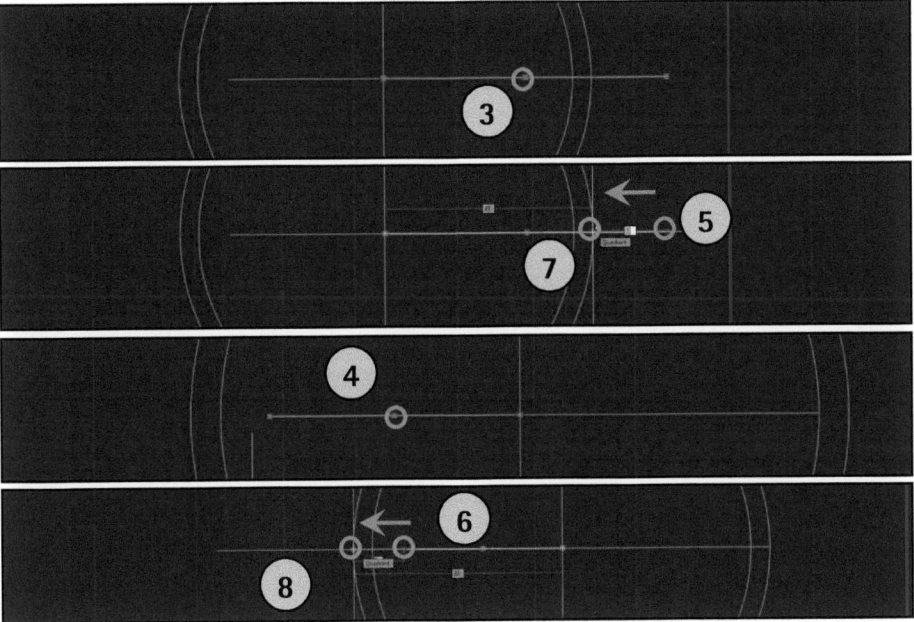

- Verfahren Sie mit den verbleibenden zwei Mittelachsensegmenten entsprechend.
- Löschen Sie den, über **„Versetzen"** erzeugten, Hilfskreis, er wird nicht mehr gebraucht.

4.10.5.4 Regelmäßiges Achsenkreuz mit Kreis, für AutoCAD-Version 2018

Mittelpunkt-
markierung

Mittelpunktmarkierung (Register **Beschriftung** / **Mittellinien**)

Wählen Sie den entsprechenden Kreis an (1).
Die Mittelachsen werden, mit zugewiesenem Layer, entsprechend Einstellungen aus Support Unterkapitel **7.8.2** (Buch-DVD), automatisch gesetzt (2).

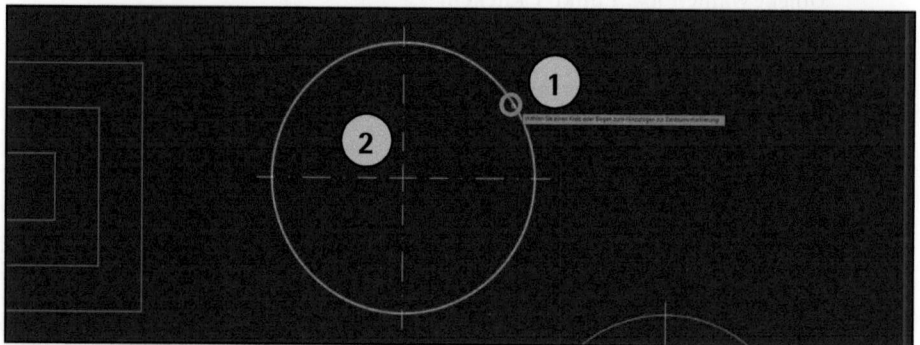

4.10.5.5 Layerzuweisung

Die Layerzuweisung erfolgt entsprechend dem Unterkapitel **3.1.5**.

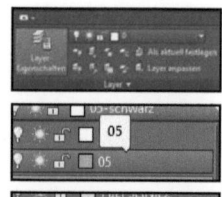

- Weisen Sie den Linien den Layer „**05**" zu (3).
- Weisen Sie den Kreismittellinien den Layer „**Mittelliniekurz**" zu (4).

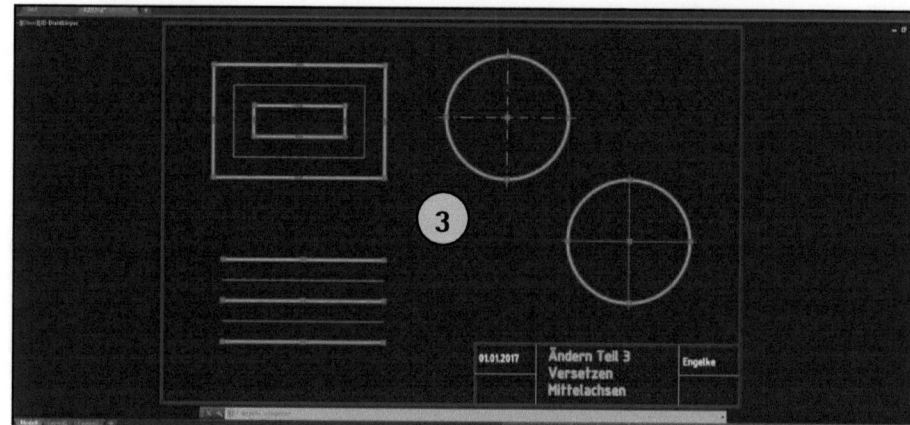

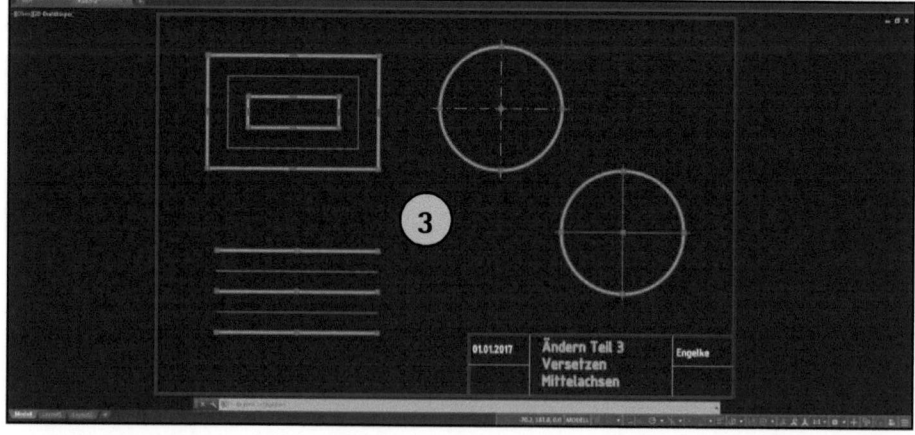

4.10.6 Datensicherung als Zeichnungsdatei und Ausgabe auf dem Systemdrucker

4.10.6.1 Datensicherung als Zeichnungsdatei

 Speichern unter (Schnellzugriff-Werkzeugkasten)

Tragen Sie einen gewünschten Namen ein.

Schließen Sie mit **Speichern**.

Speichern
unter

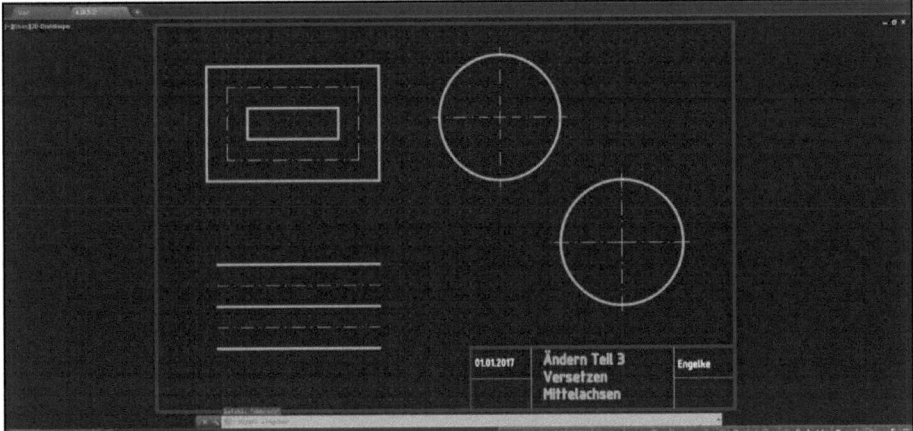

4.10.6.2 Zeichnungsausgabe auf dem Systemdrucker

Klicken Sie in das Feld „**Seiteneinrichtung**", wählen Sie „**A4-Querformat**".

Die Einstellungen für die Seiteneinrichtung sind bereits, entsprechend **Support-Kapitel 7 Unterkapitel 7-10 Buch-DVD**, eingetragen worden (19).

Plot

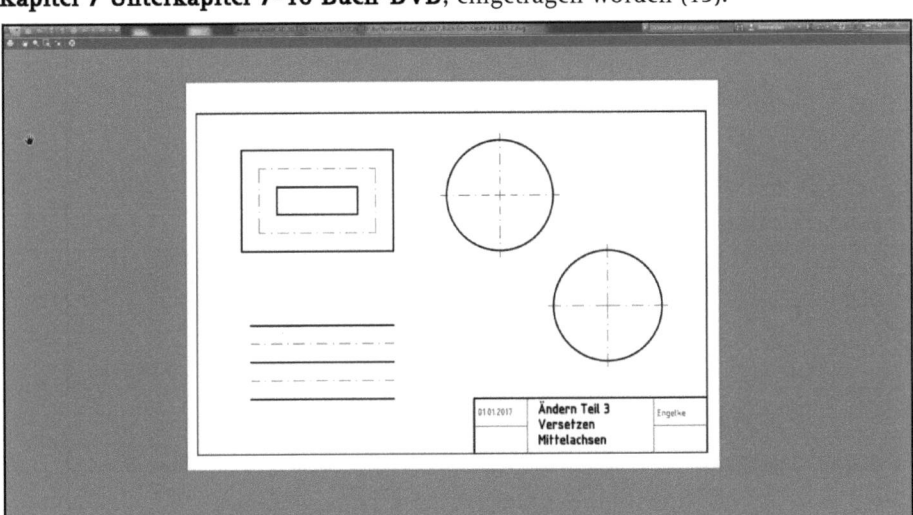

4.11 Trainingseinheit für Modifikationsbefehle, Blech mit Polygon und Schwalbenschwanzführung

4.11.1 Aufgabenbeschreibung:

Die Darstellung dieser Blechkonstruktion stellt die erste Anwendung dar, in der die gelernten Grundbefehle angewendet werden.

Geometriebefehle und Änderungsbefehle optimieren die Konstruktionsarbeit, wobei beim Anwender die Wahl der Möglichkeiten liegt.

Es gibt nun keinen leitenden roten Faden für die zu erledigende Zeichnung mehr, es gibt unterschiedliche Möglichkeiten in Ablauf, einzig was zählt, ist die richtige Konstruktion der, darzustellende Blechgeometrie.

Nach der Fertigstellung der Blechkonstruktion ist diese auch mit Bemaßung nach DIN 406 zu versehen.

4.11.1.1 Vorgaben:

- Öffnen Sie die Vorlagendatei.
- Erstellen der linken Seitenfläche mit dem Befehl „**Linie**" und bereinigen überstehender Linien mit dem Befehl „**Stutzen**".
- Erzeugen der rechten Blechseite über dem Befehl „**Spiegeln**".
- Einzeichnen eines „**Polygons**" mit sechs Seiten und „**Drehen**" um **90°**.
- „Verschieben" des ganzen Blechs in die Blattmitte.
- Fixieren beider Mittellinien.
- Layer-Zuweisung.
- Maßeintragungen nach DIN 406 entsprechend Lösungsdarstellung.

4.11.2 Voreinstellungen laden

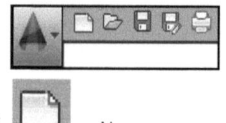

Neu

Laden Sie die neu erstellte Vorlagendatei über:

Neu / 2D-Grundblatt-Quer.dwt / Öffnen

Richten Sie das Blatt maximal auf dem Desktop aus.

Eingabe mit Tastatur:

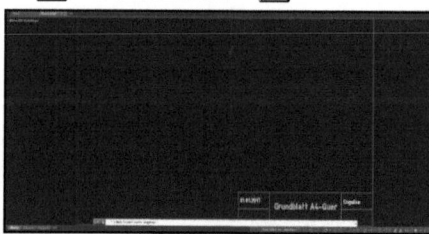

4.11.3 Erstellung der Blechgrundfläche

4.11.3.1 Zeichnen der linken Blechhälfte

Linie

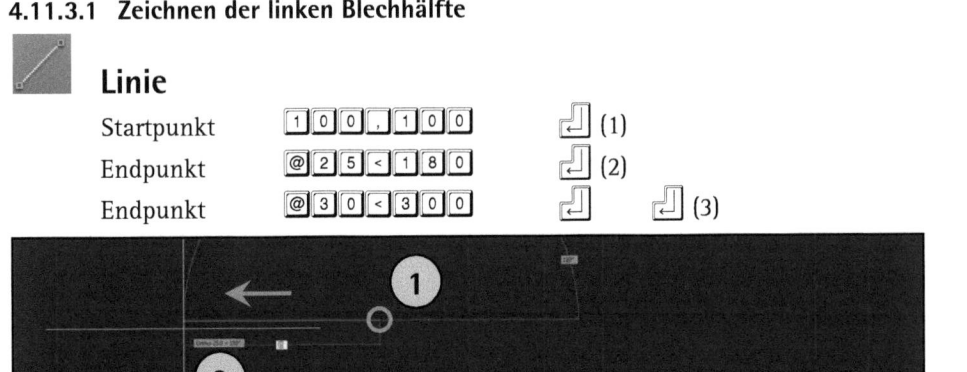

Startpunkt	`1 0 0 , 1 0 0`	⏎	(1)
Endpunkt	`@ 2 5 < 1 8 0`	⏎	(2)
Endpunkt	`@ 3 0 < 3 0 0`	⏎ ⏎	(3)

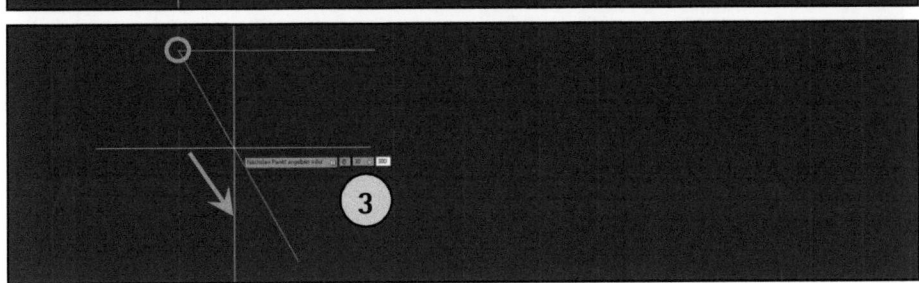

Eine weitere Eingabe der ⏎- Taste führt zu einer Befehlswiederholung des Befehls „**Linie**".

Startpunkt	`5 0 , 8 0`	⏎	(4)
Endpunkt	`@ 4 0 < 0`	⏎ ⏎	(5)

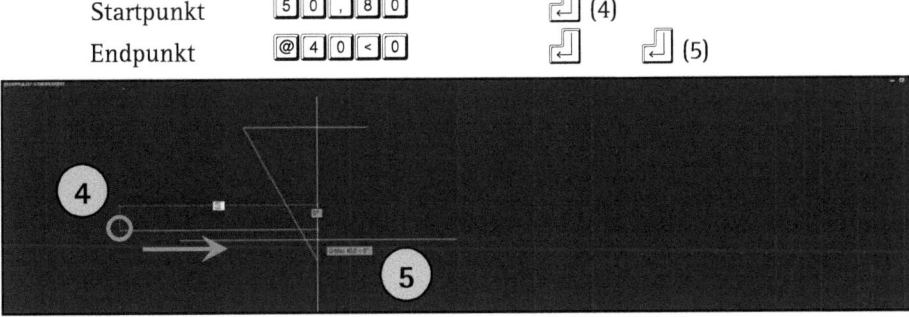

Eine weitere Eingabe der ⏎- Taste führt zu einer Befehlswiederholung des Befehls „**Linie**".

Startpunkt	`5 0 , 8 0`	⏎	(6)
Endpunkt	`@ 6 0 < 2 7 0`	⏎	(7)
Endpunkt	`@ 4 0 < 0`	⏎ ⏎	(8)

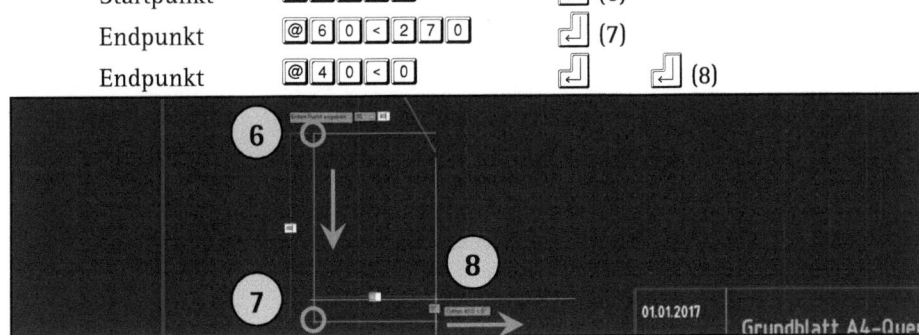

Eine weitere Eingabe der ⏎- Taste führt zu einer Befehlswiederholung des Befehls **„Linie"**.

Startpunkt	`1 0 0 . 4 0`	⏎ (9)	
Endpunkt	`@ 2 5 < 1 8 0`	⏎ (10)	
Endpunkt	`@ 3 0 < 3 0 0`	⏎	⏎ (11)

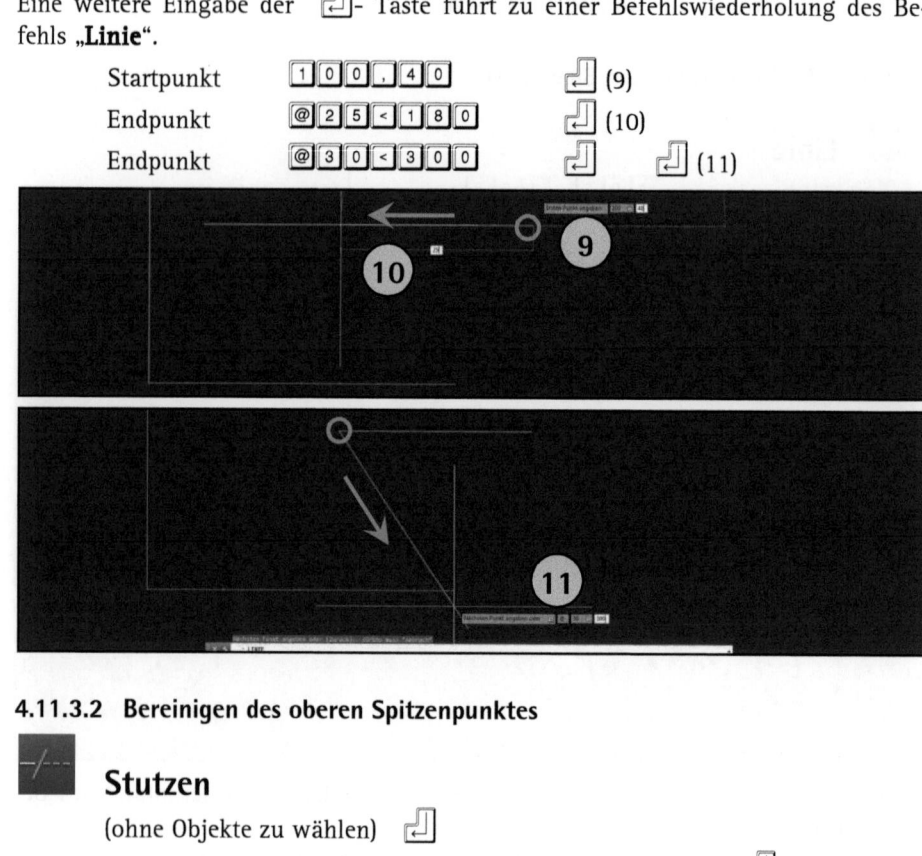

4.11.3.2 Bereinigen des oberen Spitzenpunktes

Stutzen

Stutzen

(ohne Objekte zu wählen) ⏎

Zu stutzende Objekte wählen (ca. Punkte 12 klicken) ⏎

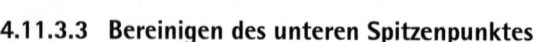

4.11.3.3 Bereinigen des unteren Spitzenpunktes

Stutzen

Stutzen

(ohne Objekte zu wählen) ⏎

Zu stutzende Objekte wählen (ca. Punkte 13 klicken) ⏎

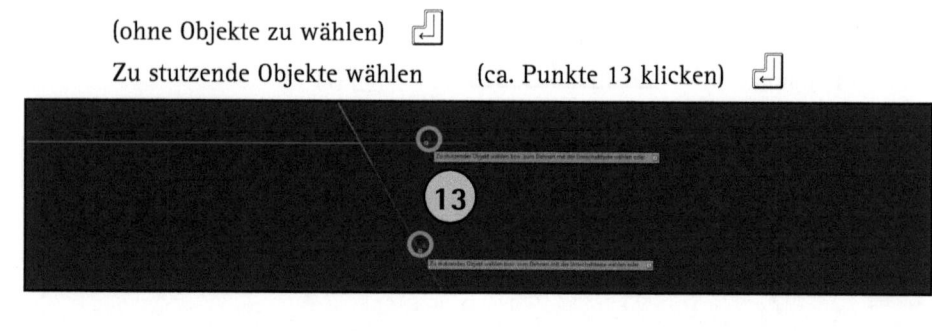

4.11.3.4 Erzeugen der rechten Blechhälfte über „Spiegeln"

 Spiegeln

Objekte wählen (ca. Punkt 14, 15 klicken)   ⌐⌐
(Auswahl über Rechteck mit blauem Hintergrund)

1. Achspunkt   (mit **Endpunkt** 16 klicken)

2. Achspunkt   (mit **Endpunkt** 17 klicken)

Abschluss mit   ⌐⌐

 Spiegeln

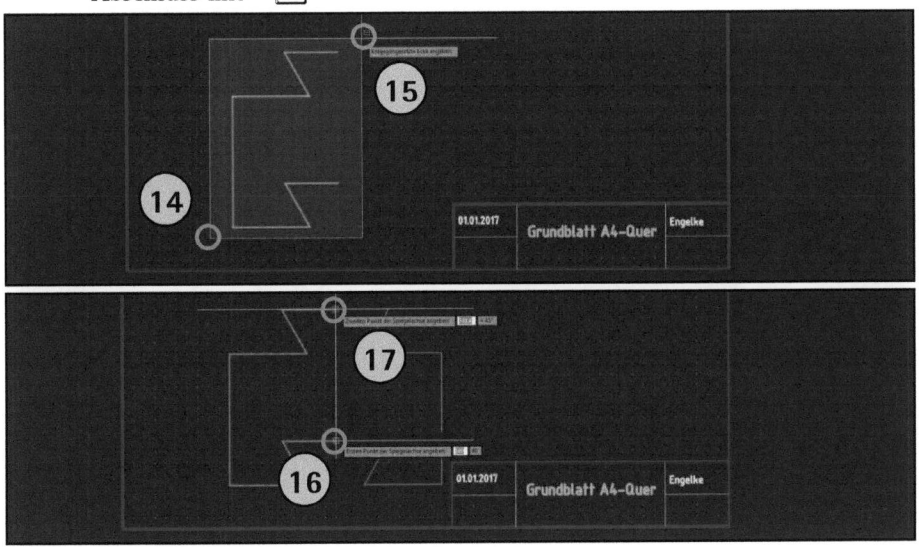

4.11.3.5 Regelmäßiges Vieleck einzeichnen:

 Polygon

Seitenzahl	6	⌐⌐
Basispunkt	1 0 0 , 6 5	⌐⌐ (18)
Lage	I N K R E I S	⌐⌐
Radius	1 0	⌐⌐ (19)

Polygon

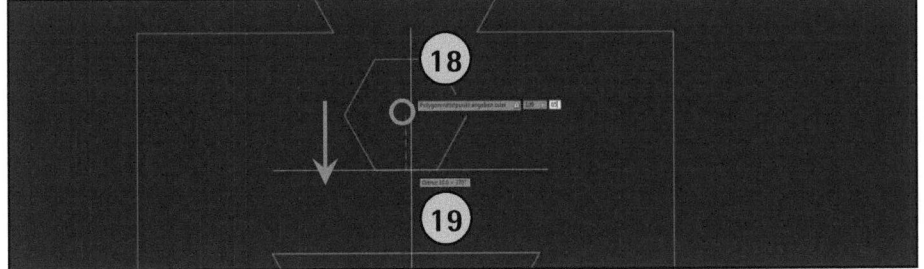

Drehen

4.11.3.6 Regelmäßiges Vieleck drehen:

 Drehen

Polygon wählen (ca. Punkt 20 klicken)

Basispunkt wählen **Geometrisches Zentrum** (21)

Richtung **270°** ziehen (22)

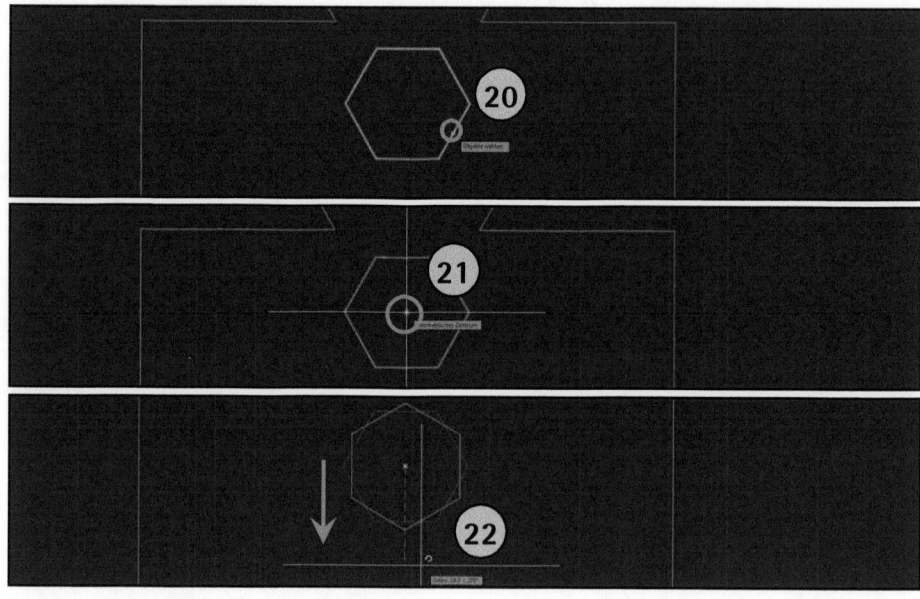

4.11.3.7 Schieben der Grundfläche

 Verschieben

 Schieben

Objekte wählen (ca. Punkt 23 und 24 klicken)
(Auswahl über Rechteck mit blauem Hintergrund)

Objektauswahl mit beenden.

Basispunkt wählen `1 0 0 , 6 5` (25)

Nächster Punkt `1 3 0 , 1 1 0` (26)

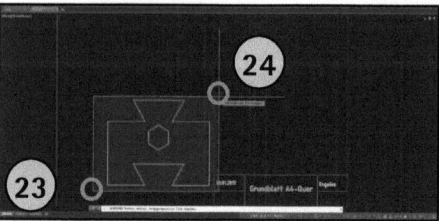 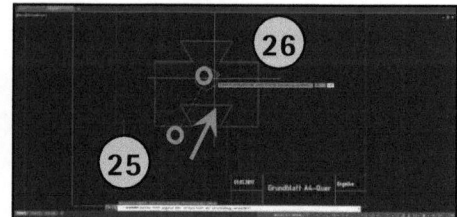

4.11.3.8 Mittellinien einzeichnen

 Linie

 Linie

Startpunkt : `1 3 0 , 6 0` ⏎

Eingabe `@ 9 0 < 9 0` ⏎ ⏎ (27)

Eine weitere Eingabe der ⏎- Taste führt zu einer Befehlswiederholung des Befehls **„Linie"**.

Startpunkt : `1 1 5 , 1 1 0` ⏎

Eingabe `@ 3 0 < 9 0` ⏎ ⏎ (28)

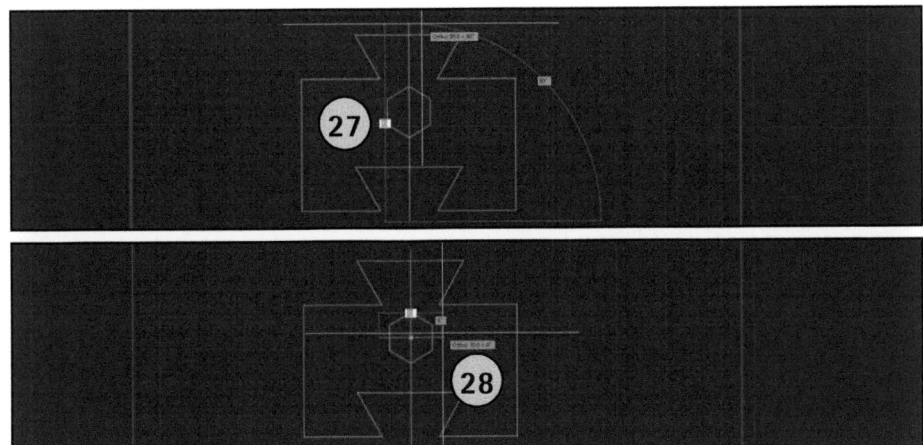

4.11.3.9 Layerzuweisung

Die Layerzuweisung erfolgt entsprechend dem Unterkapitel **3.1.5**.

* Weisen Sie den Linien den Layer **„05"** zu (29).
* Weisen Sie den Kreismittellinien den Layer **„Mittelliniekurz"** zu (30).

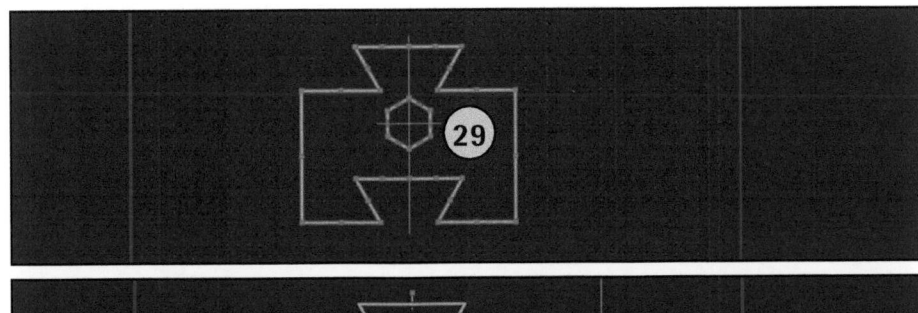

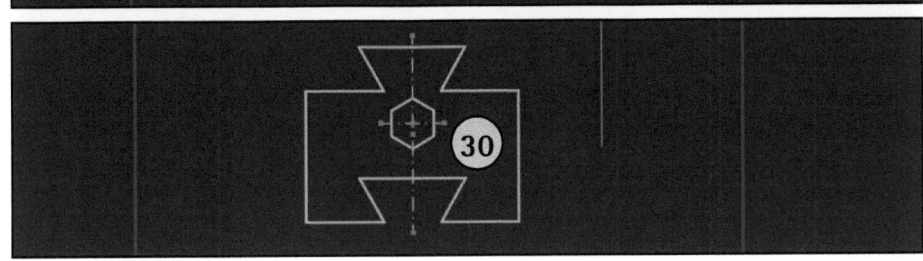

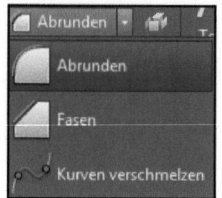

4.11.4 Abrundungen und Fasen

4.11.4.1 Erstellen von 2D-Abrundungen und Fasen, Vorbemerkungen

Eine Rundung oder Fase kann zwischen zwei Objekten des gleichen oder unterschiedlichen Objekttyps erstellt werden. Mögliche Typen sind hier die zweidimensionale Polylinien, Bogen, Kreise, Ellipsen, elliptische Bogen, Linien, Strahlen und Splines.

4.11.4.2 Erstellen von 2D-Abrundungen

Abrunden

 ## Abrunden

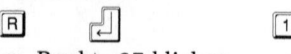

ca. Punkte 27 klicken

Eine weitere Eingabe der ⏎- Taste führt zu einer Befehlswiederholung des Befehls **„Abrunden"**.

ca. Punkte 28 klicken

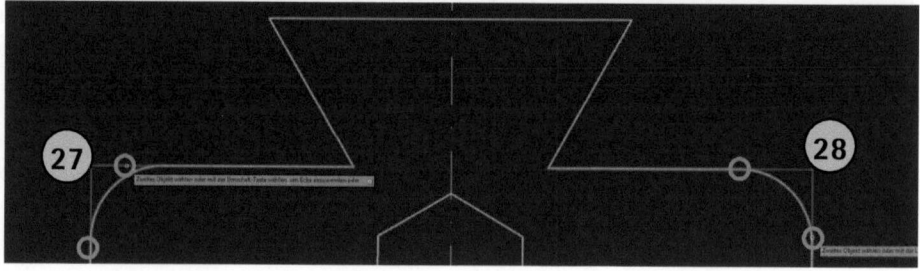

4.11.4.3 Erstellen von 2D-Fasen

Fase

 ## Fasen

 Abstand 1: [1][0] ⏎   Abstand 2: [1][0] ⏎

ca. Punkte 29 klicken

Eine weitere Eingabe der ⏎- Taste führt zu einer Befehlswiederholung des Befehls **„Fasen"**.

ca. Punkte 30 klicken

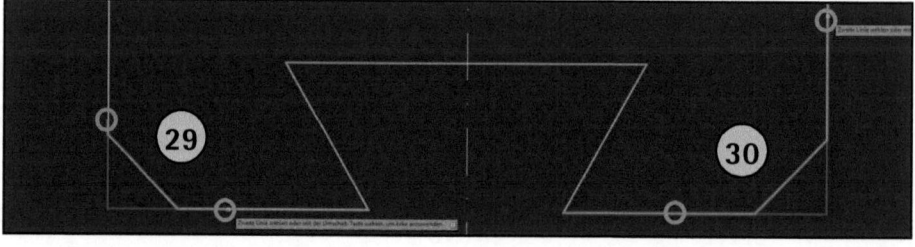

4.11.4.4 Texteintragung im Schriftfeld

 Absatztext

Tragen Sie den gewünschten, mehrzeiligen Text ein.
(entsprechend Unterkapitel **4.4.4.2**)

- Weisen Sie den Texteintragungen den Layer „**Text5mm**" zu (31).

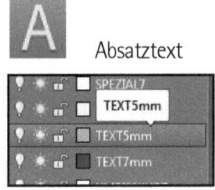

Absatztext

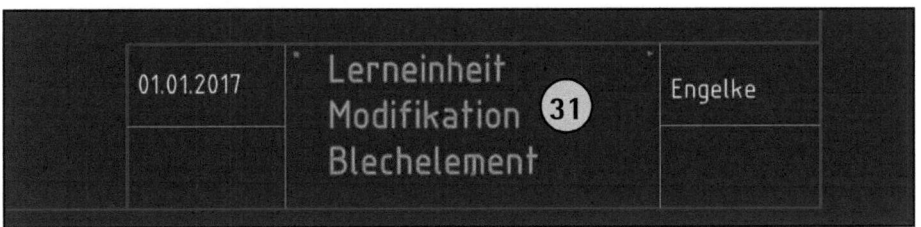

4.11.5 Datensicherung als Zeichnungsdatei und Ausgabe auf dem Systemdrucker

4.11.5.1 Datensicherung als Zeichnungsdatei

 Speichern unter (Schnellzugriff-Werkzeugkasten)

Tragen Sie einen gewünschten Namen ein.

Schließen Sie mit **Speichern** (32).

Speichern unter

4.11.5.2 Zeichnungsausgabe auf dem Systemdrucker

Klicken Sie in das Feld „**Seiteneinrichtung**", wählen Sie „**A4-Querformat**".

Die Einstellungen für die Seiteneinrichtung sind bereits, entsprechend **Support-Kapitel 7 Unterkapitel 7-10 Buch-DVD**, eingetragen worden (33).

Plot

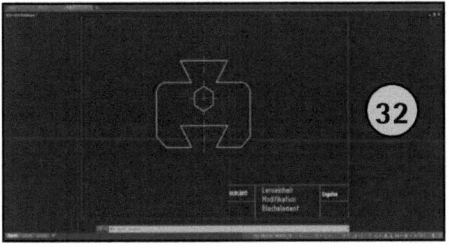

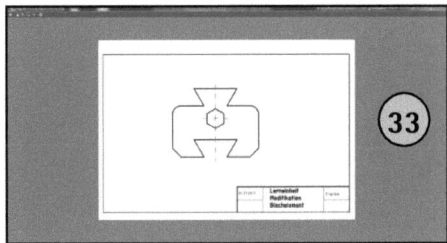

4.11.6 Maßeintragungen der Blechgrundfläche

4.11.6.1 Lineare Maßeintragung, entsprechend Unterkapitel 4.7.5.1

Linear

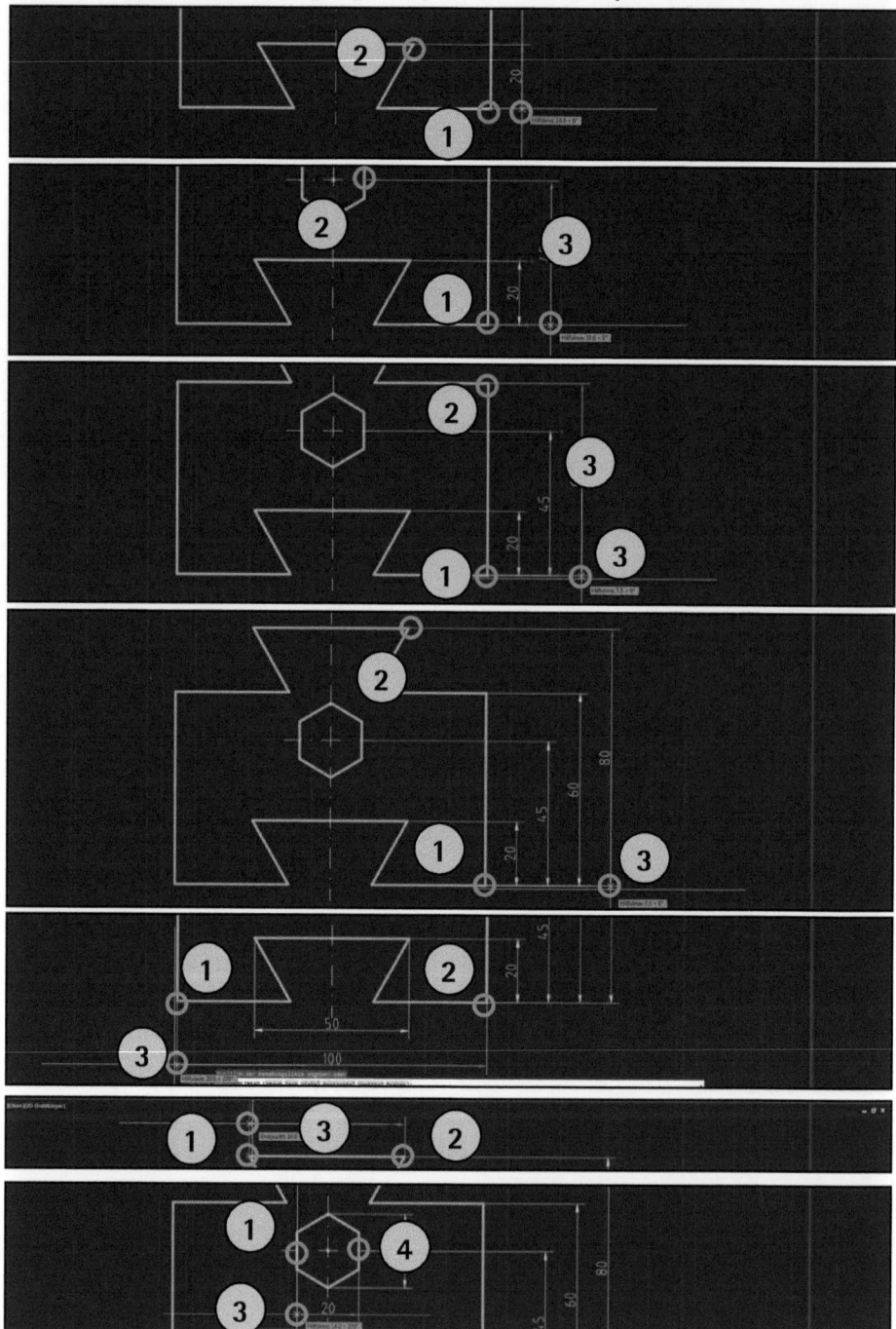

4.11.6.2 Winkel-Maßeintragung

Winkel

Schenkel 1 wählen (ungefähr Punkt 4 klicken)
Schenkel 2 wählen (ungefähr Punkt 5 klicken)
Maßlage festlegen (ungefähr Punkt 6 klicken)

 Winkel

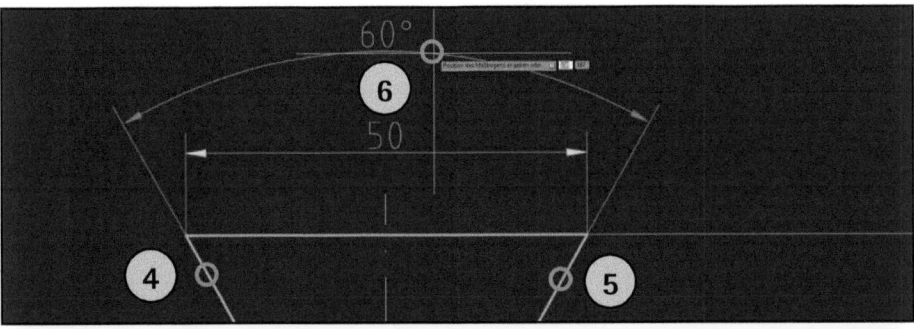

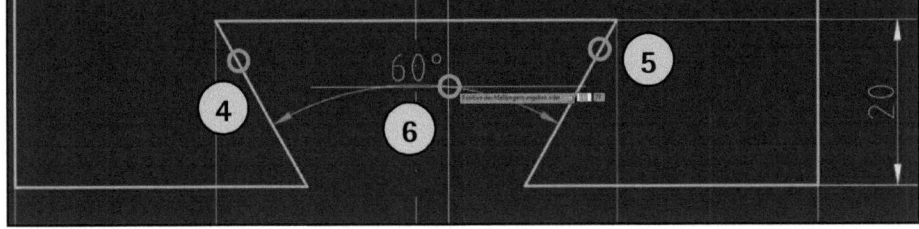

4.11.6.3 Maßeintragung für Abrundungen und Fasen

Radius

Startpunkt klicken, Maßlage festlegen (7).

 Radius

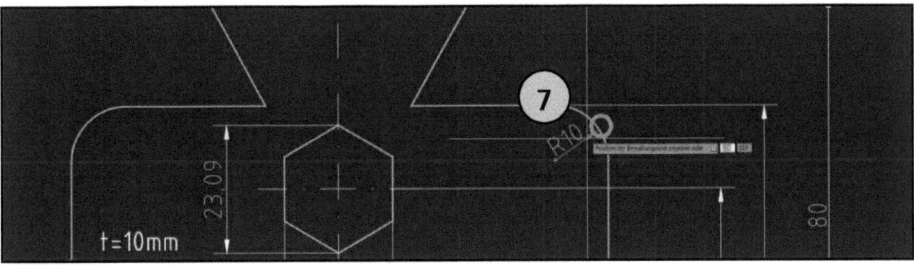

Multi-Führungslinie (Register **Text**)

Startpunkt klicken, Endpunkt klicken, Text setzen (8, 9).

 Multi-
Führungslinie

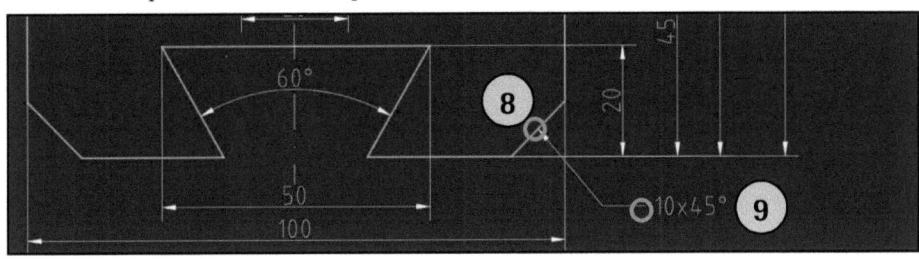

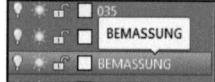

4.11.6.4 Layerzuweisung für die Maßeintragungen

Die Layerzuweisung erfolgt entsprechend dem Unterkapitel **3.1.5**.

- Weisen Sie den Maßeintragungen den Layer **„Bemaßung"** zu (20).

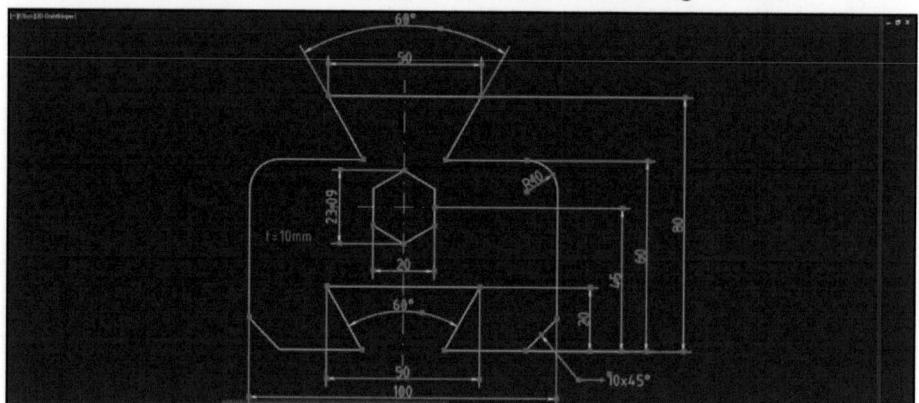

4.11.6.5 Maßtext für Blechdicke eintragen

Text
einzeilige Linie

 Text einzeilige Linie Eingabe mit Tastatur:

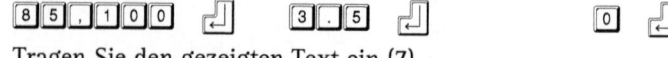

Tragen Sie den gezeigten Text ein (7).

Die Layerzuweisung erfolgt entsprechend dem Unterkapitel **3.1.5**.

- Weisen Sie den Maßeintragungen den Layer **„Text3.5mm"** zu (8).

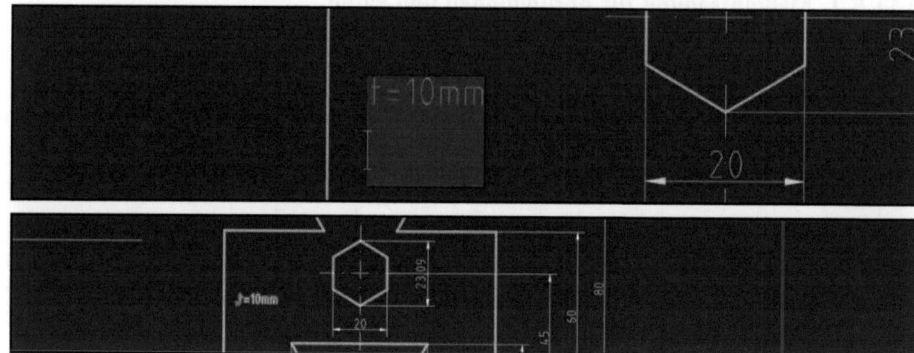

4.11.7 Datensicherung und Ausgabe auf dem Systemdrucker

4.11.7.1 Datensicherung als Zeichnungsdatei

 Speichern unter (Schnellzugriff-Werkzeugkasten)

Tragen Sie einen gewünschten Namen ein.

Schließen Sie mit **Speichern**.

 Speichern unter

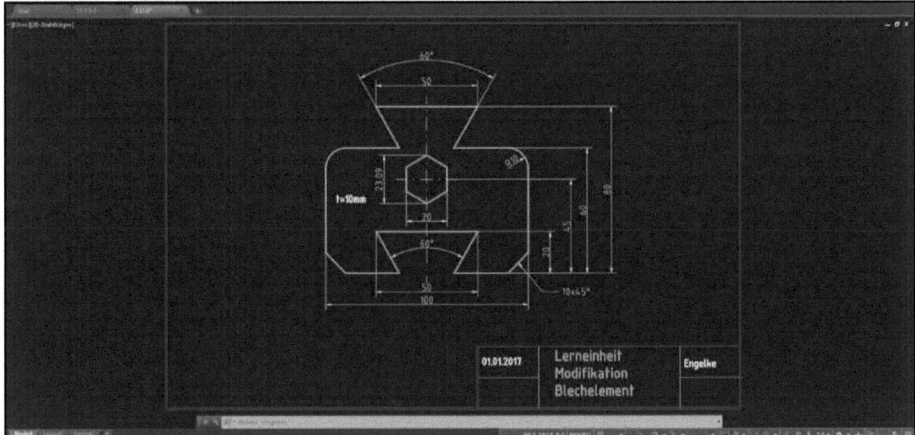

4.11.7.2 Zeichnungsausgabe auf dem Systemdrucker

Klicken Sie in das Feld „**Seiteneinrichtung**", wählen Sie „**A4-Querformat**".

Die Einstellungen für die Seiteneinrichtung sind bereits, entsprechend **Support-Kapitel 7 Unterkapitel 7-10 Buch-DVD**, eingetragen worden.

 Plot

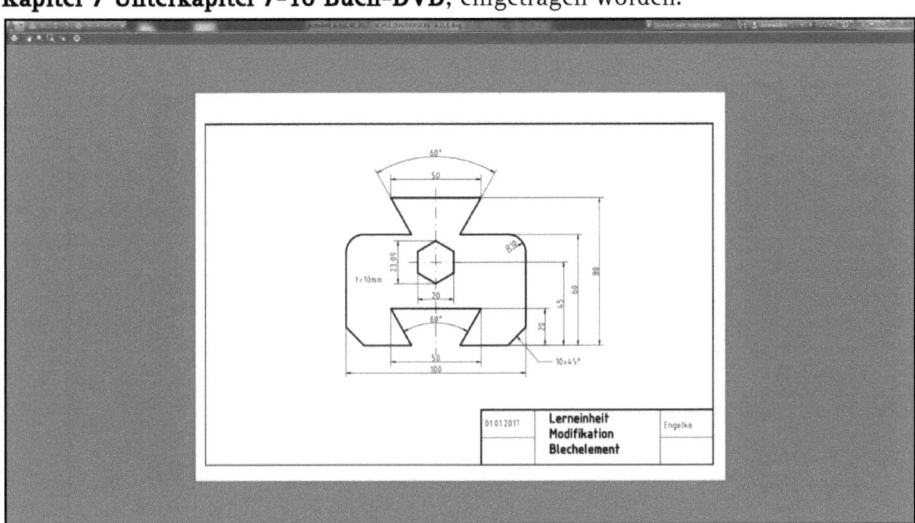

5

Autodesk
AutoCAD 2018
2D-Konstruktionen

Isometrische Darstellung

5 Isometrische Darstellungen

5.1 Räumliche Ansichtsarten für das Technische Zeichnen

Es gibt für das technische Zeichnen eine Reihe unterschiedlicher räumlicher Ansichtsarten. Darin werden die Zeichnungsobjekte (Bauteile, Baugruppen etc.) in einer dreidimensionalen Darstellung gezeichnet. Die räumliche Darstellung von Objekten soll es erleichtern die technische Zeichnung zu verstehen, da die wahre Form von Bauteile aus der Perspektive betrachtet einfacher und schneller zu erkennen ist. Die räumlichen Ansichten werden beim technischen Zeichnen ohne perspektivische Effekte gezeichnet.

5.1.1 Ansichtsarten, Auszug

Beim technischen Zeichnen unterscheidet man die isometrische Axonometrie DIN ISO 5456-3, die dimetrische Axonometrie, die Planometrische-Projektion und die Kabinett-Projektion. Die Ansichten unterscheiden sich im Winkel, in dem die nach hinten laufenden Bauteilkanten stehen und im Maßstab, in dem sie gezeichnet werden.

5.1.1.1 Isometrische Ansicht nach DIN ISO 5456-3

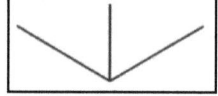

Die Isometrische Axonometrie ist eine Ansicht, in der die Bauteilkanten (welche in Realität im 90°-Winkel zueinander stehen) in einem 30°-Winkel zur Horizontalen gezeichnet werden. Dabei wird keine der Kanten verkürzt gezeichnet.
Isometrische Axonometrie, Winkel 30°/30°, Seitenverhältnis 1:1.

5.1.1.2 Dimetrische Ansicht nach DIN ISO 5456-4

Bei der dimetrischen Axonometrie steht eine Bauteilkante in einem 7°-Winkel zum Horizont, die andere Kante in einem 42°-Winkel. Bauteile in der dimetrischen Ansicht zu zeichnen ist vor allem dann sinnvoll, wenn eine bestimmte Seite des Bauteils besonders wichtig ist. Diese Seite sollte dann diejenige sein, die im 7°-Winkel zur Horizontalen steht. Die Bauteilkante, die im 42°-Winkel dargestellt ist, wird dabei in Seitenverhältnis 1:2 gezeichnet - also halb so lang wie in Realität.
Dimetrische Axonometrie, Winkel 7°/42°, Seitenverhältnis 1:2.

5.1.1.3 Planometrische Ansicht

Die planometrische Projektion ist eine ungenormte Ansicht. Dabei werden beide Bauteilkanten in einem 45°-Winkel zur Horizontalen gezeichnet. Das Seitenverhältnis bei dieser technischen Ansicht ist 1:1 - wie bei der Isometrischen Ansicht.
Planometrische-Projektion, Winkel 45°/45°, Seitenverhältnis 1:1

5.1.1.4 Kabinett-Ansicht

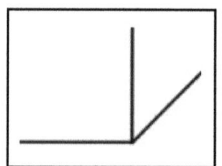

Die Kabinett-Projektion, auch Kavaliersperspektive, ist so wie auch die planometrische Ansicht eine ungenormte Ansicht. Bei der Kabinett-Ansicht wir eine Bauteilkante horizontal dargestellt, die zweite Kante (die in Realität im 90°-Winkel zu anderen steht) wird im 45° gezeichnet. Diese Kante wird so wie auch bei der Dimetrischen Ansicht im Seitenverhältnis von 1:2 gezeichnet.
Kabinett-Projektion, Winkel 0°/45°, Seitenverhältnis 1:2.

5.1.2 Axometrische Projektionen

Axonometrische Projektionen sind parallelperspektivische Darstellungen nach DIN ISO 5456-3.

Da der Fluchtpunkt der Körperkante ins Unendliche gerückt ist, werden parallele Körperkanten auch als Parallelen gezeichnet. Zu den axonomischen Projektionen zählen die isometrische und die dimetrische Darstellung. Sie geben von Gegenständen anschauliche Bilder wieder. Der darzustellende Gegenstand wird mit seinen Hauptansichten, Achsen und Kanten parallel zu den Koordinatenachsen gezeichnet. Die Lage des Gegenstandes ist so zu wählen, dass die Hauptansicht und die anderen Ansichten, die in der technischen Zeichnung ausgewählt wurden, deutlich erkennbar sind.

Achsen sowie der Verlauf von Symmetrieebenen eines Gegenstandes sind nur zu zeichnen, wenn diese unerlässlich sind. Verdeckte Umrisse und Kanten sind möglichst nicht darzustellen. Eine Schraffur zum Hervorheben eines Schnittes ist vorzugsweise mit dem Winkel von 45° zu den Achsen und Umrissen eines Schnittes zu zeichnen. Eine Schraffur zum Hervorheben von Ebenen, die parallel zu den Koordinatenachsen liegen, ist vorzugsweise parallel Koordinatenebenen zu zeichnen.

Die Maßeintragung an axonometrischen Darstellungen sollte nur in Sonderfällen erfolgen unter Berücksichtigung der Bemaßungsregeln nach ISO 129. Die Lage der Koordinatenachsen X bzw. Y ist nach Vereinbarung zu wählen, wobei eine Achse (Z-Achse) vertikal ist. Die isometrische Projektion ist eine rechtwinklige Parallelprojektion, bei der die Projektionsebenen zwei gleiche Winkel, mit je 30°, zu den drei Koordinatenachsen bilden.

5.1.3 Isometrie im Rohrleitungsbau

5.1.3.1 Darstellungsrichtlinien

Die Rohrstränge werden isometrisch mit Linien im Maßstab 1:10 oder 1:100 dargestellt. Richtungsänderungen werden durch Dreiecke, dargestellt in den Hauptebenen, gekennzeichnet. Schraffurrichtungen für diese Dreiecke nach DIN ISO 6412 sollen eine komplizierte Rohrführung in der Darstellung durchsichtig machen.

Rohrbogen werden nicht als Bogen gezeichnet, sondern als Ecke.

Schweißverbindungen (Flansch, Rohrbogen, Reduzierungen, Rohr etc.) werden immer mit einem Punkt im Rohr gekennzeichnet.

Die Vermassung des Stranges soll sich auf die für die Fertigung und Montage erforderlichen Angaben beschränken.

Maßangaben erfolgen über die Dichtflächen der Flansche und über die Abknickpunkte der Rohrbogen.

Alle Einzelteile werden durch Positionsnummern nach DIN ISO 6433 gekennzeichnet und in der Stückliste aufgeführt.

Alle Armaturen, Messstellen, Aggregate, Maschinen etc. werden mit der entsprechenden Bezeichnung im Strang bzw. am Anschlusspunkt gekennzeichnet.

Armaturen werden mit Ventilsymbol gezeichnet.

Abzweigende oder weiterführende Rohre werden mit der entsprechenden Rohrstrangnummer und der Nennweite gekennzeichnet.

Rohrstränge können auf mehrere Blätter aufgeteilt werden.

5.1.3.2 Darstellungsbesonderheiten

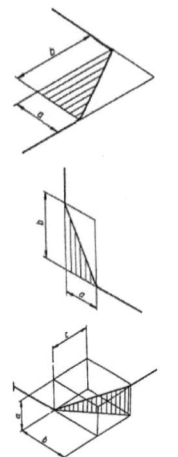

Treten bei Rohrleitungen Biegungen auf, die vom 90'-Winkel abweichen, aber in einer Ebene liegen, wird in der isometrischen Darstellung ein Parallelogramm angegeben, in dem die schräg verlaufende Rohrleitung die Diagonale bildet.

Zur Verdeutlichung der Verlegerichtung ist es empfehlenswert, das Dreieck, das sich neben der Diagonalen bzw. unter der Diagonalen bildet, zu schraffieren.

Liegende Stützdreiecke werden unter 30°, stehende Stützdreiecke senkrecht schraffiert. Bemaßt werden müssen die Parallelogrammseiten a und b.

Zur Darstellung von im Raum liegenden Rohrleitungs- Biegungen wird ein Prisma zu Hilfe genommen.

In die unten liegende Ebene wird die Flächendiagonale projiziert.

Das dadurch entstehende Stützdreieck wird senkrecht schraffiert. Breite, Länge und Höhe des Prismas (a, b, c) müssen bemaßt werden.

5.1.3.3 Sinnbilder

Für die Darstellung isometrischer Rohrleitungs- Schemen gilt die DIN ISO 6412 Teil 1 und 2 „Vereinfachte Darstellung von Rohrleitungen".

Für die schematische Darstellung der Rohrarmaturen und Rohrleitungsteile gibt es eine große Anzahl von relevanten Normen. Hier einige Normen als unvollständige Aufzählung:

DIN 2429 Teil 1 / 2 und Beiblätter, DIN ISO 1219; DIN 2481, DIN ISO 6412, DIN ISO 6433, DIN ISO 10209 und weitere Normen.

5.1.3.4 Vektor- Verlaufsrichtungen

Die Verlaufsrichtung der Rohre muss angegeben werden. Hierbei unterscheidet man drei verschieden Windrosen:

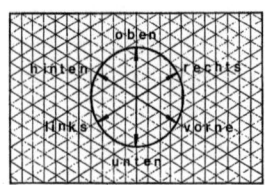 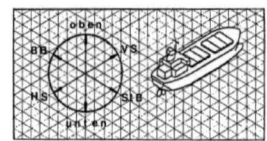 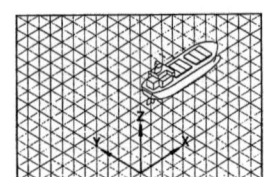

Allgemeiner Rohrleitungsbau   Schiffsbezogener Rohrleitungsbau   CAD / CAM (CNC)- Rohrleitungsbau

5.1.4 AutoCAD und Isometrie

Eine isometrische 2D-Zeichnung ist die flache Darstellung einer dreidimensionalen isometrischen Projektion. Diese Methode der Zeichnung bietet eine schnelle Möglichkeit zum Erstellen einer isometrischen Ansicht eines einfachen Designs. An einer isometrischen Achse gemessene Abstände sind maßstabsgetreu. Da Sie jedoch in 2D zeichnen, ist es nicht möglich, andere 3D-Abstände und Bereiche zu extrahieren, Objekte aus verschiedenen Blickwinkeln zu betrachten oder verdeckte Linien automatisch zu entfernen.

5.1.4.1 ISO-Ebenen einstellen und ändern

Mit dem Befehl „**ISOENTWURF**" werden mehrere Systemvariablen und Einstellungen automatisch in Werte geändert, die isometrische Winkel möglich machen. Die standardmäßigen isometrischen Ebenen, so genannte ISO-Ebenen, lauten wie folgt:

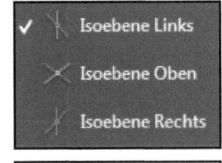

ISO-Ebene Rechts:
Definiert die Ausrichtung von Fang und Raster entlang der Achsen bei 30 und 90 Grad.

ISO-Ebene Links:
Definiert die Ausrichtung von Fang und Raster entlang der Achsen bei 90 und 150 Grad.

ISO-Ebene Oben:
Definiert die Ausrichtung von Fang und Raster entlang der Achsen bei 30 und 150 Grad.

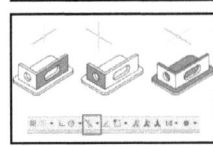

Durch die Auswahl einer der drei ISO-Ebenen werden automatisch der Fadenkreuzcursor sowie Präzisions- und Schnellauswahl-Werkzeuge an den entsprechenden isometrischen Achsen ausgerichtet. Sie können also zunächst die obere Ebene zeichnen, dann zur linken Ebene wechseln, um eine Seite zu zeichnen, und die Zeichnung schließlich in der rechten Ebene fertig stellen.

Der Befehl „**ISOENTWURF**" ersetzt den Befehl „**ISOEBENE**", der wichtigste Vorteil besteht darin, dass bei seiner Aktivierung oder Deaktivierung auch alle zugehörigen Einstellungen automatisch geändert werden

5.1.4.2 Isometrisches Raster und Rasterfang

Wenn Sie von der orthogonalen zur isometrischen Zeichnung wechseln, werden das Raster und der Rasterfang von einem rechteckigen Muster in ein rautenförmiges Muster geändert, das den isometrischen Winkeln entspricht. Darüber hinaus werden die Rasterlinien zu Rasterpunkten, und die Abstände im Raster und Rasterfang werden ebenfalls angepasst. Wenn Sie die isometrische Zeichnung deaktivieren, werden die Rastereinstellungen wiederhergestellt.

5.1.4.3 Isometrische Kreise, Bogen und Rundungen

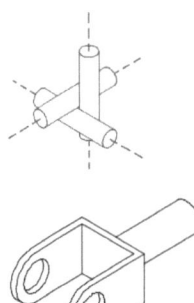

Zeichnen Sie zur Darstellung konzentrischer Kreise eine weitere Ellipse mit dem gleichen Mittelpunkt, anstatt die Originalellipse zu versetzen. Durch Versetzen werden ovale Splines erzeugt, die nicht die erwarteten verkürzten Abstände darstellen. Verwenden Sie ISO-Kreise für Bogen, Rundungen und alle anderen radialen Bogen, um diese zu anderen Kanten hin zu stutzen und zu dehnen. ISO-Kreise stellen Zylinder oder Bohrungen korrekt dar, die parallel zu einer isometrischen Achse sind, und ihre Silhouettenkanten verlaufen immer parallel zu einer isometrischen Achse. Zeichnen Sie zur Darstellung konzentrischer Kreise eine weitere Ellipse mit dem gleichen Mittelpunkt, anstatt die Originalellipse zu versetzen.

Lernsituation X

Erstellen eines Grundblattes
Größe A4 Querformat
Isometrisches Raster und Rasterfang

Beschreibung:

Für die Darstellung der Lernmodelle ist ein, auf einem gebräuchlichen Drucker, auszugebendes Zeichnungsblatt zu erstellen.

Dieses Zeichnungsblatt ist mit einem einfachen Schriftfeld zu versehen, die Blattlage ist entsprechend DIN EN ISO 216 und DIN EN ISO 5457 zu positionieren, mit Beschriftung entsprechend DIN EN ISO 3098-2 zu versehen und mit Linien auf Layern nach DIN ISO 128-20/21 fertig zu stellen.

Das ISO-Raster wird als Dreieck-Netzblatt dargestellt.

5.2 Erstellen eines Grundblattes, Größe A4 Querformat, Raster ISO

5.2.1 Aufgabenbeschreibung:

Konstruktionszeichnungen bedürfen einer geordneten Blattgröße nach **DIN EN ISO 216, Papier-Endformate** und **DIN EN ISO 5457, Formate und Gestaltung von Zeichnungsvordrucken**. Die Monitormaße entsprechen in etwa der Größe eines DIN A4-Blatts, so dass ein Bezug zwischen Desktop-Darstellung und einer bekannten Papiervorlage besteht.

Außerdem sollte dieser Blattrahmen ohne aufwändige Druckeranpassung auszugeben sein. Für die Darstellung der Linienbreiten gilt die Anwendung der Normen **DIN ISO 128-20- Linien und Linienarten, DIN ISO 128-21- Ausführung von Linien in CAD-Systemen** und **DIN ISO 13567- Gliederung und Benennung von Layern für CAD**. Die Beschriftung ist mit einem Schriftsatz entsprechend **DIN EN ISO 3098-2** auszuführen.

Diese Richtlinien werden aus dem **Kapitel 3**, **Kapitel 6** und **Kapitel 7** übernommen und mit einer Einstellung entsprechend **DIN ISO 5456-3** erweitert. Diese Voreinstellungen werden als Vorlagendatei gespeichert.

5.2.2 Voreinstellungen laden

Laden Sie die neu erstellte Vorlagendatei über:

Neu / 2D-Grundblatt-Quer.dwt / Öffnen

Richten Sie das Blatt maximal auf dem Desktop aus.

Eingabe mit Tastatur: ⟦Z⟧⟦O⟧⟦O⟧⟦M⟧ ⏎ ⟦A⟧⟦L⟧⟦L⟧⟦E⟧⟦S⟧ ⏎

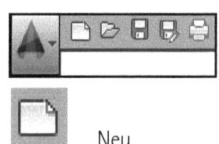

Neu

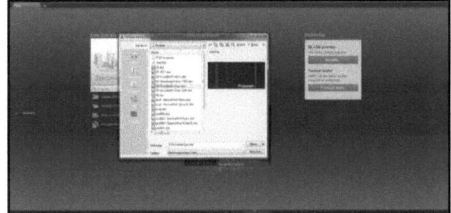 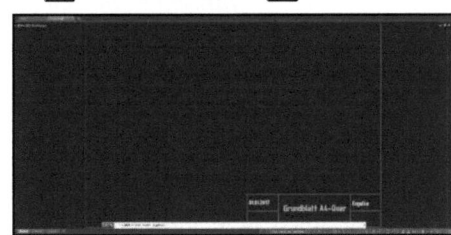

5.2.2.1 Benennung im Schriftfeld

- Löschen Sie den eingetragenen Schriftfeldtext.

Absatztext

Tragen Sie den gewünschten, mehrzeiligen Text ein.
(entsprechend Unterkapitel **4.4.4.2**)

- Weisen Sie dem Text in Höhe **5** mm den Layer „**Text5mm**" (1).

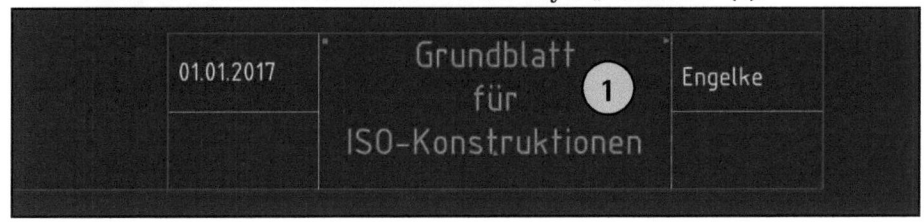

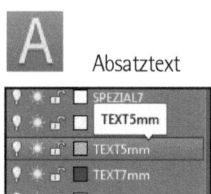

Absatztext

5.2.3 ISO-Voreinstellungen laden, ISO-Ebene

5.2.3.1 Einstellen der ISO-Zeichnungselemente über „ISOENTWURF"

ISOENTWURF

Option eingeben
- orThogonal
  - isoebene Links
  - isoebene Oben
  - isoebene Rechts

ISOENTWURF (Aufruf über **Statusleiste**)

Wählen Sie „**Isoebene Rechts**"

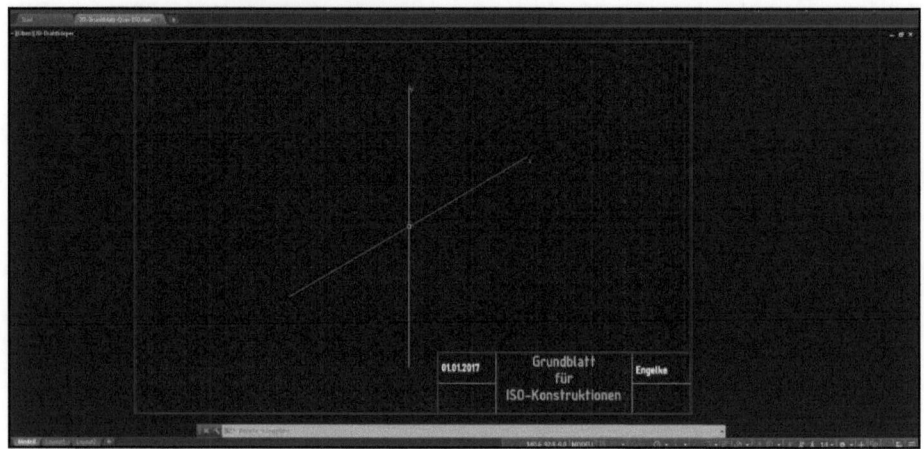

5.2.3.2 Datensicherung der Vorlagendatei

Speichern
unter

Wählen Sie aus dem Menü-Browser:

Extras / Speichern unter / Zeichnungsvorlage (2)

Tragen Sie einen gewünschten Namen ein.

Der Nachname „**.dwt**" wird automatisch angehängt.
Tragen Sie in die Beschreibungsbox Info's über den Inhalt ein.

Schließen Sie mit dem Button: **Speichern**.

5.2.3.3 Datensicherung als Zeichnungsdatei

Speichern
unter

Wählen Sie aus dem Menü-Browser:

Extras / Speichern unter / Zeichnung (3)

Tragen Sie einen gewünschten Namen ein.
Der Nachname „**.dwg**" wird automatisch angehängt.
Schließen Sie mit dem Button: **Speichern**.

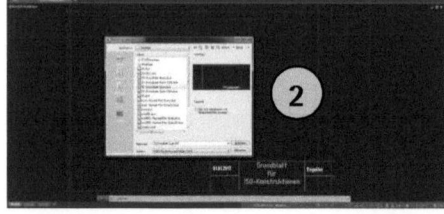
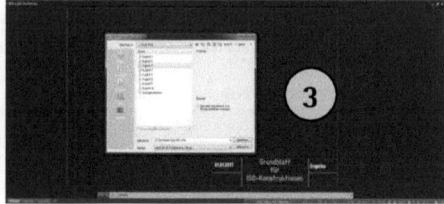

5.2.4 Textstile für isometrische Bemaßung einrichten

5.2.4.1 Textstile für isometrische Bemaßung einrichten, Grundlagen

AutoCAD hat keinen Bemaßungsstil, um in den einzelnen ISO- Ebenen zu bemaßen, deshalb muss durch Bearbeitung der **„Ausgerichteten Bemaßung"** und eigens erstellter Textstile dieses Problem gelöst werden. – Eigentlich müssten sogar entsprechend der ISO- Ebene Maßpfeile konstruiert werden, diese sind aber nach ISO-Norm nicht unbedingt erforderlich.

Zur korrekten Beschriftung und Bemaßung werden zwei um **30°** gekippte Textstile benötigt. Als Empfehlung findet hier der AutoCAD-Fontsatz **ISOCP** Verwendung.

Die Prototyp- Zeichnung ist um diese Textstile, mit entsprechendem Fontsatz, ergänzt, außerdem ist es günstig gleich zwei neue Bemaßungsstile mit diesen Textstilen zu erzeugen.

5.2.4.2 Textstile für isometrische Bemaßung einrichten, Vorgaben

Für die isometrische Bemaßung in AutoCAD sind weitere Grundeinstellungen zu beachten:

- Textstile „**ISO+30**" und „**ISO–30**" einrichten.
- Bemaßungsstile „**ISO+30**" und „**ISO–30**" einrichten.

5.2.4.3 Laden der benötigten Textstile

Das Laden der neuen Schriftstile wird entsprechend Unterkapitel **6.4.2** vorgenommen.

Beschriftungen in Zeichnungen erfolgen nach **DIN EN ISO 3098**, es ist ein Textstil zu wählen, der dieser Norm entspricht, hier bietet AutoCAD den eigenen Textstil **„ISOCP.shx"** an.

Aktivieren Sie das Register **„Beschriften / Text"**, klicken Sie den schrägen Pfeil (1).

> Dialogboxbutton **„Neu"** (1)
>
> Stilnamen mit Tastatur eingeben ⌨I⌨S⌨O⌨+⌨3⌨0 (2)
> Weiter mit **"OK"**.
> Schriftart auswählen **„ISOCP.shx"** (5) für Stil **„ISO+30"** (3).
> Tragen Sie den Neigungswinkel ⌨3⌨0 ein (4).
> Schließen Sie ab über **„Anwenden"** und **„Schließen"** (5).

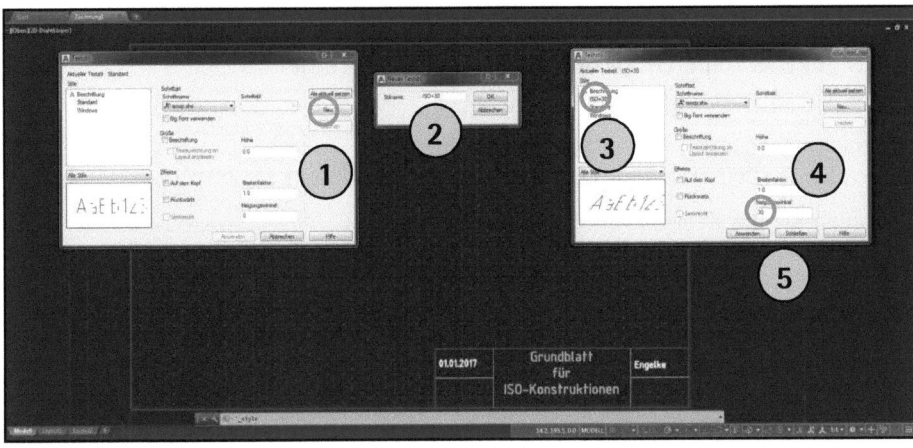

Verfahren Sie mit dem weiteren, zusätzlichen Textstil **„ISO–30"** entsprechend.

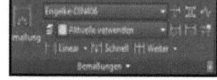

5.2.4.4 Bemaßungsstile für isometrische Bemaßung einrichten, Vorgaben

Ein Bemaßungsstil ist eine benannte Zusammenstellung von Bemaßungseinstellungen, die das Erscheinungsbild von Bemaßungen steuern. Mithilfe von Bemaßungsstilen können Sie das Format von Bemaßungen schnell und einfach definieren. Gleichzeitig können Sie hier sicher stellen, dass die Bemaßungen den Normstandard DIN 406 entsprechen.

5.2.4.5 Generieren der angepassten ISO-Bemaßungsstile

* Wählen Sie das Register **„Beschriften / Bemaßungen"** und klicken den schrägen Pfeil.
  Klicken Sie im Bemaßungsstil-Manager auf den Button **„Neu"** (1).
  Geben Sie im Dialogfeld **„Neuen Bemaßungsstil erstellen"** den Namen **„ISO+30"** für den neuen Bemaßungsstil ein, und klicken Sie auf **„Weiter"** (2).
  Wählen Sie das Register **„Text"**.
  Zuweisungen Textstil: **„ISO-30"** (3).
  Schließen Sie ab über **„OK"** (4).

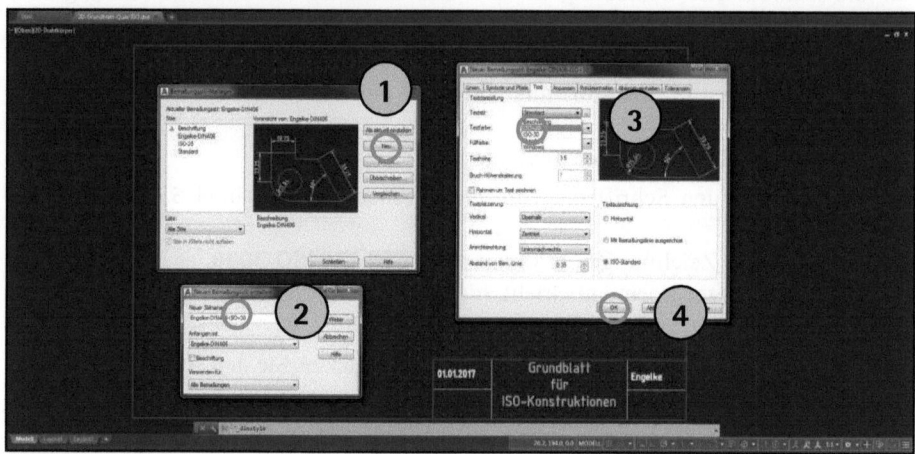

Verfahren Sie mit dem weiteren, zusätzlichen Bemaßungsstil **„ISO-30"** entsprechend.

Speichern unter

5.2.4.6 Datensicherung der Vorlagendatei

Wählen Sie aus dem Menü-Browser:

Extras / Speichern unter / Zeichnungsvorlage

Tragen Sie einen gewünschten Namen ein.

Der Nachname **„.dwt"** wird automatisch angehängt.
Tragen Sie in die Beschreibungsbox Info's über den Inhalt ein.

Schließen Sie mit dem Button: **Speichern**.

Lernsituation XI

ISO-Grundkonstruktion Würfel

Beschreibung:

Einfache Geometrie-Elemente, kombiniert mit den Vektorrichtungen, die über ISO-Voreinstellungen bereits als Vorgabe eingerichtet sind, lassen ein fast dreidimensionales Aussehen eines Würfels, ohne verdeckte Kanten, entstehen.

5.3 ISO-Grundkonstruktion Würfel

5.3.1 Aufgabenbeschreibung

Für die Erstellung der Bauteile ist häufig eine Profilfläche als Basis zu erstellen und über Mantelllinien in Vektorrichtung wird die Tiefe simuliert.

Für die isometrische Konstruktion der kann das Gelernte aus den vorherigen Kapiteln angewendet werden, lediglich auf den Befehl

„Versetzen" ist zu verzichten.

Durch **„Versetzen"** werden Linien erzeugt, die nicht die erwarteten parallelen Abstände darstellen.

Auf die Darstellung von verdeckten Konturen wird verzichtet.

5.3.1.1 Vorgaben

- Öffnen Sie die ISO-Vorlagendatei.

- Quadratfläche mit einer Kantenlänge von **50** mm auf der ISO-Ebene **Rechts**.

- Quadratfläche mit einer Kantenlänge von **50** mm auf der ISO-Ebene **Links**.

- Quadratfläche mit einer Kantenlänge von **50** mm auf der ISO-Ebene **Oben**.

- Layer-Zuweisung.

5.3.2 Voreinstellungen laden

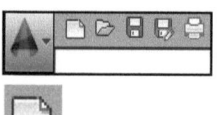

Neu

Laden Sie die neu erstellte Vorlagendatei über:

Neu / 2D-Grundblatt-Quer-ISO.dwt / Öffnen

Richten Sie das Blatt maximal auf dem Desktop aus.

Eingabe mit Tastatur: ZOOM ↵   ALLES ↵

5.3.3 Texteintragung im Schriftfeld

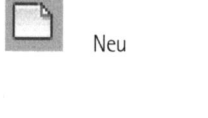

Absatztext

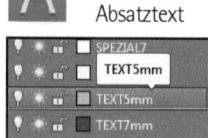

A **Absatztext**

Tragen Sie den gewünschten, mehrzeiligen Text ein.
(entsprechend Unterkapitel **4.4.4.2**)

- Weisen Sie den Texteintragungen den Layer „**Text5mm**" zu.

5.3.4 Der Würfel über axometrische Projektion, Ablaufdarstellung

5.3.4.1 Einstellung der ISO-Ebene

 ISOENTWURF (Aufruf über **Statusleiste**)

Wählen Sie „**Isoebene Rechts**"

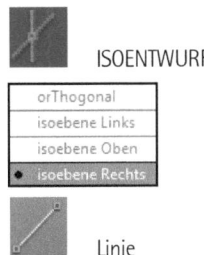

ISOENTWURF

| orThogonal |
| isoebene Links |
| isoebene Oben |
| • isoebene Rechts |

Linie

5.3.4.2 Quadratfläche auf der ISO-Ebene Rechts

 Linie

Startpunkt :	6 0 . 7 0	⮠	(1)	
Endpunkt:	(Maus in Richtung ziehen)	5 0	(2)	⮠
Endpunkt:	(Maus in Richtung ziehen)	5 0	(3)	⮠
Endpunkt:	(Maus in Richtung ziehen)	5 0	(4)	⮠
Endpunkt:	(Maus in Richtung ziehen	5 0	(5)	⮠
Abschluss mit	⮠			

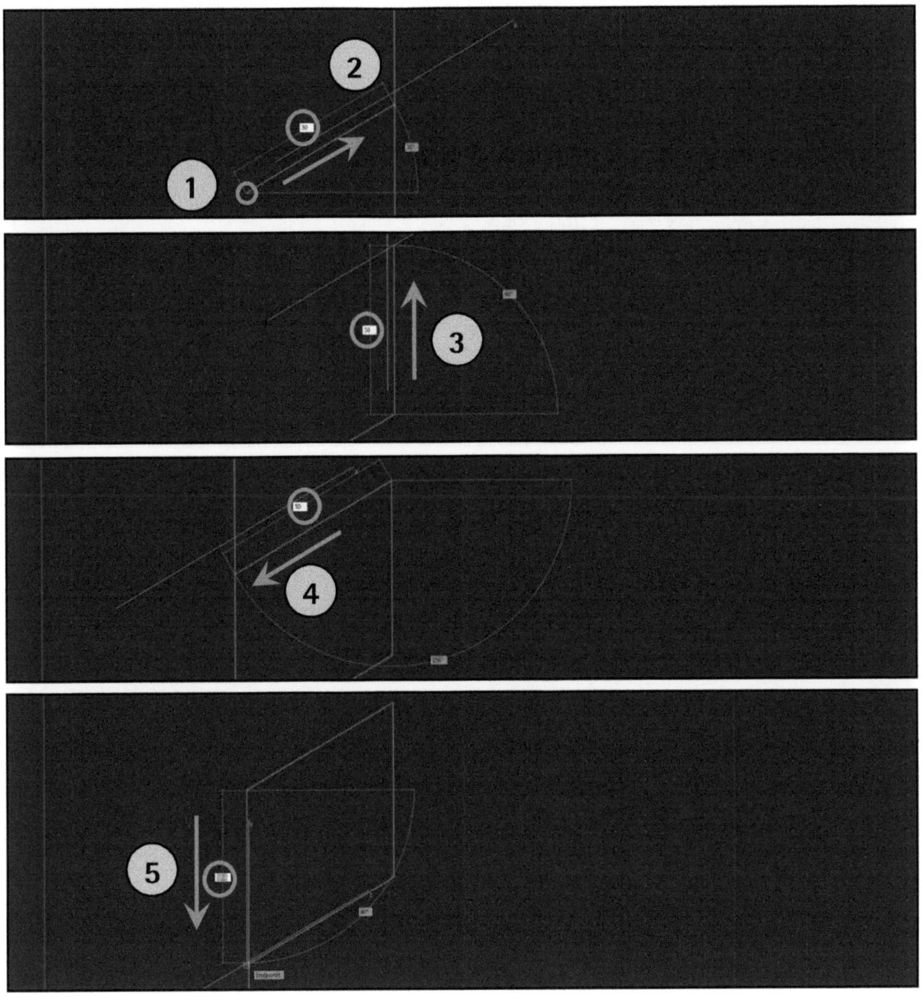

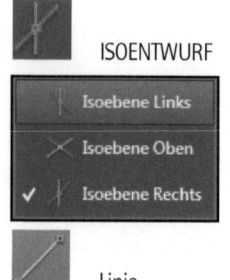

ISOENTWURF

Isoebene Links

Isoebene Oben

✓ Isoebene Rechts

Linie

5.3.4.3 Quadratfläche auf der ISO-Ebene Links

 ISOENTWURF (Aufruf über **Statusleiste**)

Wählen Sie „**Isoebene Links**"

 Linie

Startpunkt :	6 0 , 7 0	↵	(6)
Endpunkt:	(Maus in Richtung ziehen)	5 0	(7) ↵
Endpunkt:	(Maus in Richtung ziehen)	5 0	(8) ↵
Endpunkt:	(Maus in Richtung ziehen)	5 0	(9) ↵
Abschluss mit	↵		

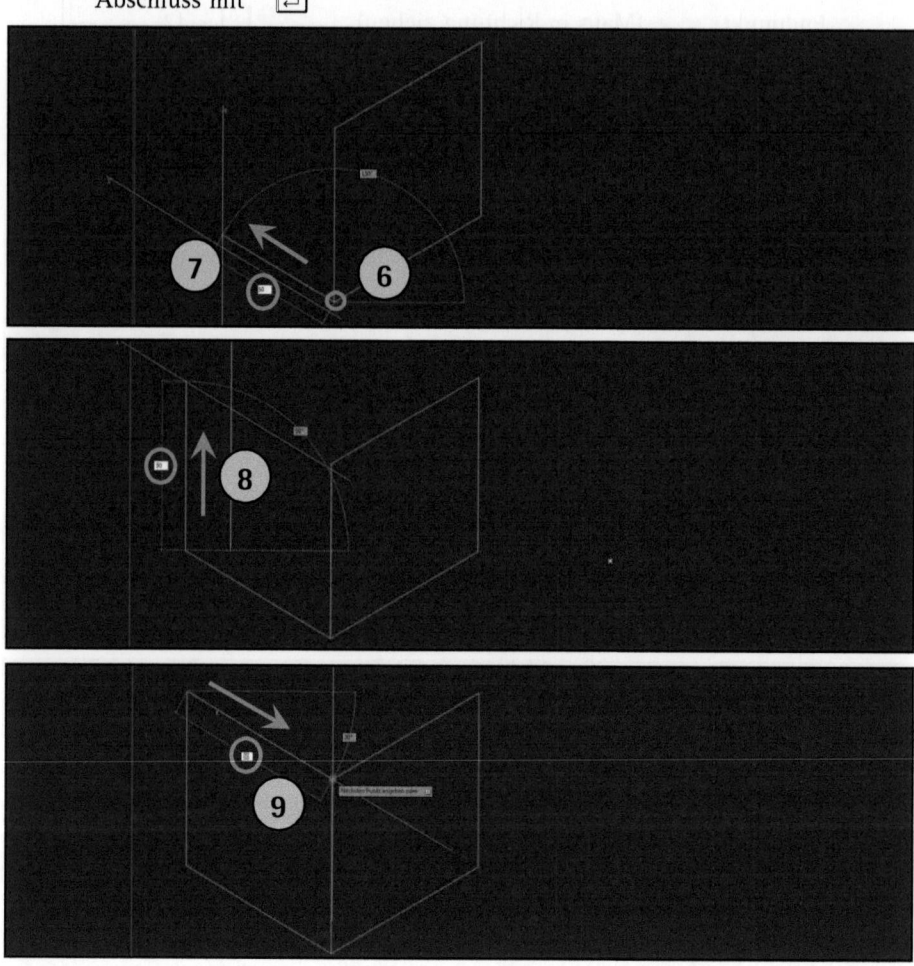

5.3.4.4 Quadratfläche auf der ISO-Ebene Oben

 ISOENTWURF (Aufruf über **Statusleiste**)

Wählen Sie „**Isoebene Oben**"

 Linie

Startpunkt mit Objektfang **Endpunkt** klicken (10)

Endpunkt:	(Maus in Richtung ziehen)	5 0	(11)	⏎
Endpunkt:	(Maus in Richtung ziehen)	5 0	(12)	⏎

Abschluss mit ⏎

ISOENTWURF

✓ Isoebene Links

Isoebene Oben

Isoebene Rechts

Linie

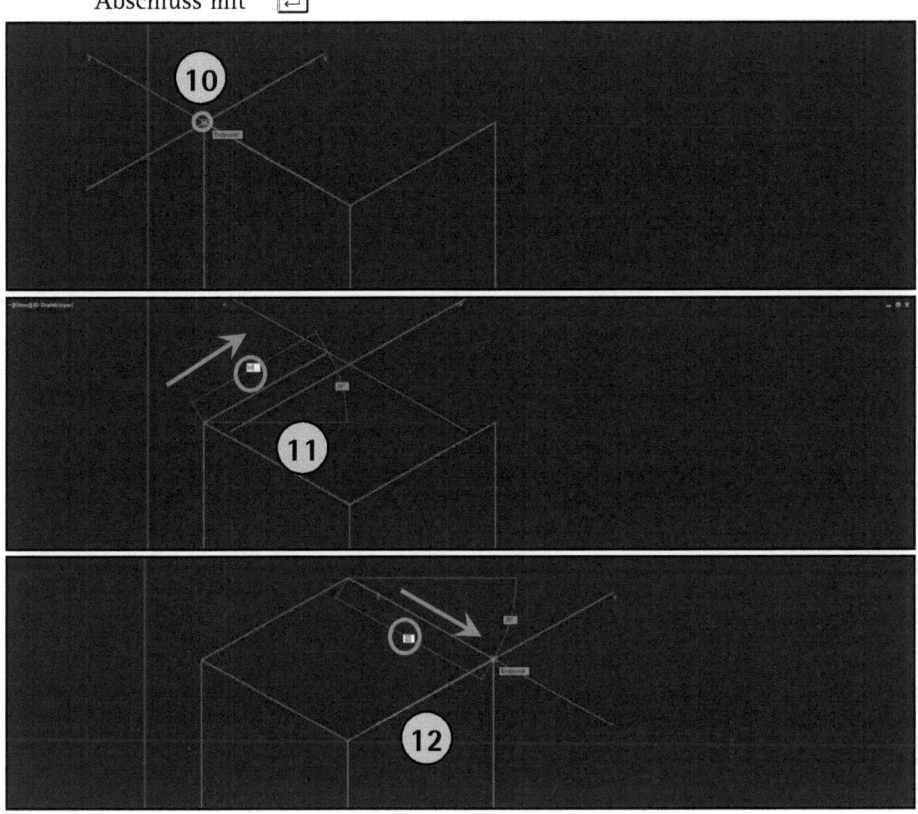

5.3.4.5 Layerzuweisung

Die Layerzuweisung erfolgt entsprechend dem Unterkapitel **3.1.5**.

- Weisen Sie den Linien den Layer „**05**" zu (17).

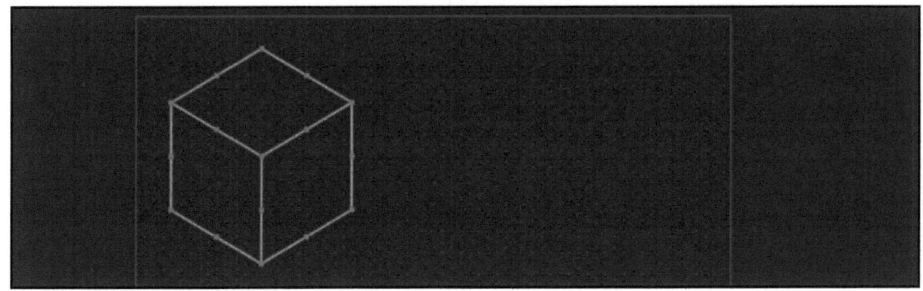

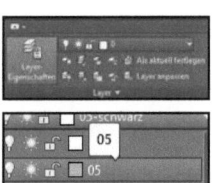

5.4 ISO-Grundkonstruktion Würfel mit Ellipsen

5.4.1 Aufgabenbeschreibung

Für die Darstellung einer Kreisform in der axometrischen Projektion Isometrie, nach **DIN ISO 5456-3**, ist eine Ellipsenform einzuzeichnen.

Die Perspektivlage erzeugt verschieden Achslängen, darum kann der Befehl „**Kreis**" nicht verwendet werden, mit dem Befehl „**ISO-Ellipse**" werden entsprechend der eingeschalteten ISO-Ebene die Kreise gezeichnet.

Auf die Darstellung von verdeckten Konturen wird verzichtet.

5.4.1.1 Vorgaben

- Die weitere Bearbeitung findet auf dem fertig gestellten Arbeitsblatt statt (1).
- Kopieren Sie den vorgegebenen Würfel auf die rechte Seite.
- Legen Sie Mittelachsen auf die Würfelflächen.
- ISO-Ellipse mit Radius **25** mm auf der ISO-Ebene **Rechts**.
- ISO-Ellipse mit Radius **25** mm auf der ISO-Ebene **Links**.
- ISO-Ellipse mit Radius **25** mm auf der ISO-Ebene **Oben**.
- Layer-Zuweisung.

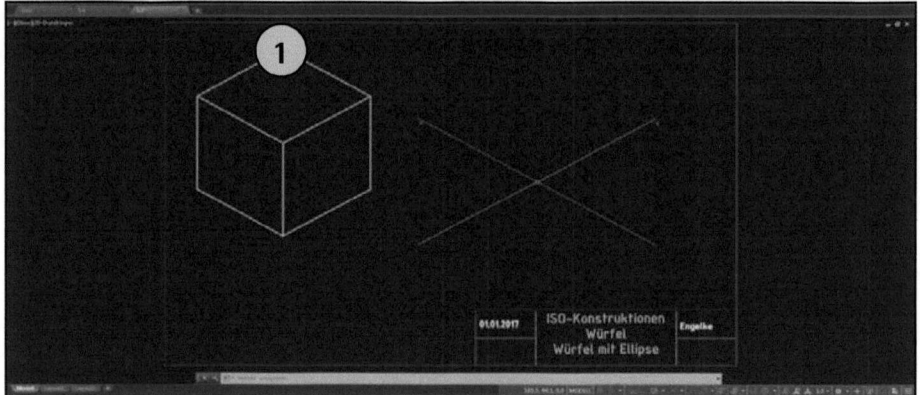

5.4.2 Der Würfel mit Ellipsen, Ablaufdarstellung

5.4.2.1 Erstellen des zweiten Würfels über „Kopieren"

 Kopieren

Kopieren

Objekte wählen / Objektauswahl mit ⏎ beenden (2).

Basispunkt wählen (mit Objektfang **Endpunkt** klicken) (3)

Eingabe mit Tastatur ⬚1⬚⬚5⬚⬚0⬚⬚<⬚⬚0⬚ ⏎ ⏎ (4)

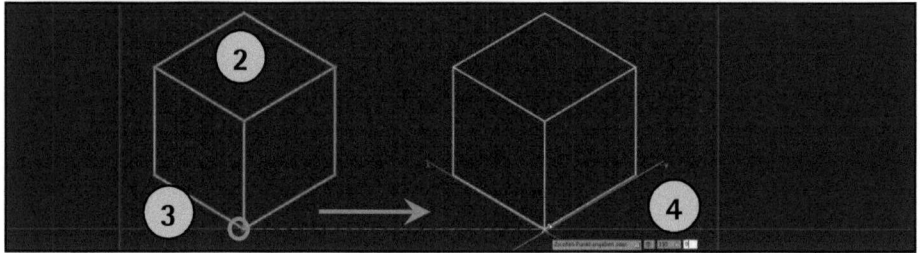

5.4.2.2 Einzeichnen der Mittelachsen für die Mantelflächen

 ISOENTWURF (Aufruf über **Statusleiste**)

Wählen Sie „**Isoebene Oben**"

 Linie

Startpunkt mit Objektfang **Mittelpunkt** (5, 7)
Endpunkt mit Objektfang **Mittelpunkt** (6, 8)
Abschluss mit ⤶

ISOENTWURF

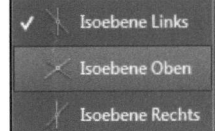

Linie

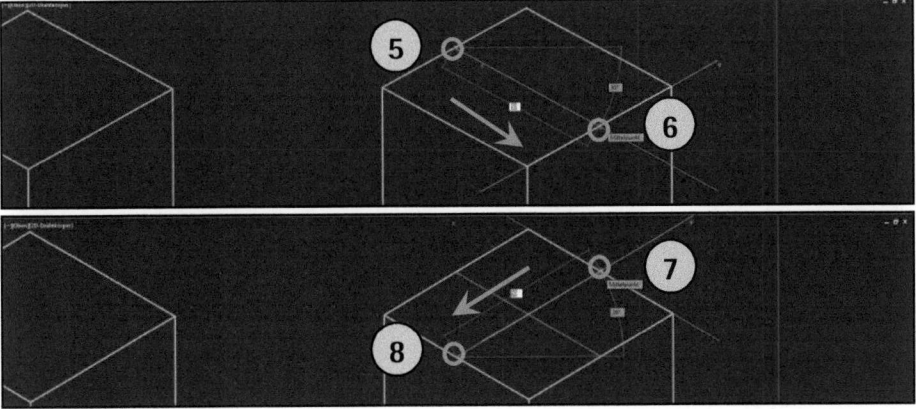

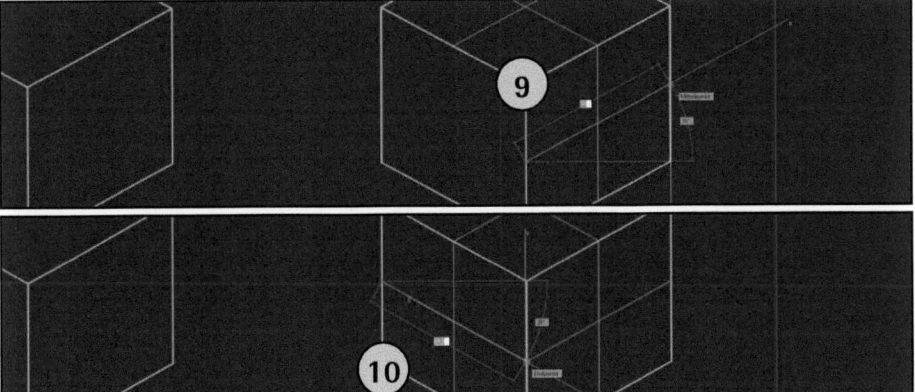

- Verfahren Sie mit den beiden weiteren Mantelflächen entsprechend (9, 10), für die richtige Eintragung ist die jeweilige ISO-Ebene einzuschalten.

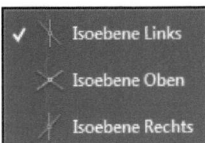
ISOENTWURF

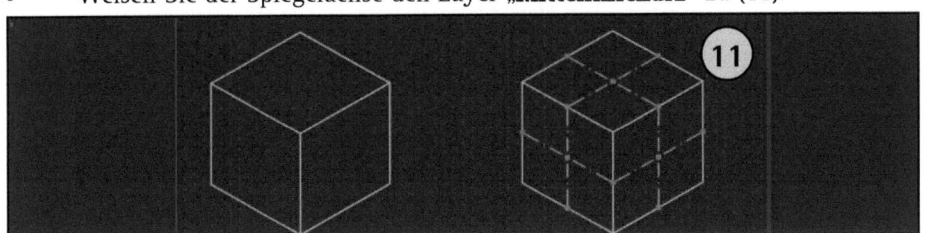

5.4.2.3 Layerzuweisung

Die Layerzuweisung erfolgt entsprechend dem Unterkapitel **3.1.5**.

- Weisen Sie der Spiegelachse den Layer „**Mittelliniekurz**" zu (11).

5.4.2.4 Einzeichnen der ISO-Ellipsen

ISOENTWURF

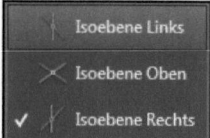

Ellipse,
Achse-
Endpunkt

Wählen Sie „**Isoebene Links**"

Ellipse, Achse-Endpunkt

Startpunkt mit Objektfang **Schnittpunkt** klicken (12)

Radius mit Objektfang **Schnittpunkt** klicken (13)

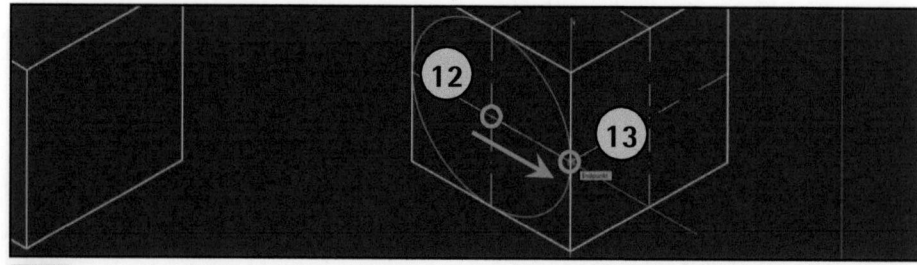

ISOENTWURF

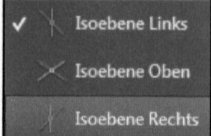

Ellipse,
Achse-
Endpunkt

Wählen Sie „**Isoebene Rechts**"

Ellipse, Achse-Endpunkt

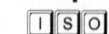

Startpunkt mit Objektfang **Schnittpunkt** klicken

Radius (14)

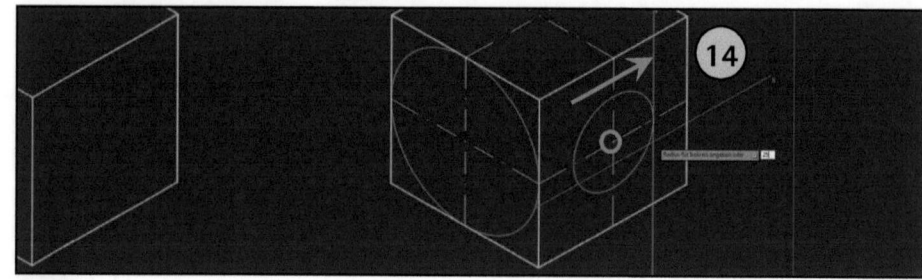

ISOENTWURF

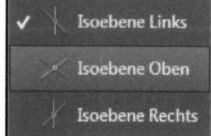

Ellipse,
Achse-
Endpunkt

Wählen Sie „**Isoebene Oben**"

Ellipse, Achse-Endpunkt

Startpunkt mit Objektfang **Schnittpunkt** klicken

Radius mit Objektfang **Schnittpunkt** klicken (15)

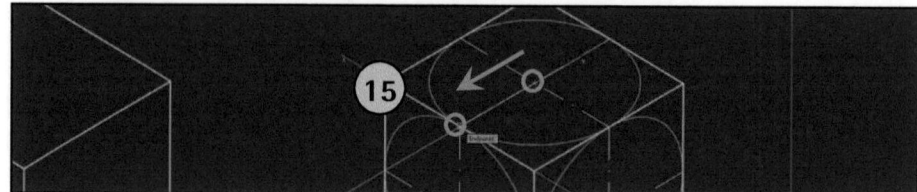

5.4.2.5 Layerzuweisung

Die Layerzuweisung erfolgt entsprechend dem Unterkapitel **3.1.5**.

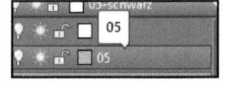

- Weisen Sie den ISO-Ellipsen den Layer „**05**" zu (9).

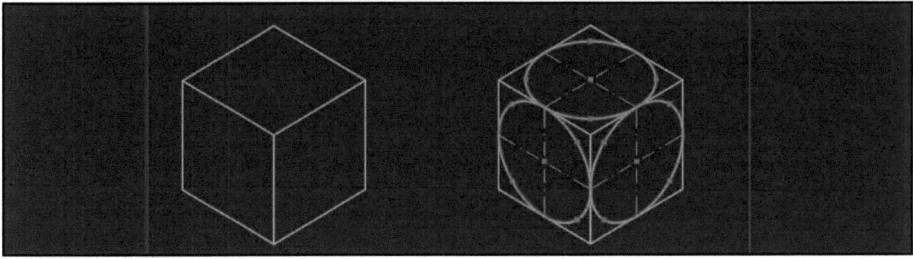

5.4.2.6 Datensicherung

 Speichern unter (Schnellzugriff-Werkzeugkasten)

Speichern unter

Tragen Sie einen gewünschten Namen ein.

Der Nachname „**.dwg**" wird automatisch angehängt.

Schließen Sie mit dem Button: **Speichern**.

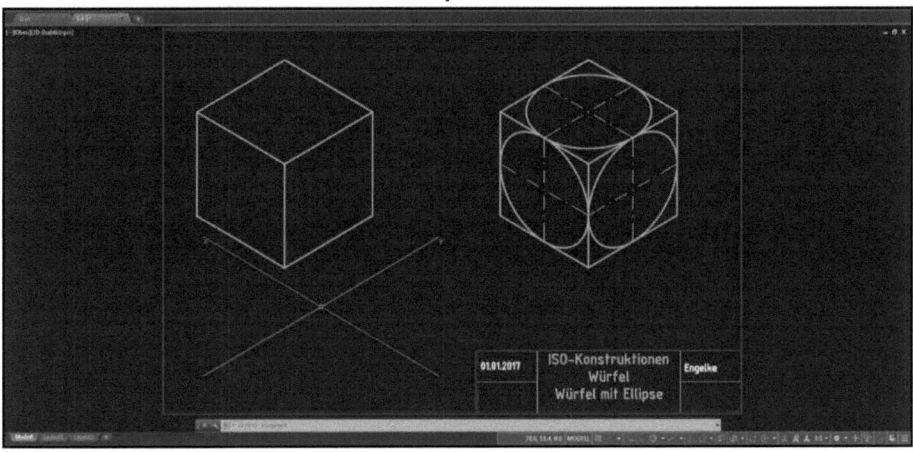

5.4.2.7 Ausgabe auf dem Systemdrucker

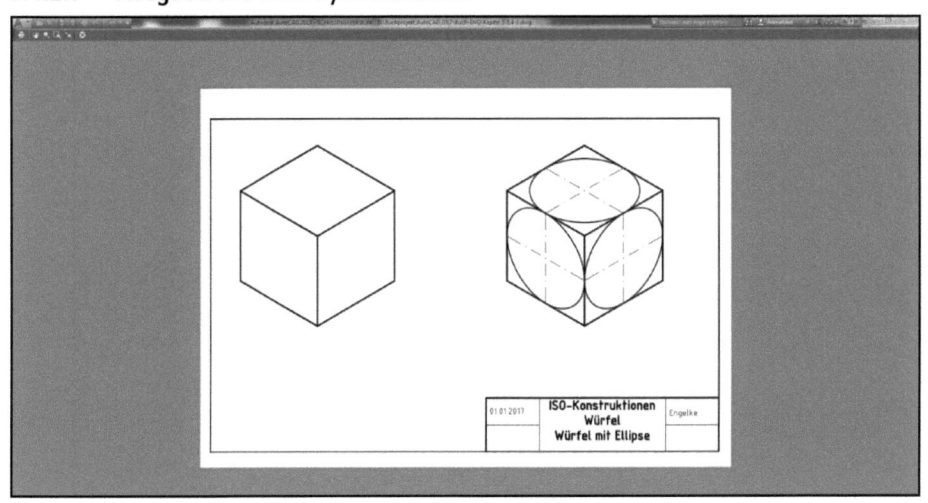

Plot

Lernsituation XII

ISO-Grundkonstruktion, runde Bauformen

Beschreibung:

Einfache Geometrie-Elemente, kombiniert mit den Vektorrichtungen, die über ISO-Voreinstellungen bereits als Vorgabe eingerichtet sind, lassen ein fast dreidimensionales Aussehen eines Zylinders entstehen.

Die Zylinder der nächsten Lerneinheit werden über eine ISO-Ellipsen-Profilfläche generiert und die Mantelllinien, am höchsten Ellipsenpunkt angesetzt, bilden die Zylinder-Außenkontur, ohne verdeckte Kanten.

5.5 ISO-Grundkonstruktion Zylinder

5.5.1 Aufgabenbeschreibung

Für die folgenden Zylinder wird grundsätzlich eine ISO-Grundfläche dargestellt und über Mittelachsen eine ISO-Ellipse gesetzt.

Diese Konstruktion bildet über den Befehl „**Kopieren**" die Deckfläche, Mantellinien an der ISO-Ellipse bilden die Mantellinien.
Auf die Darstellung von verdeckten Konturen wird verzichtet.

5.5.1.1 Vorgaben

- Öffnen Sie die ISO-Vorlagendatei.
- Beginnen Sie mit einem ISO-Grundquadrat, Kantenlänge **50** mm und tragen Sie die Mittelachsen ein.
- Erstellen Sie die untere Profilfläche eine ISO-Ellipse mit einem Ø **50** mm auf der ISO-Ebene Oben.
- Kopieren Sie die Profilfläche mit den Mittelachsen um das Höhenmaß **50** mm nach oben.
- Setzen Sie an den ISO-Ellipsen-Quadranten die Mantellinien.
- Stutzen Sie die überflüssigen Linien und die hinteren, halben ISO-Ellipsen und löschen Sie alle überflüssigen Linien.
- Layer-Zuweisung

5.5.2 Voreinstellungen laden

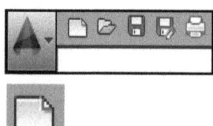

Laden Sie die neu erstellte Vorlagendatei über:

Neu / 2D-Grundblatt-Quer-ISO.dwt / Öffnen

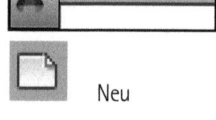

Neu

Richten Sie das Blatt maximal auf dem Desktop aus.

Eingabe mit Tastatur:

5.5.3 Texteintragung im Schriftfeld

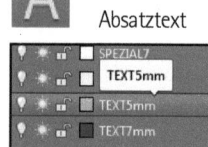

Absatztext

Absatztext

Tragen Sie den gewünschten, mehrzeiligen Text ein.
(entsprechend Unterkapitel **4.4.4.2**)

- Weisen Sie den Texteintragungen den Layer „**Text5mm**" zu.

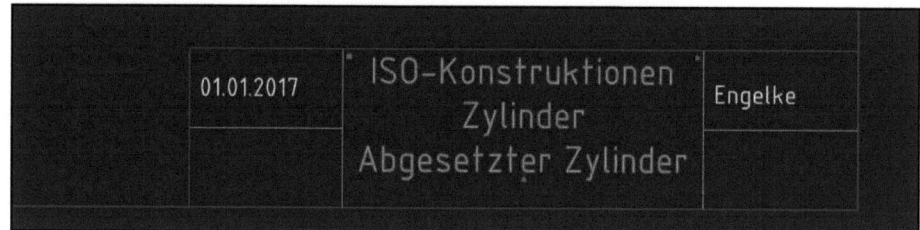

5.5.3.1 Quadratfläche auf der ISO-Ebene Oben

 ISOENTWURF (Aufruf über **Statusleiste**)

Wählen Sie „**Isoebene Oben**"

 ## Linie

Startpunkt :	`7` `0` `,` `7` `0`	⏎		
Endpunkt:	(Maus in Richtung ziehen)	`5` `0`	(1)	⏎
Endpunkt:	(Maus in Richtung ziehen)	`5` `0`	(2)	⏎
Endpunkt:	(Maus in Richtung ziehen)	`5` `0`	(3)	⏎
Endpunkt:	(Maus in Richtung ziehen	`5` `0`	(4)	⏎
Abschluss mit	⏎			

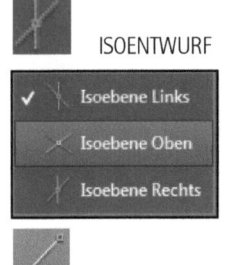

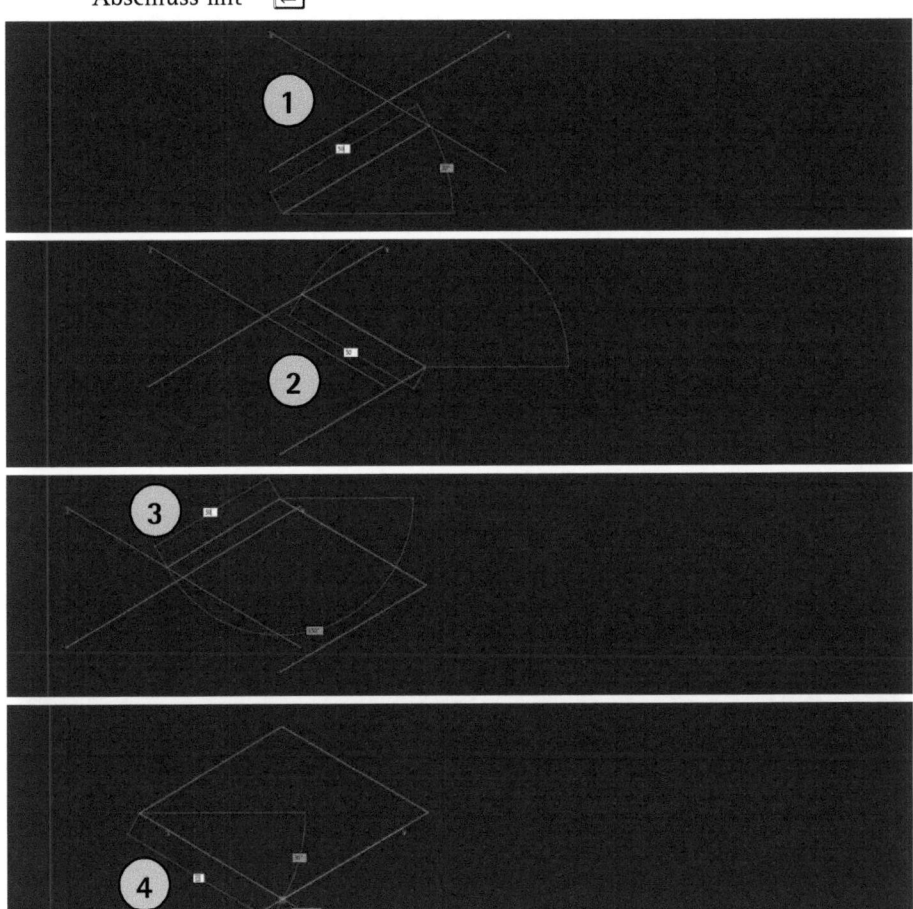

Linie

5.5.3.2 Einzeichnen der Mittelachsen für die Grundfläche

Linie

Startpunkt mit Objektfang **Mittelpunkt** (5)

Endpunkt mit Objektfang **Mittelpunkt** (6)

Abschluss mit

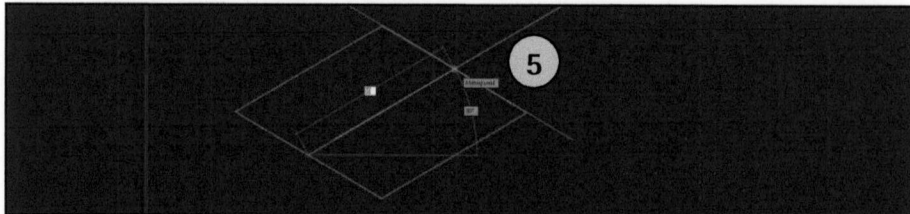

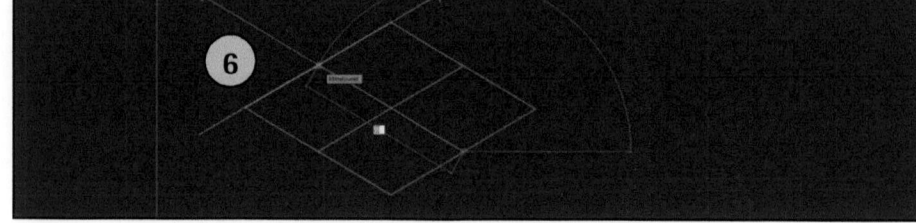

5.5.3.3 Einzeichnen der ISO-Ellipse für die Grundfläche

Ellipse,
Achse-
Endpunkt

Ellipse, Achse-Endpunkt

Startpunkt mit Objektfang **Schnittpunkt** klicken

Radius mit Objektfang **Endpunkt** klicken (7)

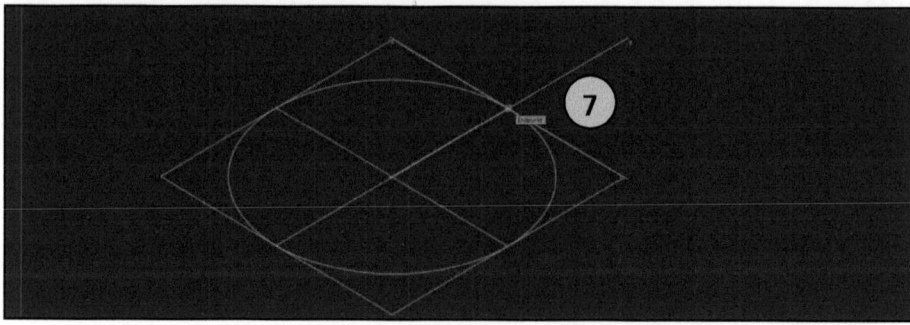

5.5.3.4 Konstruktion der Deckfläche

 ISOENTWURF (Aufruf über **Statusleiste**)

Wählen Sie „**Isoebene Links**"

 Kopieren

Objekte wählen (8) / Objektauswahl mit ⏎ beenden.

Basispunkt wählen (mit Objektfang **Endpunkt** 9 klicken)

(Maus in Richtung **90**° ziehen (10).

Eingabe mit Tastatur ⑤ ⓪ ⏎

Abschluss mit ⏎ (11)

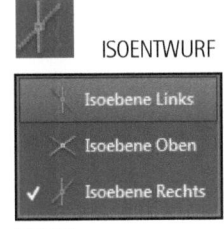

ISOENTWURF

Isoebene Links

Isoebene Oben

✓ Isoebene Rechts

 Kopieren

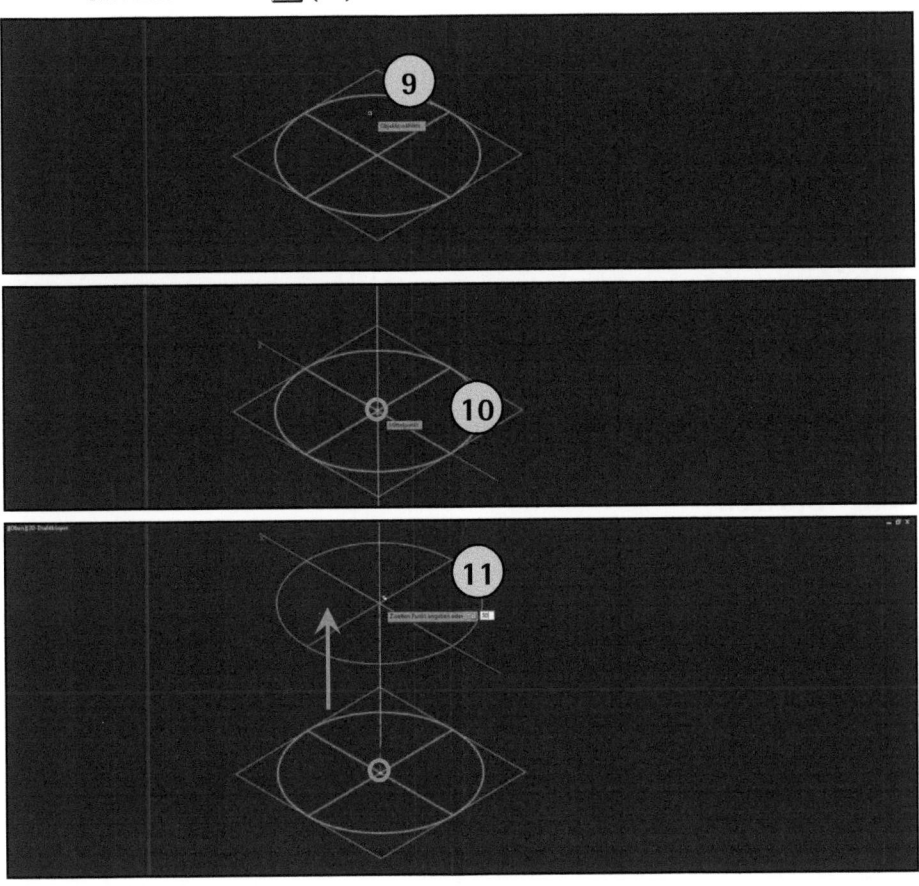

Linie

5.5.3.5 Konstruktion der Zylinderdarstellung, Mantellinien

 Linie

Die jeweiligen Startpunkte mit Objektfang **Quadrant** klicken (12)

Die jeweiligen Endpunkte mit Objektfang **Quadrant** klicken (13)

Abschluss mit

Verfahren Sie mit der anderen Mantellinie entsprechend (14).

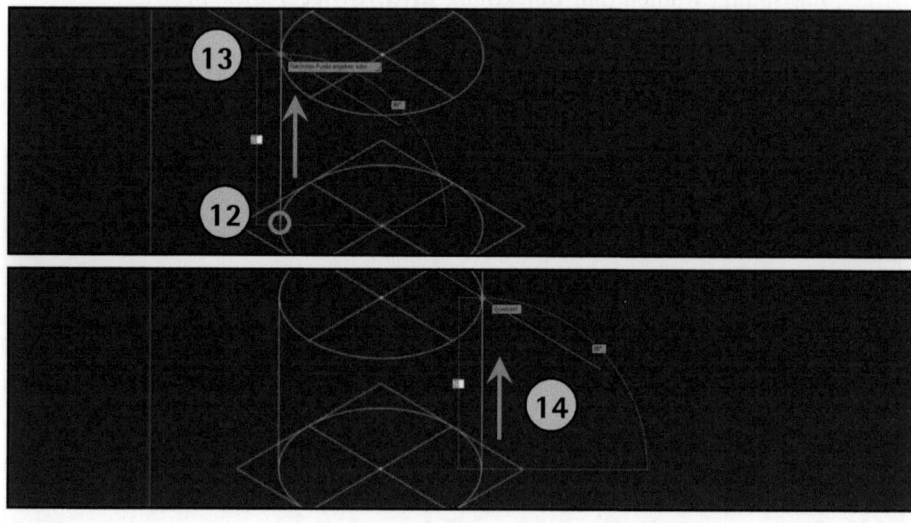

5.5.3.6 Konstruktion der Zylinderdarstellung, erste Bereinigung

 Stutzen

 Stutzen

(Grenzkanten wählen)   (ca. Punkte 15 klicken)

Zu stutzende Objekte wählen   (ca. Punkt 16 klicken)

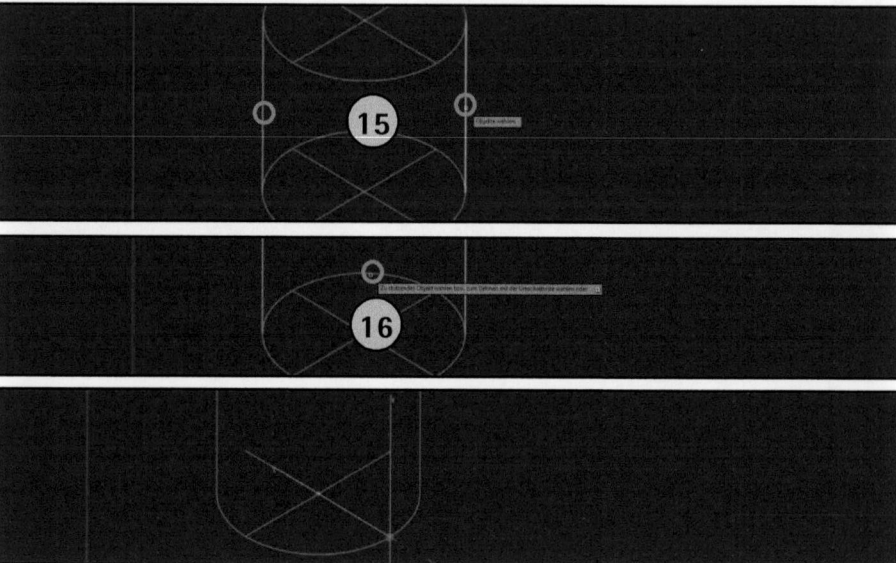

5.5.3.7 Konstruktion der Zylinderdarstellung, umlaufende Mittellinien

 Linie

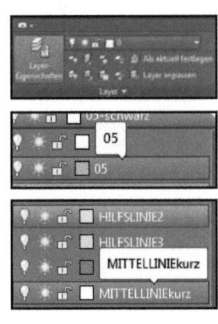 Linie

Die jeweiligen Startpunkte mit Objektfang **Endpunkt** klicken

Die jeweiligen Endpunkte mit Objektfang **Endpunkt** klicken (17)

Abschluss mit ⏎

Verfahren Sie mit der anderen umlaufende Mittellinie entsprechend (18).

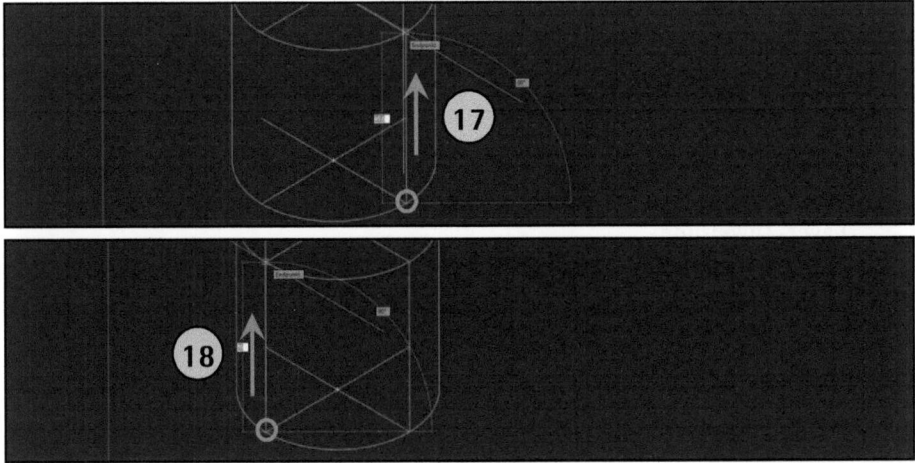

5.5.3.8 Konstruktion der Zylinderdarstellung, abschließende Bereinigung

- Markieren Sie die Hilfslinien und löschen diese über die „**Entf**"-Taste (19).

5.5.3.9 Layerzuweisung

Die Layerzuweisung erfolgt entsprechend dem Unterkapitel **3.1.5**.

- Weisen Sie den Linien den Layer „**05**" zu (20).
- Weisen Sie den diagonalen Achsen den Layer „**Mittelliniekurz**" zu (21).

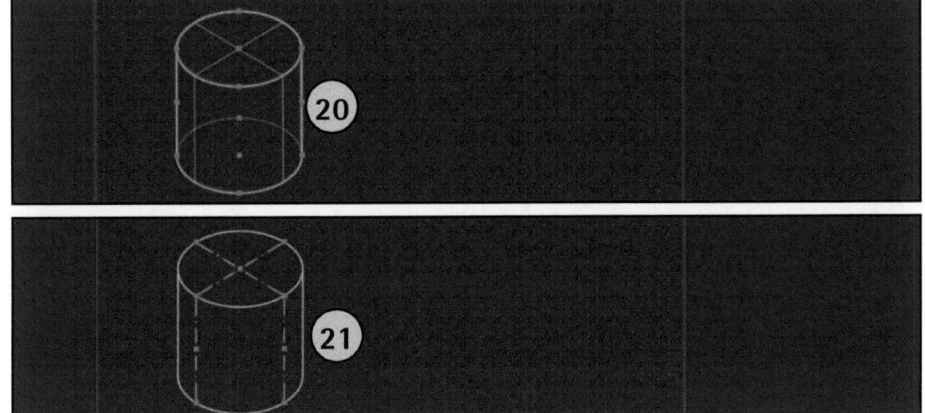

5.6 ISO-Grundkonstruktion abgesetzter Zylinder

5.6.1 Aufgabenbeschreibung

Als Basis wird der eben erstellte Grundkörper verwendet, hierzu wird dieser Körper zur Seite kopiert und mit einem zylindrischen Aufsatz versehen.
Auf die Darstellung von verdeckten Konturen wird verzichtet.

5.6.1.1 Vorgaben

- Die weitere Bearbeitung findet auf dem fertig gestellten Arbeitsblatt statt (1).
- Kopieren Sie den vorgegebenen Zylinder auf die rechte Seite.
- Kopieren Sie die Profilfläche Ø **30** mm mit Mittelachsen um das Höhenmaß **35** mm nach oben.
- Stutzen Sie die überflüssigen Linien und die hinteren, halben ISO-Ellipsen.
- Löschen Sie alle überflüssigen Linien.
- Layer-Zuweisung

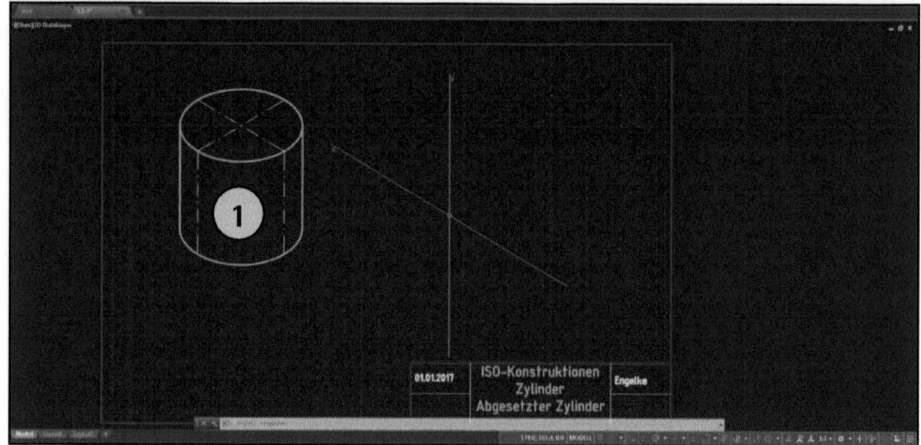

5.6.2 Der abgesetzter Zylinder, Ablaufdarstellung

5.6.2.1 Erstellen des zweiten Zylinders über „Kopieren"

Kopieren

Objekte wählen / Objektauswahl mit ⏎ beenden (2).

Basispunkt wählen (mit Objektfang **Zentrum** klicken) (3)

Eingabe mit Tastatur `@ 1 5 0 , - 3 0` ⏎ ⏎ (4)

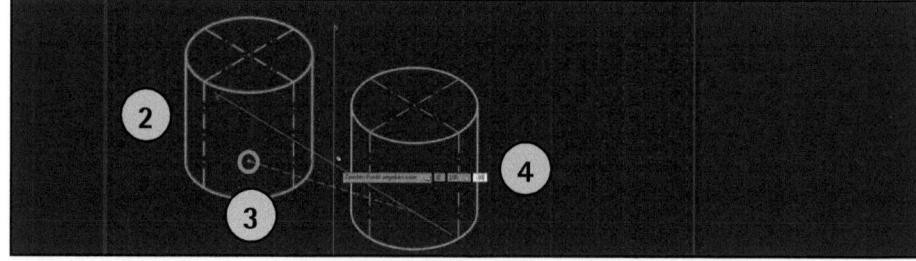

5.6.2.2 Einzeichnen der ISO-Ellipse auf der Deckfläche

 ISOENTWURF (Aufruf über **Statusleiste**)

Wählen Sie „**Isoebene Oben**"

 Ellipse, Achse-Endpunkt

⌨ ISO ⏎

Startpunkt mit Objektfang **Schnittpunkt** klicken (5)

Radius ⌨ 15 ⏎ (6)

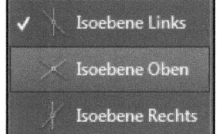

ISOENTWURF

Ellipse,
Achse-
Endpunkt

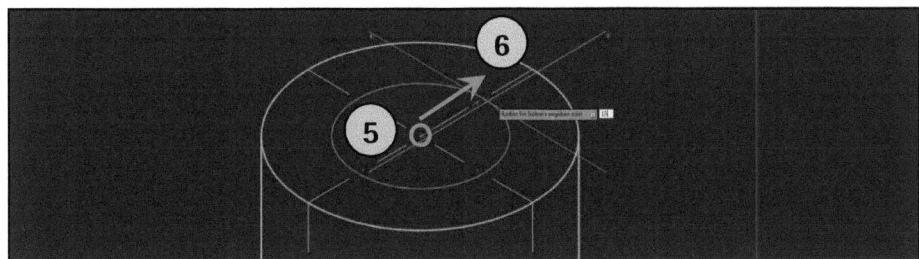

5.6.2.3 Konstruktion der Deckfläche

 ISOENTWURF (Aufruf über **Statusleiste**)

Wählen Sie „**Isoebene Links**"

 Kopieren

Objekte wählen / Objektauswahl mit ⏎ beenden.

Basispunkt wählen (mit Objektfang **Endpunkt** klicken)

(Maus in Richtung **90°** ziehen.

Eingabe mit Tastatur ⌨ 35 ⏎ (7)

Abschluss mit ⏎

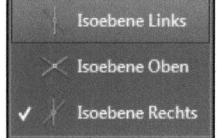

ISOENTWURF

Kopieren

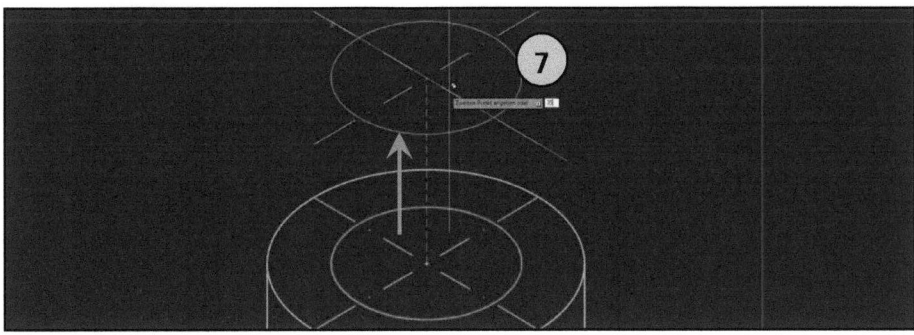

195

Linie

5.6.2.4 Konstruktion der Zylinderdarstellung, Mantellinien

 ## Linie

Die jeweiligen Startpunkte mit Objektfang **Quadrant** klicken

Die jeweiligen Endpunkte mit Objektfang **Quadrant** klicken

Abschluss mit ⏎ (8)

Verfahren Sie mit der anderen Mantellinie entsprechend (9).

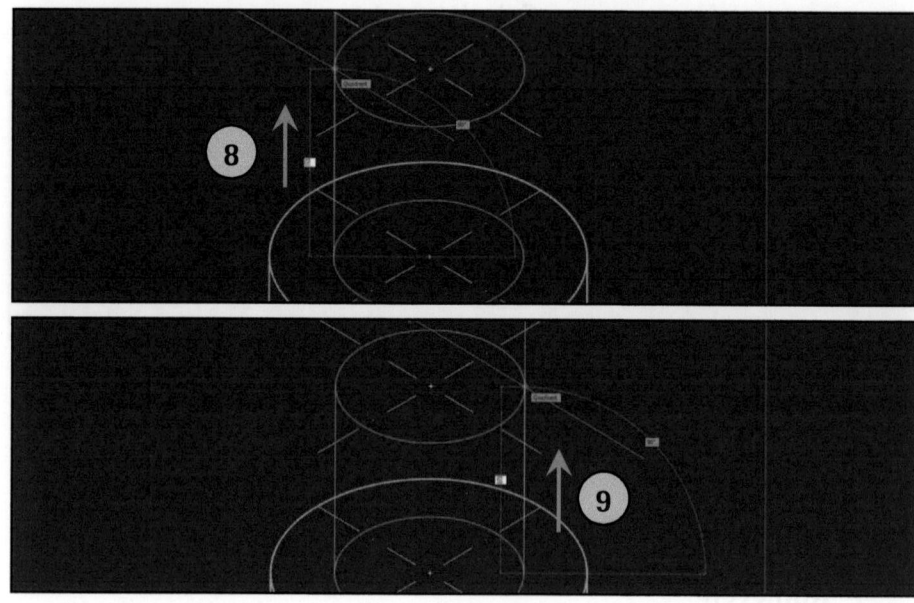

5.6.2.5 Konstruktion der Zylinderdarstellung, erste Bereinigung

 Stutzen

- Bereinigen Sie über **„Stutzen"** die überflüssigen Linienstücke (10, 11).

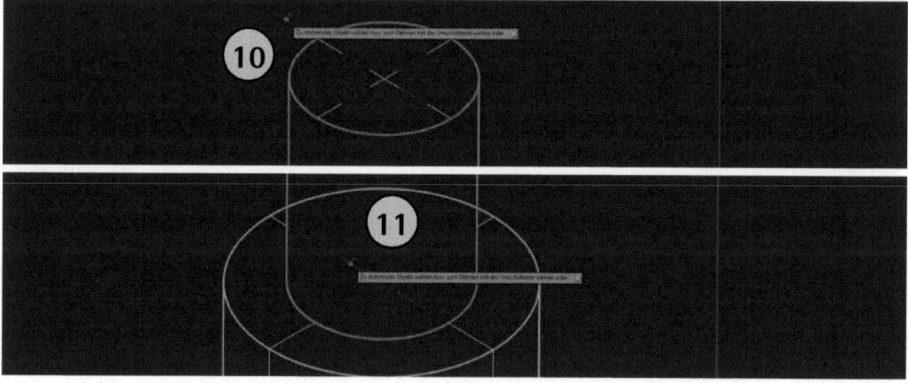

5.6.2.6 Konstruktion der Zylinderdarstellung, umlaufende Mittellinien

 Linie

Die jeweiligen Startpunkte mit Objektfang **Endpunkt** klicken

Die jeweiligen Endpunkte mit Objektfang **Endpunkt** klicken (12)

Abschluss mit ⏎

Verfahren Sie mit der anderen umlaufende Mittellinie entsprechend (13).

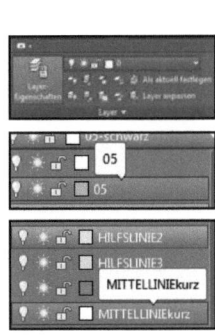 Linie

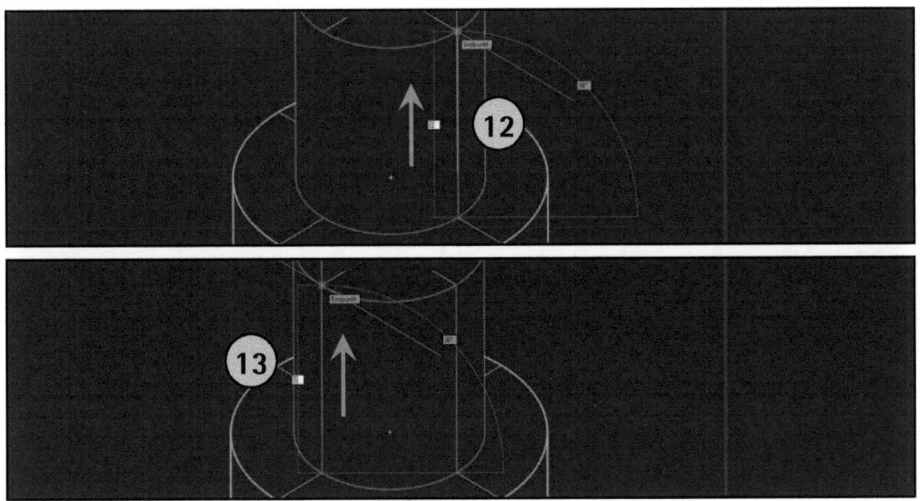

5.6.2.7 Layerzuweisung

Die Layerzuweisung erfolgt entsprechend dem Unterkapitel **3.1.5**.

- Weisen Sie den Linien den Layer „**05**" zu (14).
- Weisen Sie den diagonalen Achsen den Layer „**Mittelliniekurz**" zu (15).

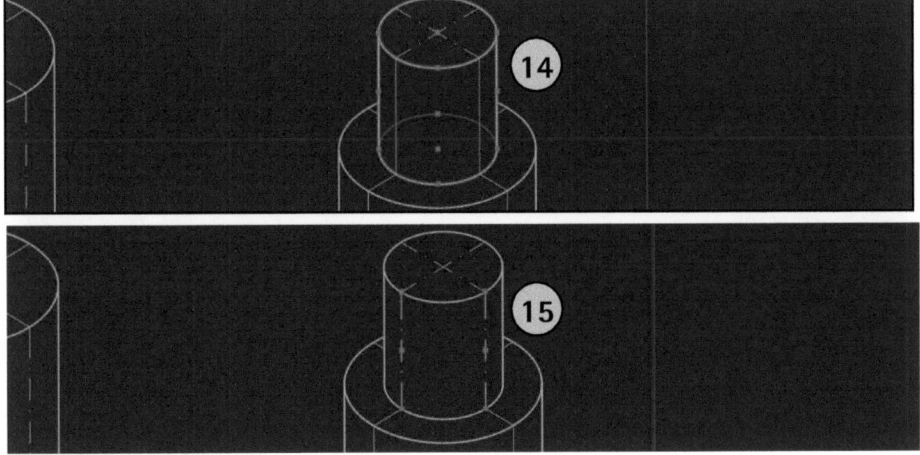

Speichern
unter

5.6.2.8 Datensicherung

 Speichern unter (Schnellzugriff-Werkzeugkasten)

Tragen Sie einen gewünschten Namen ein.

Der Nachname „**.dwg**" wird automatisch angehängt.

Schließen Sie mit dem Button: **Speichern**.

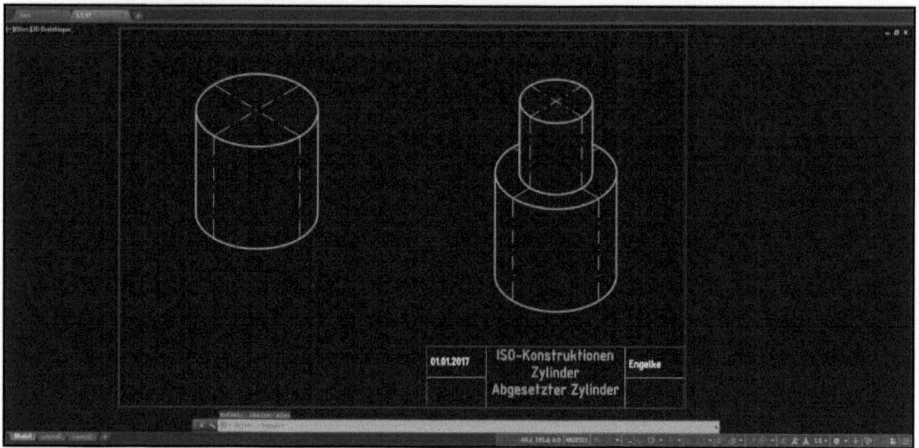

5.6.2.9 Ausgabe auf dem Systemdrucker

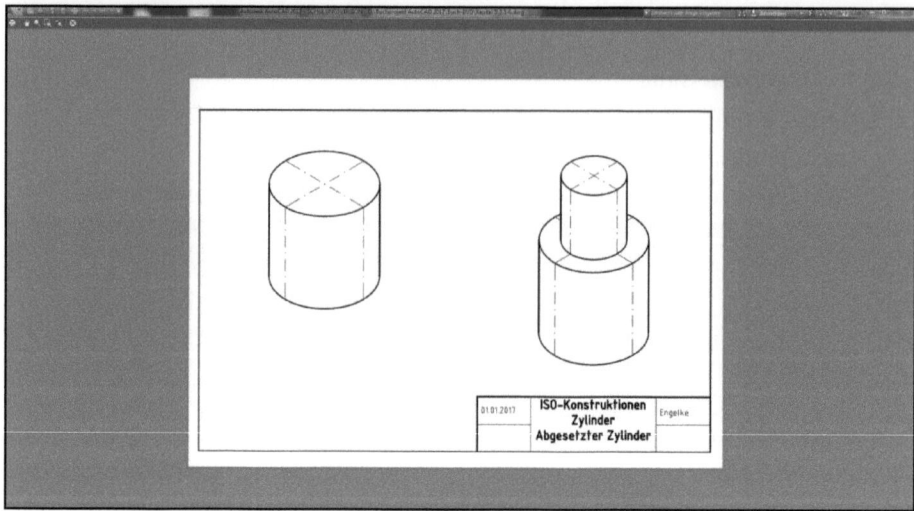

Plot

Lernsituation XIII

Schattierungen

Beschreibung:

Abstufungen, eine besondere Form der Schraffur, lassen isometrische Modelle noch plastischer erscheinen. Diese Schattierungen können in Farbe aber auch in Graustufen zugewiesen werden.

Mit diesem Flächenfüllungsbefehl sind Schattierungen zu erzeugen, die sich an fotorealistischen Rendering orientieren, es ist auf eine Passung von Lichtflächen und Dunkelabstufungen zu achten, die von einer simulierten Lichtquelle erzeugt werden.

Für die Konstruktion wird auf die Darstellung verdeckter Kanten und Mittelachsen verzichtet.

5.7   Schattierungen

5.7.1   Würfel-Schattierungen, Aufgabenbeschreibung

Die Abstufungsfüllung erfolgt entsprechend dem Unterkapitel **4.5.6.3**, Grundbefehle. Die Inhaltszuweisung soll eine Licht-Schatten-Darstellung simulieren und in die Nähe einer 3D-Rendering-Ansicht am Bauteil kommen.
Die Schattierungs-Farbmischung wird in Blau-Weiß dargestellt.

5.7.1.1   Vorgaben, Würfel-Schattierungen

- Öffnen Sie die Arbeitsdatei aus dem Unterkapitel **5.6.2.8**.
- Bearbeiten Sie diese Arbeitsdatei entsprechend der Vorgabe.
- Zoomen Sie die zu schattierenden Würfelflächen.
- Über den Befehl **„Abstufung"** füllen Sie die Fläche mit dem ausgewählten Schattierungsbild und den Schattierungsfarben.

5.7.1.2   Voreinstellungen laden und bearbeiten

Öffnen

Verschieben

- **„Öffnen"** Sie die Arbeitsdatei aus dem Unterkapitel **5.3.4**.
- Richten Sie das Blatt maximal auf dem Desktop aus.
- Verschieben Sie den Grundwürfel, entsprechen Darstellung, vom Startpunkt (1) mit: @ 8 0 , - 1 5 ⏎ ⏎ (2)

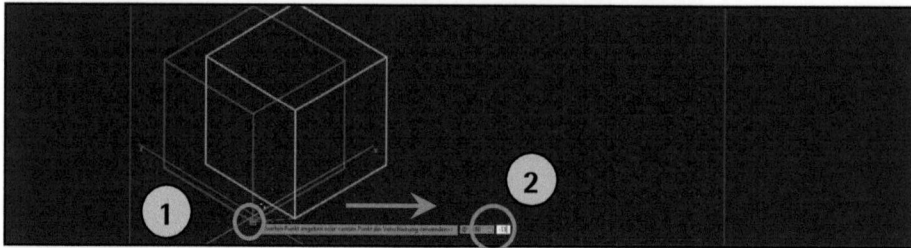

- Weisen Sie den Linien den Layer **„07"** zu (3).

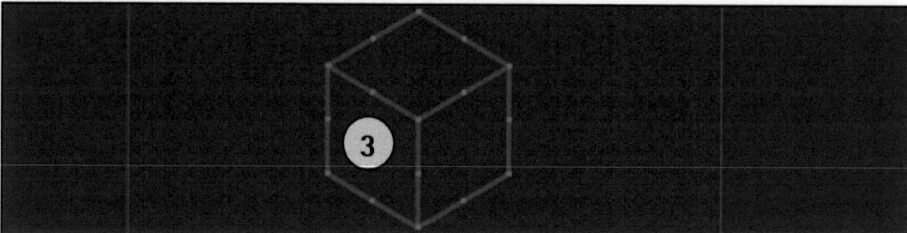

- Tragen Sie den gewünschten, mehrzeiligen Text ein.
- Weisen Sie den Texteintragungen den Layer **„Text5mm"** zu (4).

Absatztext

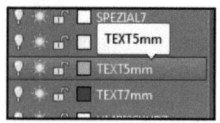

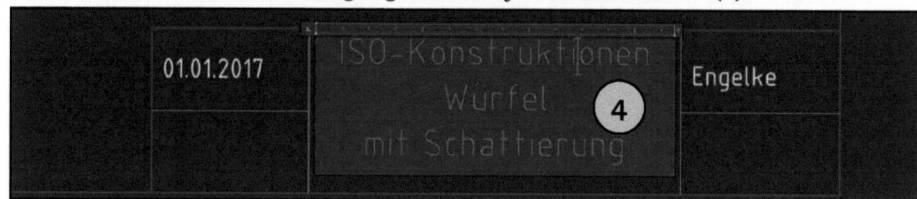

Speichern unter

- Speichern Sie diese Darstellung als Vorgabe.

5.7.1.3 Würfel-Schattierungen zuweisen über „Abstufung"

 Abstufung

Einstellungen wie Unterkapitel **4.5.6**:

Abstufungsfarbe1	**Blau**
Abstufungsfarbe2	**Weiß**
Umgrenzungen:	**Assoziativ**
Schraffurmuster:	**GR_SPHER**
Schraffurplatzierung:	**hinter Umgrenzung stellen**

Interne Punkte ca. **136, 129** – **118,96** – und **160,94** klicken (5 - 7).

Abschluss mit „**Schließen**" in der Multifunktionsleiste.

 Abstufung

 Schraffur-
Muster
GR-SPHER

 Schließen

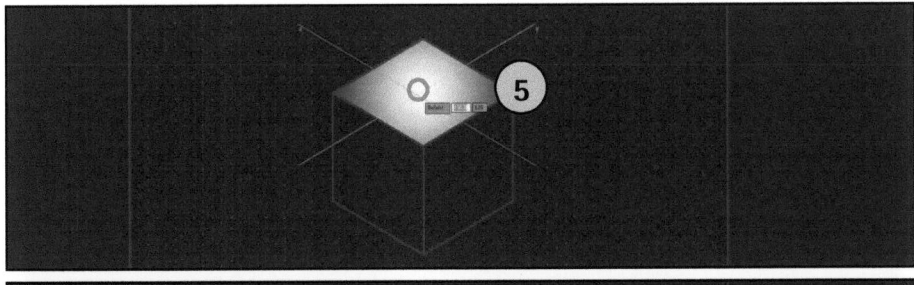

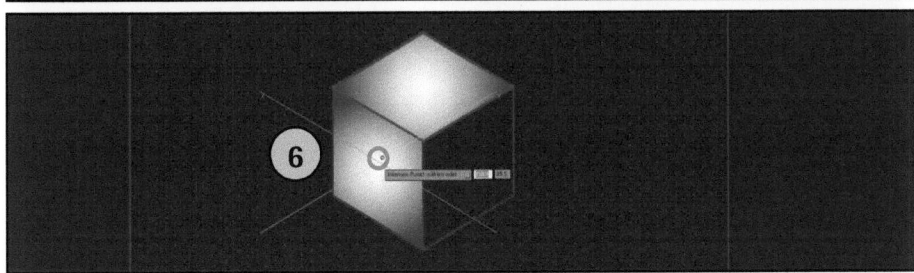

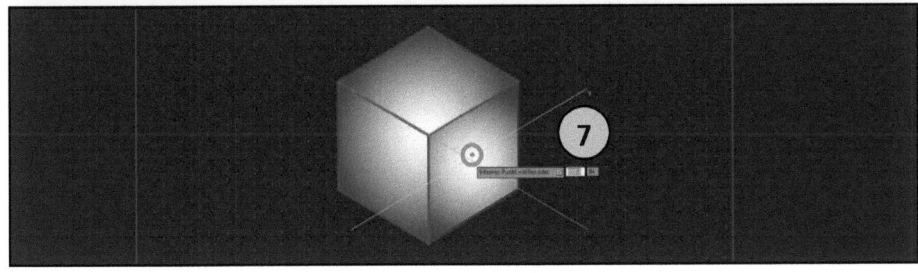

Speichern
unter

5.7.1.4 Datensicherung

Speichern unter (Schnellzugriff-Werkzeugkasten)

Tragen Sie einen gewünschten Namen ein.

Der Nachname **„.dwg"** wird automatisch angehängt.

Schließen Sie mit dem Button: **Speichern**.

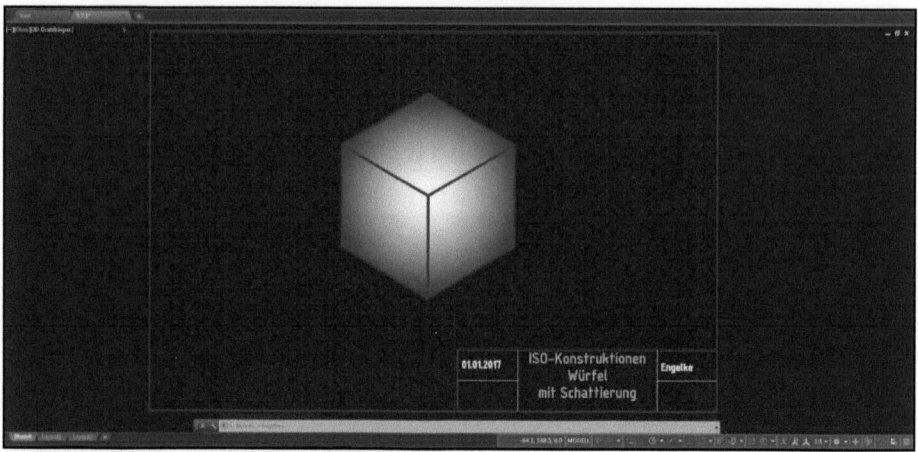

5.7.1.5 Ausgabe auf dem Systemdrucker

Plot

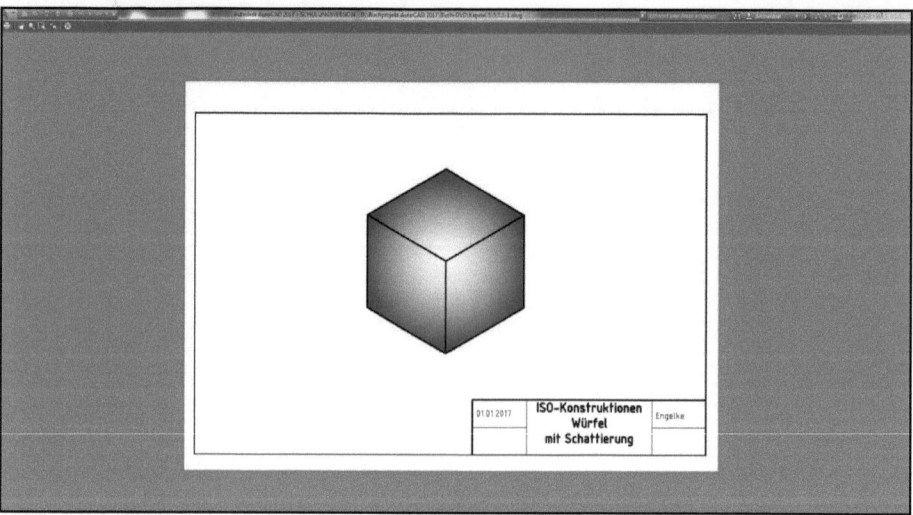

5.7.2 Zylinder-Schattierungen

Die Abstufungsfüllung erfolgt entsprechend dem Unterkapitel **4.5.6.3**, Grundbefehle. Die Inhaltszuweisung soll eine Licht-Schatten-Darstellung simulieren und in die Nähe einer 3D-Rendering-Ansicht am Bauteil kommen.
Die Schattierungs-Farbmischung wird in Schwarz-Weiß dargestellt.

5.7.2.1 Vorgaben, Zylinder-Schattierungen

* Öffnen Sie die Arbeitsdatei aus dem Unterkapitel **5.6.2.8**.
* Bearbeiten Sie diese Arbeitsdatei entsprechend der Vorgabe.
* Zoomen Sie die zu schattierenden Zylinderflächen.
* Über den Befehl **„Abstufung"** füllen Sie die Flächen mit dem ausgewählten Schattierungsbild und den Schattierungsfarben, die Darstellung erfolgt mit Ansicht der Mantelmittellinien.

5.7.2.2 Voreinstellungen laden und bearbeiten

* **„Öffnen"** Sie die Arbeitsdatei aus dem Unterkapitel **5.6.2.8** (1).

 Öffnen

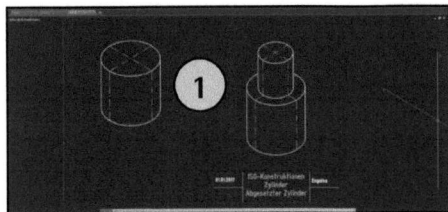

* Löschen Sie die linke Zylinderdarstellung (2, 3).

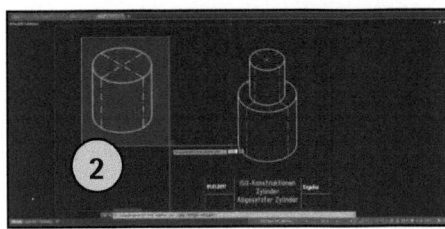 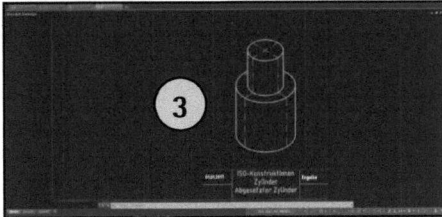

* Verschieben Sie den abgesetzten Zylinder, entsprechen Darstellung, vom Startpunkt (1) mit: @ - 8 0 . - 1 5 ⏎ ⏎ (4)

 Verschieben

* Tragen Sie den gewünschten, mehrzeiligen Text ein.
* Weisen Sie den Texteintragungen den Layer **„Text5mm"** zu (5).

 Absatztext

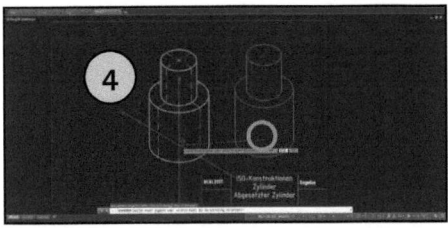 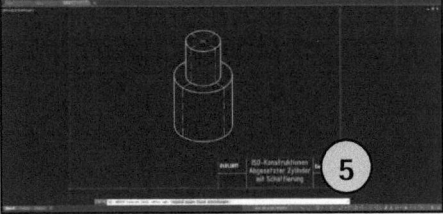

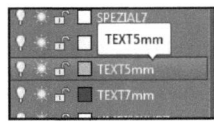

* Speichern Sie diese Darstellung als Vorgabe.

 Speichern unter

5.7.2.3 Zylinder-Schattierungen zuweisen über „Abstufung"

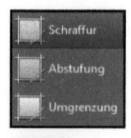

Abstufung

Schraffur-
Muster
GR-CYLIN

Schließen

Abstufung

Einstellungen wie Unterkapitel **4.5.6**:

Abstufungsfarbe 1	**Schwarz**
Abstufungsfarbe 2	**Weiß**
Umgrenzungen:	**Assoziativ**
Schraffurmuster:	**GR_SPHER**
Schraffurplatzierung:	**hinter Umgrenzung stellen**

Interne Punkte: Klicken Sie in alle vorgegeben Flächen des Auswahlschrittes (5, 6, 7, 8).

Abschluss der einzelnen Auswahlschritte mit „**Schließen**" in der Multifunktionsleiste. Der nächste Auswahlschritt wird über eine Befehlswiederholung „**Abstufung**" mit gleichen Optionen ausgeführt.

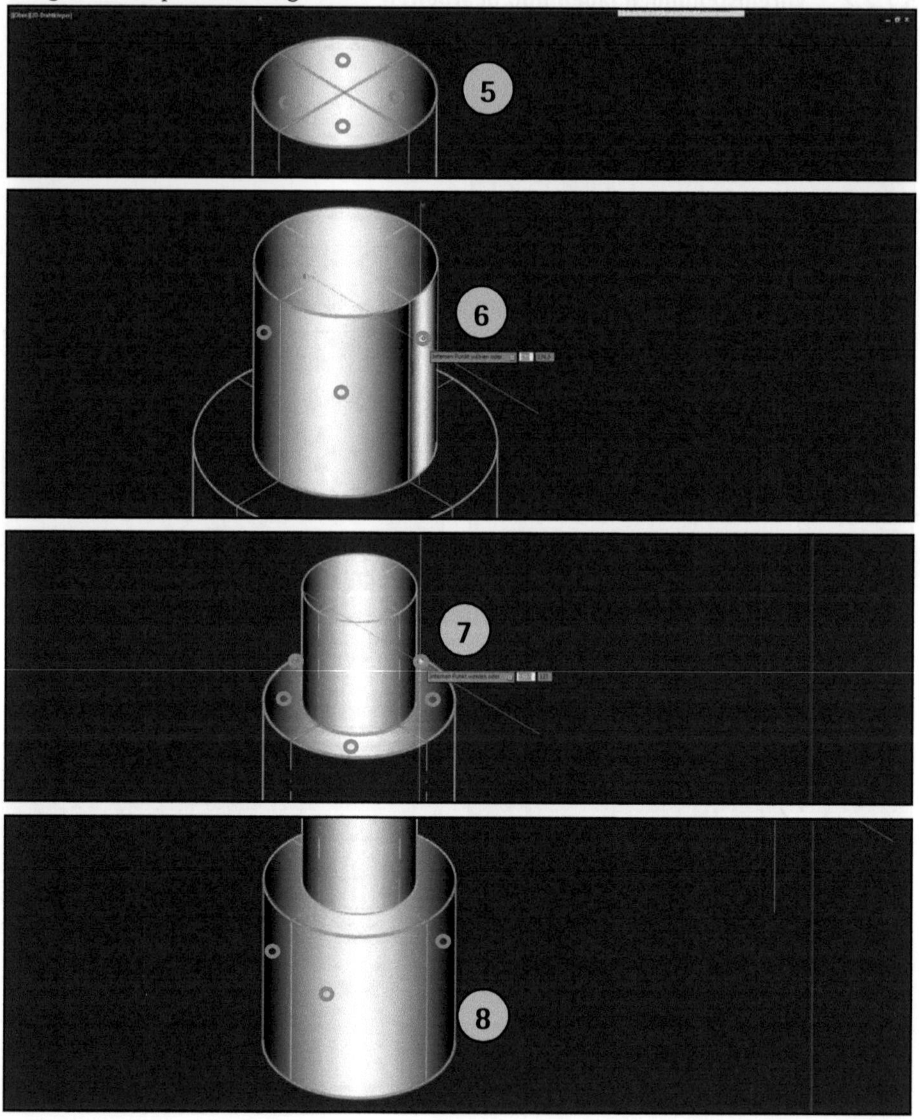

5.7.2.4 Datensicherung

 Speichern unter (Schnellzugriff-Werkzeugkasten)

Tragen Sie einen gewünschten Namen ein.

Der Nachname „**.dwg**" wird automatisch angehängt.

Schließen Sie mit dem Button: **Speichern**.

 Speichern unter

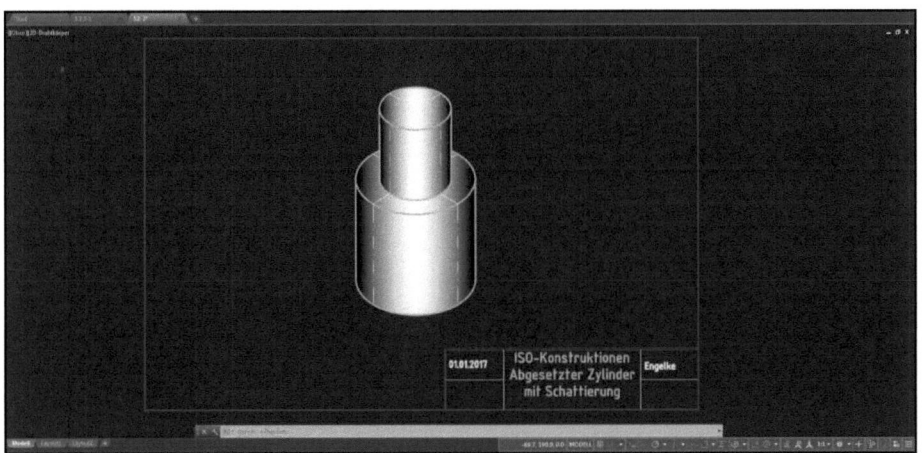

5.7.2.5 Ausgabe auf dem Systemdrucker

 Plot

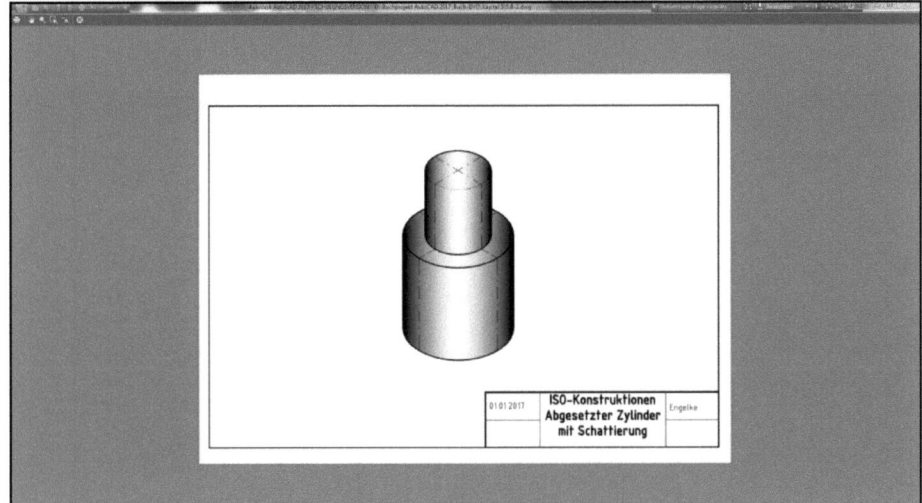

Lernsituation XIV

Isometrische Maßeintragungen

Beschreibung:

Die Lernsituation soll die Maßeintragungs-Problematik für isometrische Bauteile
darstellen und eine Einführung bieten.

Die DIN 406 Blatt 10 bis 13 erläutert die Grundlagen der Maßeintragung wie Maßarten, Elemente, Symbole und Systeme der Maßeintragung.

Eine funktionsbezogene Maßeintragung liegt vor, wenn die Auswahl, Eintragung und Tolerierung der Maße nach den Gesichtspunkten des funktionellen und reibungslosen Zusammenwirkens aller Teile eines Erzeugnisses vorgenommen wird.

Für die Darstellung der Beschriftungen ist eine Reihe von weiteren Normen einzuhalten.

5.8   Isometrische Bemaßung, Grundlagen

5.8.1   Isometrische Bemaßung, Grundlagen

Die DIN 406 Blatt 10 bis 13 erläutert die Grundlagen der Maßeintragung wie Maßarten, Elemente, Symbole und Systeme der Maßeintragung.

Eine funktionsbezogene Maßeintragung liegt vor, wenn die Auswahl, Eintragung und Tolerierung der Maße nach den Gesichtspunkten des funktionellen und reibungslosen Zusammenwirkens aller Teile eines Erzeugnisses vorgenommen wird.

Auch hier findet die Beschriftung entsprechend **DIN EN ISO 3098-2, vertikale Schriftform B** Verwendung, die allerdings mit einem Neigungswinkel entsprechend der ISO-Lage ausgeführt wird

Die Norm **Linien auf Layern nach DIN ISO 128-20/21/24** mit Liniengruppe 0,5mm, die daraus resultierende Schrifthöhe von 3,5 mm und der Linienbreite von 0,35mm hat auch bei dieser Sonderform der Bemaßung seine Gültigkeit.

5.8.2   Isometrische Bemaßung, AutoCAD-Problematik

AutoCAD hat keinen Bemaßungsstil, um in den einzelnen ISO- Ebenen zu bemaßen, deshalb muss durch Bearbeitung der Bemaßung und eigens erstellter Textstile dieses Problem gelöst werden, eigentlich müssten sogar entsprechend der ISO- Ebene Maßpfeile konstruiert werden. Die ISO-Vorlagen- Zeichnungen sind um diese 30° gekippten Text- und Bemaßungsstile ergänzt.

5.8.2.1   Isometrische Bemaßung, Vorgaben

- Öffnen Sie die Zeichnungsdatei **„Würfel mit Schattierung"** aus dem Unterkapitel **5.7.1.4**.
- Layer **„BEMASSUNG"** setzen.
- Lage der Bemaßung entsprechen der Winkeleintragungen der folgenden Bilddarstellung ändern.

5.8.2.2   Isometrische Bemaßung, Winkelvorgaben für Drehrichtung der Maße

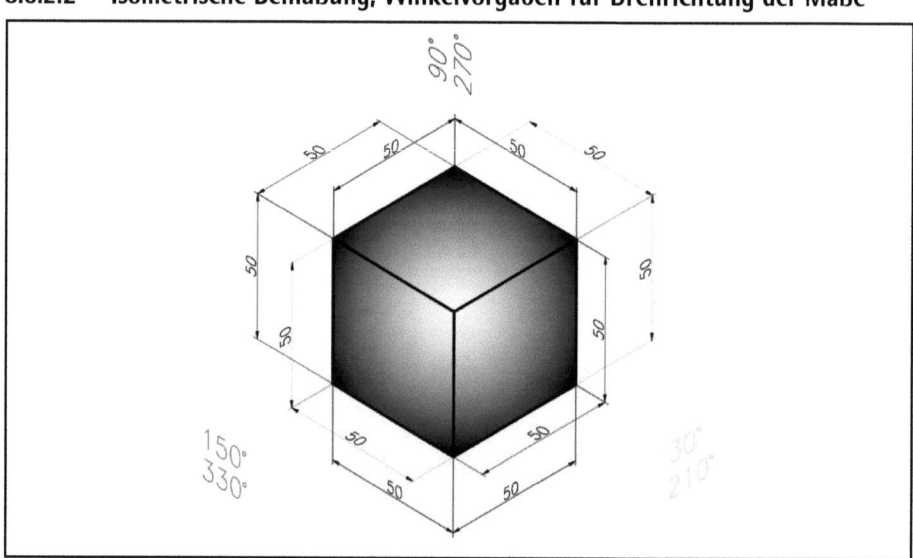

5.8.3 ISO-Maßeintragungen für eckige Bauteile

5.8.3.1 Voreinstellungen laden und bearbeiten

- Öffnen Sie die Zeichnungsdatei „**Würfel mit Schattierung**" aus dem Unterkapitel **5.7.1.4**.
- Layer „**BEMASSUNG**" setzen.
- Tragen Sie den gewünschten, mehrzeiligen Text ein.
- Weisen Sie den Texteintragungen den Layer „**Text5mm**" zu (1).

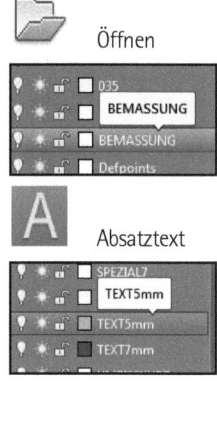
Öffnen

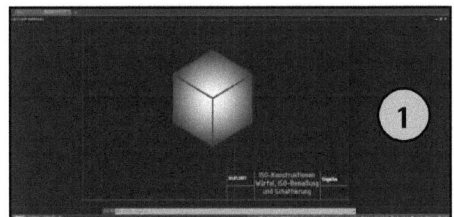

A
Absatztext

5.8.3.2 Bemaßung einer ISO-Kante als „Wahre Länge"

Ausgerichtet

Startpunkt (ungefähr Punkt 2 klicken)
Nächster Punkt (ungefähr Punkt 3 klicken)
Maßlage festlegen (ungefähr Punkt 4 klicken)

Ausgerichtet

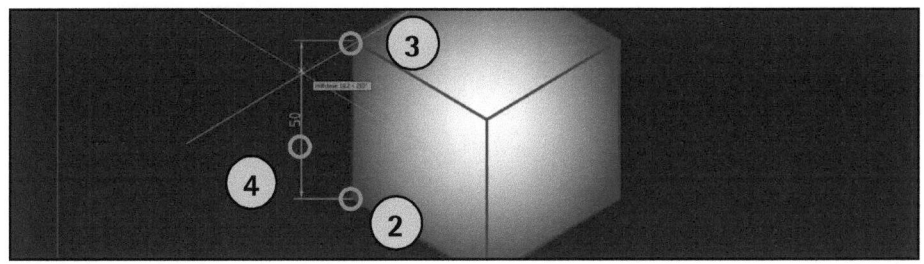

5.8.3.3 Bemaßung einer ISO-Kante, Korrektur der Lage

Bemedit Schräg
(Register **Beschriften** / **Bemaßungen** / **Pfeil-Erweiterung**)

Wählen Sie die erstellte Bemaßung (5)

Winkelwert eingeben [1][5][0] (6)

(Winkelwerte entsprechend **5.7.3.4**)

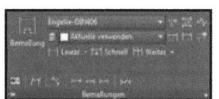

Bemaßung
ändern
schräg

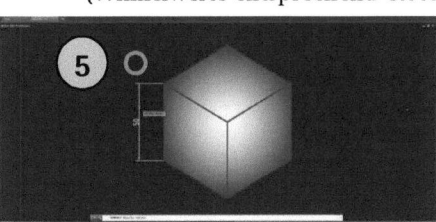

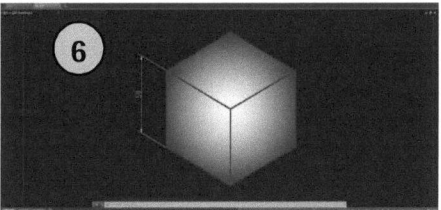

5.8.3.4 Bemaßung einer ISO-Kante, Bemaßungsstil-Korrektur

Die Bemaßungsstil-Korrektur erfolgt mit dem im Unterkapitel **5.2.4** neu erstellten Textstile.

- Wählen Sie die erstellte Bemaßung

- Aktivieren Sie den entsprechenden Bemaßungsstil
  (Register **Beschriften / Bemaßungen**)
  hier: „**Engelke-DIN406-ISO+30**" (7)

Beachten Sie die richtige Ausrichtungslage der Maßzahl auf der Maßlinie.

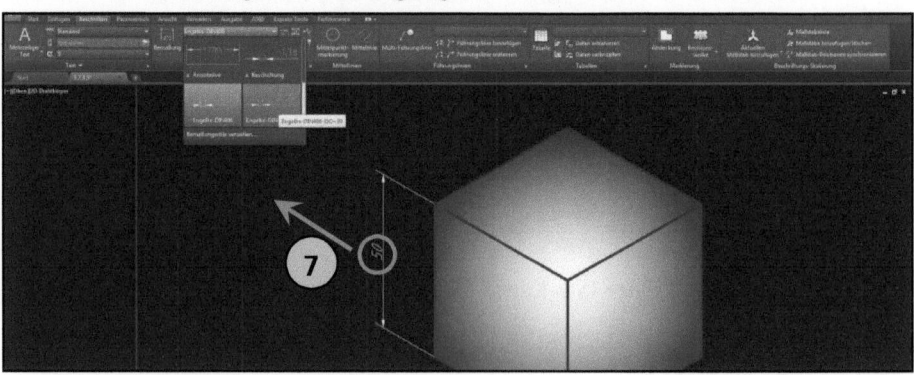

5.8.3.5 Bemaßung einer schrägen Kante in zwei Maßrichtungen, mit Korrektur

- Tragen Sie die gezeigten Maße mit „**Bemaßung, Ausgerichtet**" (8).

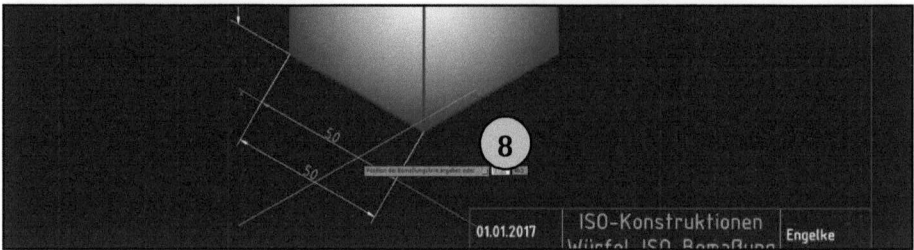

Ändern Sie den Winkelwert **90°** (9) und **30°** (10) über „**Bemaßung, Schräg**".

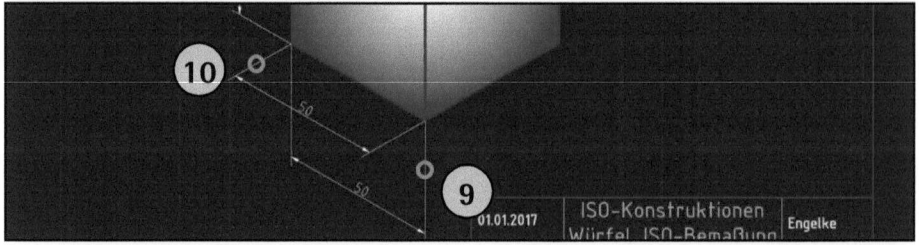

- Weisen Sie die entsprechenden Bemaßungsstile „**Engelke-DIN406-ISO+30**" (11) und „**Engelke-DIN406-ISO-30**" (12) zu.

5.8.3.6 Schattierter Würfel mit ISO-Bemaßungen

Verfahren Sie mit den weiteren ISO-Maßeintragungen, in den drei Schritten entsprechend.

- Eintragung der restlichen Maße (13):

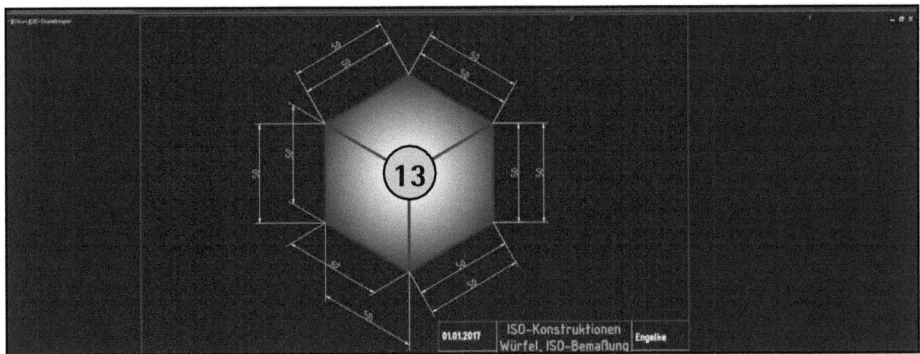

- Drehen Sie die restlichen Maßeintragungen über **„Bemaßung, Schräg"**, die Winkelwerte entnehmen Sie der Würfeldarstellung im Unterkapitel **5.7.3.4** (14).

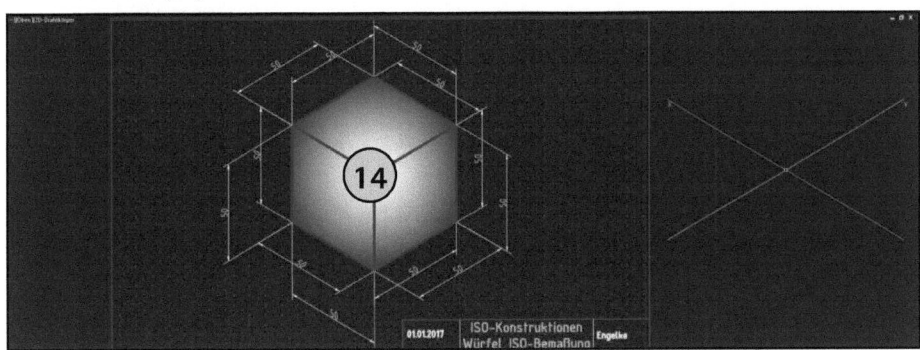

- Weisen Sie den restlichen Maßeintragungen die Bemaßungsstile **„Engelke-DIN406-ISO+30"** und **„Engelke-DIN406-ISO-30"** zu (15).

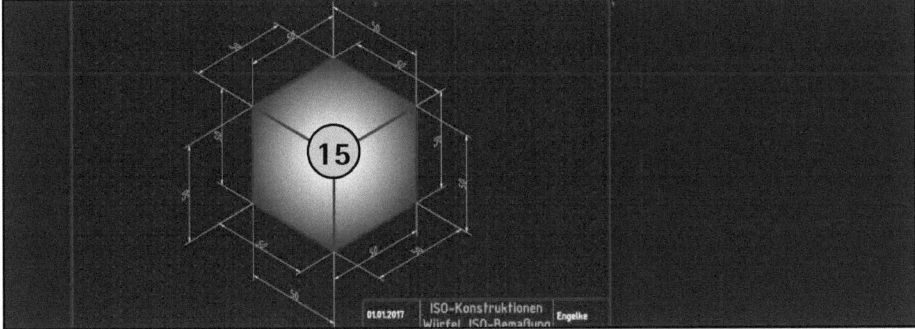

5.8.3.7 Datensicherung

Speichern
unter

Speichern unter (Schnellzugriff-Werkzeugkasten)

Tragen Sie einen gewünschten Namen ein.

Der Nachname **„.dwg"** wird automatisch angehängt.

Schließen Sie mit dem Button: **Speichern**.

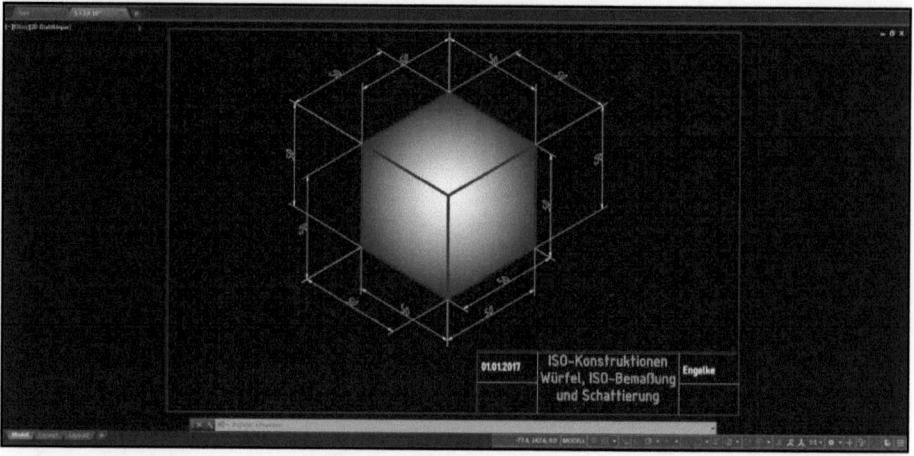

5.8.3.8 Ausgabe auf dem Systemdrucker

Plot

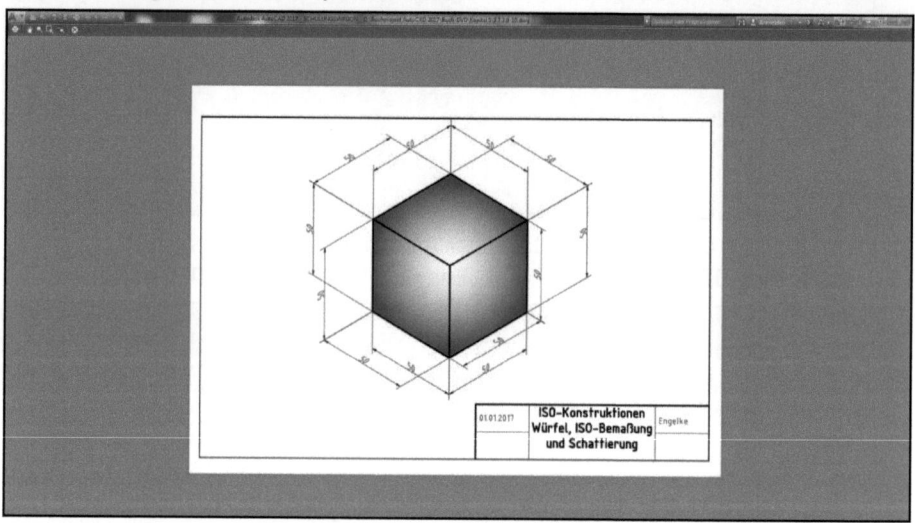

5.8.4 ISO-Maßeintragungen für zylindrische Bauteile

5.8.4.1 Voreinstellungen laden und bearbeiten

- Öffnen Sie die Zeichnungsdatei „**Abgesetzter Zylinder mit Schattierung**" aus dem Unterkapitel **5.7.2.4**.
- Layer „**BEMASSUNG**" setzen.
- Tragen Sie den gewünschten, mehrzeiligen Text ein.
- Weisen Sie den Texteintragungen den Layer „**Text5mm**" zu (1).

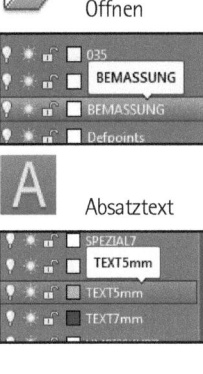

Öffnen

Absatztext

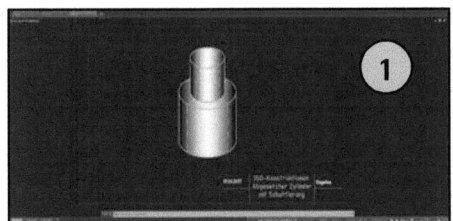

5.8.4.2 Bemaßung eines ISO-Durchmessers als „Wahre Länge"

Ausgerichtet
Startpunkt (ungefähr Punkt 2 klicken)
Nächster Punkt (ungefähr Punkt 3 klicken)
Maßlage festlegen (ungefähr Punkt 4 klicken)

Ausgerichtet

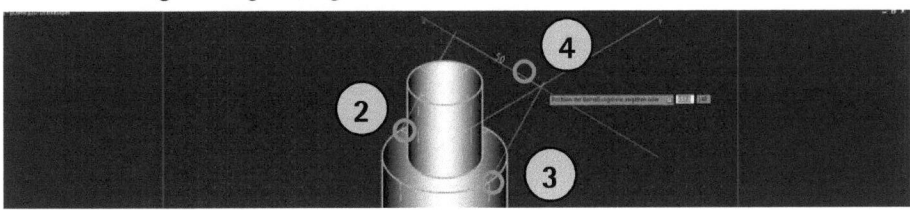

5.8.4.3 Bemaßung einer ISO-Kante, Korrektur der Lage

Bemedit Schräg
(Register **Beschriften** / **Bemaßungen** / **Pfeil-Erweiterung**)

Wählen Sie die erstellte Bemaßung (5)

Winkelwert eingeben ③ ⓪ (6)

(Winkelwerte entsprechend **5.7.3.4**)

Bemaßung
ändern
schräg

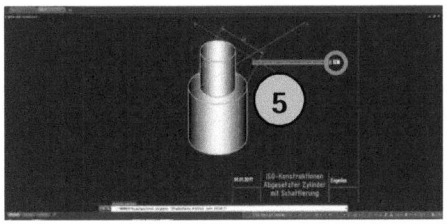
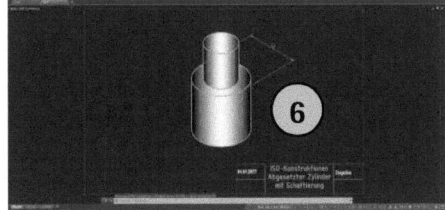

5.8.4.4   Bemaßung einer ISO-Kante, Bemaßungsstil-Korrektur

Die Bemaßungsstil-Korrektur erfolgt mit dem im Unterkapitel **5.2.4** neu erstellten Textstile.

*   Wählen Sie die erstellte Bemaßung
*   Aktivieren Sie den entsprechenden Bemaßungsstil
    (Register **Beschriften / Bemaßungen**)
    hier: „**Engelke-DIN406-ISO+30**" (7)

Beachten Sie die richtige Ausrichtungslage der Maßzahl auf der Maßlinie.

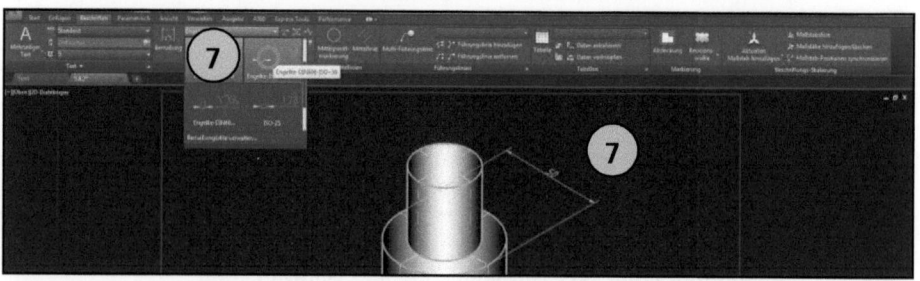

5.8.4.5   Durchmesser-Maßeintragung mit einem Ø–Symbol versehen

Durchmesser-Maßeintragungen sind immer mit einem Ø–Symbol zu versehen, daher muss die auch hier diese Änderung eingetragen werden.

> Doppelklick auf die Maßzahl (8)

Symbol (Register **Text / Einfügen**)

Wählen Sie aus dem PullDown-Menü: **Durchmesser**

Schließen Sie den Texteditor über „**Texteditor schließen**".

 Symbol

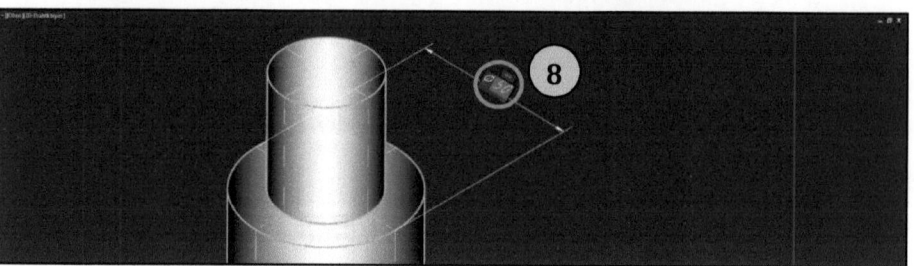

5.8.4.6 Vervollständigen der Maßeintragungen

- Setzen und bearbeiten Sie die gezeigten ISO-Maßeintragungen entsprechend der Vorlage.

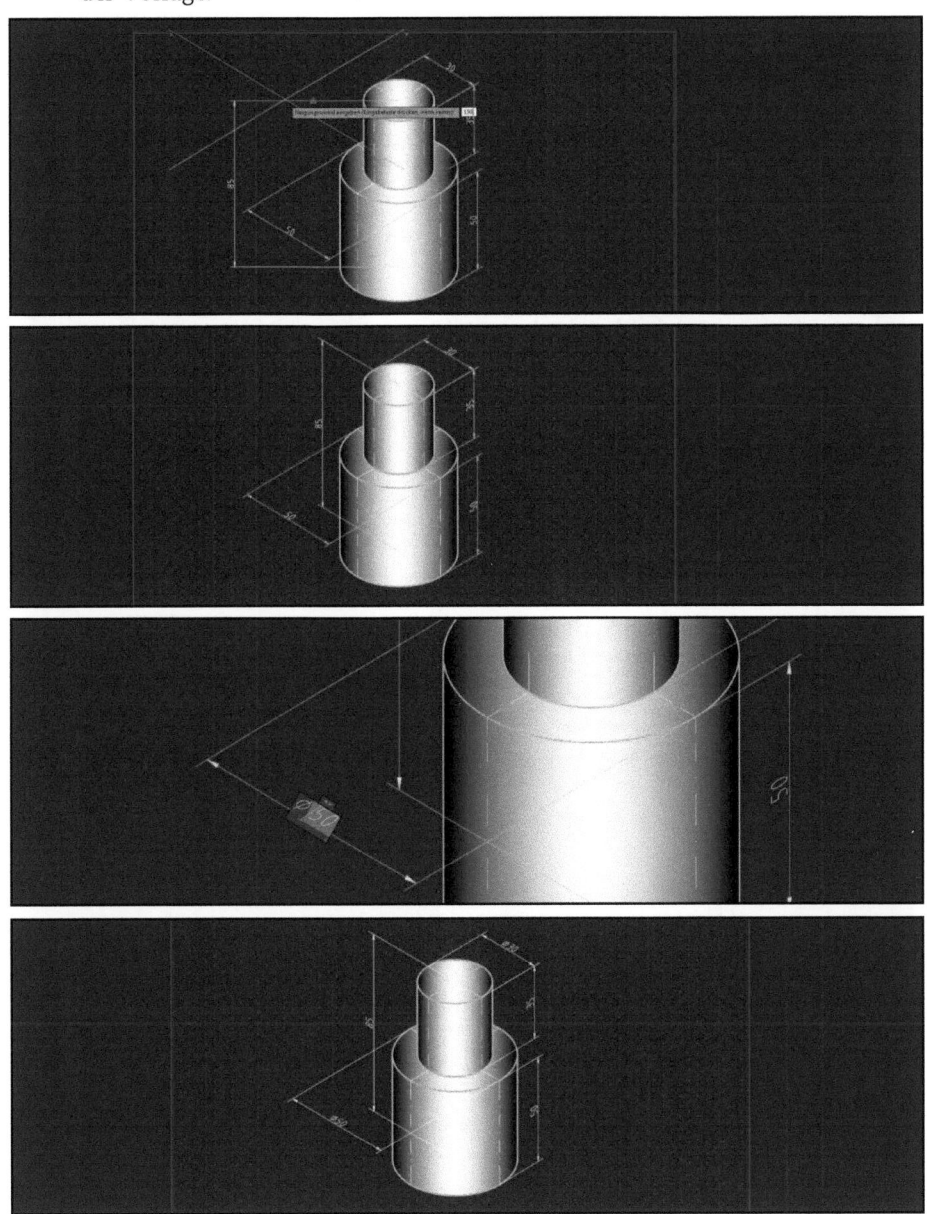

Speichern
unter

5.8.4.7 Datensicherung

Speichern unter (Schnellzugriff-Werkzeugkasten)

Tragen Sie einen gewünschten Namen ein.

Der Nachname **„.dwg"** wird automatisch angehängt.

Schließen Sie mit dem Button: **Speichern**.

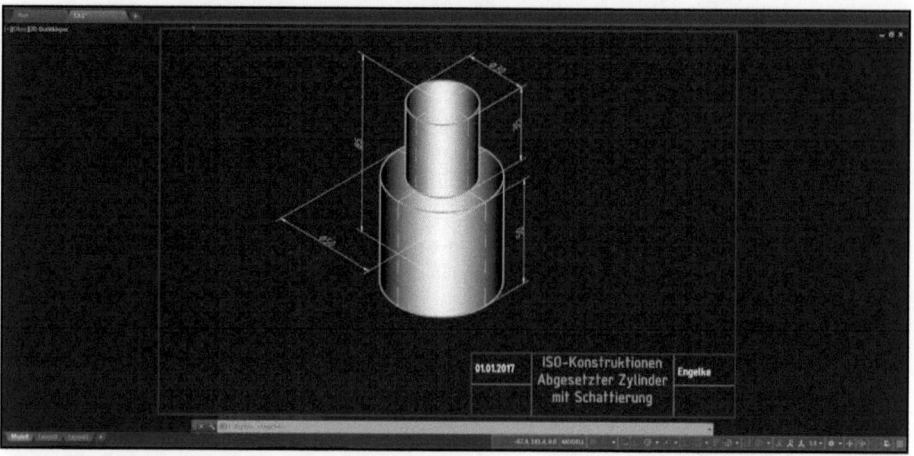

Plot

5.8.4.8 Ausgabe auf dem Systemdrucker

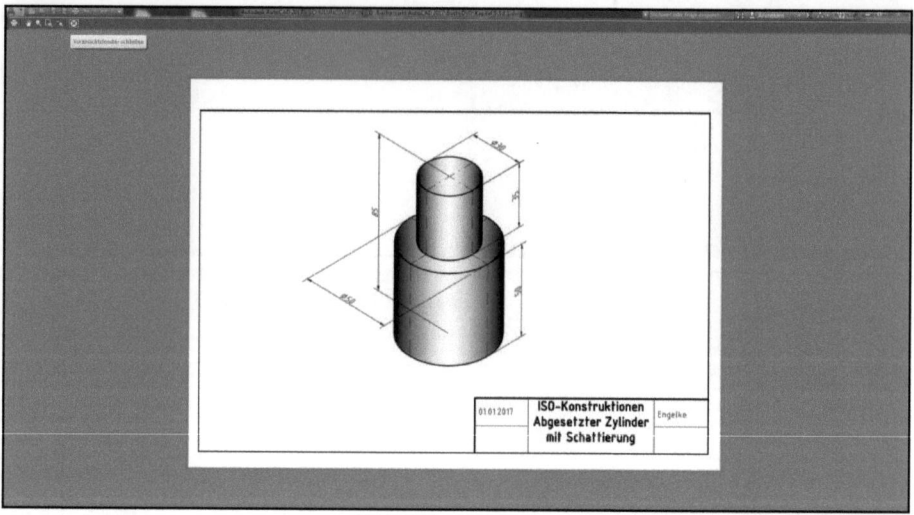

6

Autodesk
AutoCAD 2018
2D-Konstruktionen

Die DVD zum Buch

6 Die DVD zum Buch

6.1 Die DVD zum Buch, Vorbemerkungen

Dies Buch erscheint über BOD, da es für Fachbuchverlage nicht gewinnbringend ist, CAD Bücher in hoher Druckqualität für einen kleineren Anwenderbereich zu verlegen. Um dieses Buch auch kostenüberschaubar einem kleineren Anwenderkreis zur Verfügung zu stellen habe ich auf ein Druckformat in Farbe verzichtet.

6.2 Die DVD zum Buch, Preis und Bestellmöglichkeit

Für interessierte Käufer dieses Buches biete ich die Möglichkeit an, eine DVD mit allen erstellten Bauteildaten für die academische Version von AutoCAD 2018 und der **farbigen** PDF- Ausgabe dieses Buches zu bestellen.
Die Bestellung der Buch- DVD kann per Email, engelke.cad@nord-com.net, erfolgen, eine Kaufbestätigung des Buches ist der Email als Anlage der Bestellung mitzugeben, die Lieferung dieser DVD- Version erfolgt kostenfrei.

6.3 Die DVD zum Buch, Inhalte im Überblick

6.3.1 DVD zum Buch, Support-Kapitel

Mit dem Kapitel **6** und dem Index-Verzeichnis endet die Papierausgabe des Buches, da die, von „BOD" angebotene Seitenzahl überschritten werden darf. Mit den Support-Kapiteln, wird diese Seitengrenze, mit über 300 Seiten, bei Weitem überschritten, eine Reduktion der erweiterten Funktionen und Lerneinheiten, an dieser wichtigen Stelle, wollte ich nicht vornehmen.

6.3.2 Die DVD zum Buch, AutoCAD 2018, Dateien zu den Lerneinheiten

Die Buch- DVD beinhaltet die, in den Kapiteln **3** bis **5** beschriebenen Arbeitsdateien, außerdem sind auch die Arbeitsdateien für die Supportkapitel in den Kapitel-Verzeichnissen zu finden.

6.3.3 Die DVD zum Buch, AutoCAD 2018, PDF- Dateien

Zusätzlich zu einem Leitfaden, zur Nutzung der DVD, ist das komplette Buch in einer Farbausgabe, im PDF-Format, beigegeben, um die Nachteile der Graustufen-Ausgabe zu mildern. Das Support-Kapitel ist ebenfalls, als Gruppendatei im PDF-Format, auf der Buch-DVD vorhanden.

6.3.4 Die DVD zum Buch, Support-Kapitel 7 bis 14

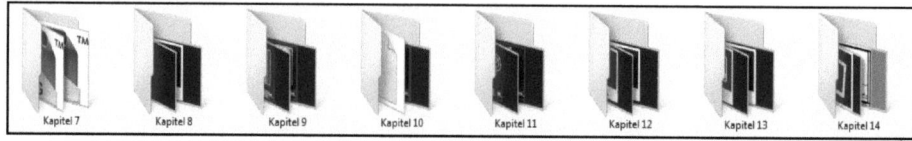

6.4 Das Support-Kapitel 7 bis 14, auf der Buch- DVD, Inhalte im Kurzüberblick

6.4.1 Supportkapitel 7, Voreinstellungen

Darstellung der Voreinstellungen für die Vorlagendateien, die für die Erstellung der Grundblätter im Unterkapitel 3 verwendet werden.
Es folgt eine grundsätzliche Auflistung der Einstellungen:

- Anpassen der benutzerspezifischen Vorlage, Einheit zuweisen
- Anpassen der benutzerspezifischen Vorlage, Limiten zuweisen
- Anpassen der benutzerspezifischen Vorlage, Statusleiste
- Anpassen der benutzerspezifischen Vorlage, weitere Einstellungen Schnellzugriffs-Werkzeugkasten
- Anpassen der benutzerspezifischen Vorlage, Optionseinstellungen
- Anpassen der benutzerspezifischen Vorlage, Linientypen und Textstile laden
- Layer-Definitionen
- Anpassen der benutzerspezifischen Vorlage, Maße und Maßeintragungen
- Anpassen der benutzerspezifischen Vorlage, zusätzliche Systemvariable für Mtext setzen
- Anpassen der benutzerspezifischen Vorlage, zusätzliche Systemvariable für Mittellinien setzen
- Anpassen der benutzerspezifischen Vorlage, Plotstiltabelle an Layerkonfiguration anpassen
- Anpassen der benutzerspezifischen Vorlage, Anpassen der Druckoptionen
- Anpassen der benutzerspezifischen Vorlage, ISO-Maßeintragungen

6.4.2 Supportkapitel 8, Grundblätter

- Größe A4 Querformat, mit Schriftkopf DIN ISO 7200
- Größe A4 Hochformat, mit Schriftkopf DIN ISO 7200
- Größe A4 Querformat mit Schriftkopf DIN ISO 7200, isometrisches Raster und Rasterfang
- Größe A4 Hochformat mit Schriftkopf DIN ISO 7200, isometrisches Raster und Rasterfang
- Größe A4 Querformat mit Schriftkopf DIN ISO 7200, Layoutbereich

6.4.3 Supportkapitel 9, Grundbefehle

Das Supportkapitel 9 enthält Erweiterungen und Anwendungen aus dem Buchkapitel 4:

- Linien mit Koordinateneingabe, komplexe Einheiten
- Objektfang-Möglichkeiten, Erweiterung
- Texteintragungen automatisch über die Zwischenablage
- Objektfang und Abhängigkeiten
- Flächenfüllung mit einem OLE-Objekt
- Multi-Führungslinie, Erweiterung

6.4.4   Supportkapitel 10, Geometrie-Elemente

Das Supportkapitel 10 enthält Geometrie-Lerneinheiten als Erweiterung aus dem Buchkapitel 4:

- Quadrat mit Linien und Kreisen
- Erweitertes Rechteck
- Großes Quadrat mit inneren Kreisen
- Kreiskonstruktion mit Dreiecke
- Kreis mit aufwändiger Innenkonstruktion
- Quadratkonstruktion,
  mit aufwändiger Innenkonstruktion

Trainingsaufgaben ohne dargestellten Befehlsablauf:

- Kreise, Linien und Quadrate, 45°-Achsen
- Kreise, Linien und Quadrate, 30°-Achsen
- Quadrat und Linien, mit Innen-Rauten
- Quadrate und Linien mit Innen-Dreiecke

6.4.5   Supportkapitel 11, Blechgrundformen

Das Supportkapitel 11 enthält weitere Blechgrundformen als Erweiterung aus dem Buchkapitel 4.

- Lochblech
- Bogenblech
- Distanzbleche
- Flachdichtung 1
- Flachdichtung 2

Trainingsaufgaben ohne dargestellten Befehlsablauf:

- Zwei Abstandshalter
- Zwei Sicherungsbleche
- Zwei Bogenbleche
- Schaltelement
- Hakenblech
- Flachdichtung

6.4.6   Supportkapitel 12, isometrische Darstellungen

Das Supportkapitel 12 enthält weitere isometrische Darstellungen als Erweiterung aus dem Buchkapitel 5.

- ISO-Grundkonstruktion, einfache Profilflächen-Körper, eckige Bauform
- ISO-Grundkonstruktion, komplexe Profilflächen-Körper, eckige Bauform
- ISO-Grundkonstruktion, komplexe Profilflächen-Körper, runde Bauform

6.4.7 Supportkapitel 13, Piktogramme

Die nachstehend dargestellten und bemaßten Sport-Piktogramme gehen zurück auf den Designer Otl AICHER, der diese Bildsymbole erstmalig bei den Olympischen Spielen in München 1972 zur Vorankündigung der jeweils übertragenen Sportdisziplin mit Erfolg eingesetzt hat.

- Erstellen der Basisplatte
- Das Basis-Piktogramm, die Ski-Alpin-Platte

Piktogramme, Trainingsaufgaben mit Kurzdarstellungen

- Die Eishockey-Platte
- Die Fußball-Platte
- Die Handball-Platte
- Die Radfahren

Trainingsaufgaben ohne dargestellten Befehlsablauf:

- Die Reiter-Platte
- Die Seitpferd-Platte
- Die Volleyball-Platte
- Die Skibob-Platte
- Die Tischtennis-Platte
- Bogenschützen-Platte
- Gewichtheber-Platte
- Karate-Platte
- Biathlon-Platte

6.4.8 Supportkapitel 14, Erweiterte Befehle und Funktionen

- Gruppen bilden
- Blöcke bilden und verwenden
- Berechnungen darstellen
- Datenextraktion
- Allgemeine maßstäbliche Darstellungen
- Maßstäbliche Darstellungen, Bauzeichnungen

Autodesk
AutoCAD 2018
2D-Konstruktionen

Index

Index der Buchausgabe

Index der Supportkapitel auf der Buch-DVD